刘 作 翔 法 学 文 选 之 七

法治的道路

——刘作翔法学文选（2012~2022）

刘作翔　著

星空系列

07

THE PATH TO RULE OF LAW
——Liu ZuoXiang's essays (2012-2022)

中国法制出版社
CHINA LEGAL PUBLISHING HOUSE

刘作翔教授2016年12月24日摄于元大都城垣遗址公园（北京）

作者简介

刘作翔，甘肃平凉人，法学博士。上海师范大学法治与人权研究所所长，哲学与法政学院光启学者特聘教授，博士生导师，博士后流动站合作导师。上海师范大学学术伦理与道德委员会主任，哲学与法政学院学术委员会主任。中国法学会法治文化研究会副会长。中国法学会体育法学研究会副会长。中国法学会立法学研究会顾问。中国法学会法理学研究会顾问。中国法律社会学专业委员会顾问。1995年先后任西北政法大学教授，研究生导师，《法律科学》杂志主编；2000年先后任中国社会科学院法学研究所研究员，博士生导师，博士后合作导师，《环球法律评论》杂志主编。荣获人事部"1996年度国家级有突出贡献的中青年专家"，国务院1997年度"享受政府特殊津贴专家"，国家七部委全国"百千万人才工程"1995/1996年度第一、二层次人选等称号。2004年被中组部确定为"中央联系专家"。2004年入选首批"当代中国法学名家"。2017年被《今日中国》杂志社评为"影响中国法治建设进程的百位法学家"。《中国大百科全书》（第三版）法学卷"法理学"主编。国家药品监督管理局法律顾问。西北政法大学决策咨询委员会委员。上海市全面依法治市特聘咨询专家。

主要研究领域有法理学、法社会学、法律文化理论、民主法治理论、法学发展等。获各级、各类学术奖 30 余项，其中省部级以上奖 10 余项。

从 1985 年至今，在《中国社会科学》《法学研究》《中国法学》《求是》《人民日报》《光明日报》等发表学术论文和文章 360 余篇，有 70 多篇被《新华文摘》、人大报刊复印资料等全文转载。出版个人学术著作 10 余部，代表著作有《法律文化理论》（商务印书馆 1999 年出版），《权利冲突：案例、理论与解决机制》（社会科学文献出版社 2014 年出版），《我之法学观——刘作翔文章选》（湘潭大学出版社 2008 年出版），《思想的碎片——刘作翔法学言论选》（中国法制出版社 2012 年出版），《思想的记录——刘作翔法学演讲选》（厦门大学出版社 2013 年出版），《思想的碰撞——刘作翔法学演讲与对话选》（方志出版社 2014 年出版），《权利与规范理论——刘作翔法学文章与读书笔记选》（中国政法大学出版社 2014 年出版），《法律、政治与学术——刘作翔法学文选（2014—2019）》（中国法制出版社 2019 年出版），《法治的道路——刘作翔法学文选（2012—2022）》（中国法制出版社 2023 年

出版),《法治的路径——项目研究报告（2001—2006）》(山东人民出版社 2008 年出版),《法律的理想与法制理论》(西北大学出版社 1995 年出版),《迈向民主与法治的国度》(山东人民出版社 1999 年出版),《法理学视野中的司法问题》(上海人民出版社 2003 年出版)。主编法律硕士专业学位研究生教材《法理学》(社会科学文献出版社 2005 年出版)、《中国社会科学院法学博士后论丛》第一卷（中国政法大学出版社 2004 年出版) 等，主编、参编其他著作、教材、辞书、论文集等 110 多部。

自序　论讲的意义

近些年，也许由于年龄的缘故，写得少了，讲得多了。每年应邀参加数十次学术会议，会议上发言在讲，发表评论也在讲；每年受邀去大学作十数场次学术讲座，讲堂上在讲，讲完后回答提问也在讲；给学生上课在讲，课后回答学生问题也在讲；就连日常指导学生的论文选题、写作也是在讲，讲好像成了我的主要工作方式和生活方式。

本书《法治的道路——刘作翔法学文选（2012—2022）》就是一本以讲为特色而成的"文选"。收录了我从2012年至2022年在各种学术会议上发表的关于法治问题的演讲、发言、评论、致辞、总结以及在大学发表的学术演讲和演讲后的问答等以言论形式呈现的文稿。虽然在形式上是以讲作为表现方式，但通过讲，表达的是个人的学术和思想观点。全书按照讲的时间先后顺序排列，以展现我对法治问题的思想和观点的发展过程。

2014年5月，我在方志出版社出版的《思想的碰撞——刘作翔法学演讲与对话选》一书的后记中，对学术演讲谈及了一些个人感想，这些感想至今仍然是我对于讲的意义的感悟和阐发，不妨转录于下：

学术演讲对大多数学术人来讲，是其学术生涯中不可缺少的组成部分。学术演讲过程所呈现的现场感、交流感、对话感，以及演讲中的灵性，活泼，自由，挥洒自如，是其他学术形式无法替代的。每次演讲时，演讲者面对的是活生生的人，他们的专注感动着你，他们的表情感染着你，他们对演讲中一些典型甚至怪异的案例所表达出的惊讶刺激着你也激励着你。早年的演讲，演讲者可能会把更多的时间和注意力放在"讲"上，但到了后期，每次演讲后的评议、提问、交流和对话，成了我最喜欢的部分。评议、提问和回答的过程，是演讲者直接地同听讲者面对面进行交流的过程，思想的交流与碰撞在此过程中可以得到充分的展现。对于一位演讲者来讲，这是一个最为享受的过程。以前听国外学术界有个说法：一位演讲者在演讲后如果没有人提问和反馈，说明这个演讲是失败的，至少是不成功的。随着演讲的逐渐增多和深入，这种感受于我日益深刻。更为重要的是，听讲者有时提出的问题是我在研究和思考时所没有想到的，会激发我的思辨，更启发我对问题进一步的深入思考。

我还有一个发现：围绕一个演讲主题在多所院校进行的对话中，听讲者提出的问题鲜有重复，这引起我的好奇和思考：这是否从另一个视角证明了人的多元化存在以及人的思想多样性的客观属性。我曾经有个观点：世界的多元化、文化的多元化、思想的多样性等等，从最终意义上来自人的多元化和多样性存在。人本身就是多样化的产物，因此，附随于人的思想、情感、意志等等，也就展现出多元性和多样性，这也造就了大千世界的五彩缤纷和丰富多彩。作为生物学意义上的人可能有很多类似性，但作为精神世界的人更多的可能是差异性、多样性和多元性。这种差异性、多样性和多元性既是产生文化冲突的重要和主要原因，同时也是解决文化冲突困境的文化宽容和文化包容理论的人类学基础。[1]

上面谈及的每次演讲后的评议、提问、交流和对话，对于激发学术思考是非常重要的。没有问，就没有答，问是答的基础。有些问题，可能是演讲者事先有思考的；有些问题，是演讲者未曾思考过的，临时受启发而发挥的。因

---

① 刘作翔：《思想的碰撞——刘作翔法学演讲与对话选》后记，方志出版社2014年版。

此，用一句流行的话来说，这些思想和观点是"集体智慧的结晶"。

讲是阶段性的。有些讲，是思想的萌芽。初期的讲，可能只是一些思想的闪点和碎片，但逐渐地，会变成较为系统的思考，有些可能会变成文字。由讲变为文字，会经历一系列不确定的过程。有些讲的内容，自我感觉还有点意思，会整理成文字，在报纸或杂志上发表。由讲变为文字发表，是有不同特点和要求的。讲多是口头语，而文字发表要求书面语，要将口头语变为书面语，是颇费周折的。有的讲变为文字好像是偶然性因素所致，但其中有必然性。有的讲变为文字后，会保持讲的基本原貌；有的讲变为文字后，会面目全非，但基本主题、主要思想观点不会有根本性变化，那是因为在讲的当初，这些东西在讲者那里是已经确定了的，变的只不过是一些形式层面的东西，核心的东西不会变。

2019—2020年间，我就经历了两次由讲变为文字的过程。2019年9月21日，中国法学会法理学研究会年会在石家庄召开，会务组安排我做一个大会发言，我的发言刚结束，还坐在发言席上，就收到了《比较法研究》编辑部丁洁琳编审的短信，向我约适才大会发言的稿子。我回复说，只是一个发言稿，还很不成型，丁编审说待写成后希望能投寄《比较法研究》杂志，我回复说好的，并表示感谢。后因忙于杂事，没有整块的时间来成就此文，此事就搁置起来，但我对于丁编审的真诚邀约和我的允诺一直没有忘记。虽从事法学研究30多年，还没有在《比较法研究》上发表过文章，这是我一个小小的心愿。直到2020年2月，因故宅居老家，才有整块的时间将原来的发言稿整理成一篇近两万字的文章，经过两次修改，以《回归常识：对法理学若干重要概念和命题的反思》为题，在《比较法研究》2020年第2期发表。我发短信给丁洁琳编审，说感谢其真诚邀约，帮助我填补了在《比较法研究》上发表文章的空白。这是一次愉快的由讲变为文字的经历。

还有一次由讲变为文字的经历。2019年10月12日，在从北京赴郑州应邀参加由中国社会科学院法学研究所和河南省社会科学院主办的"全面依法治国论坛暨实证法学研究年会（2019）"的列车上，我收到了《学术月刊》杂志王鑫编辑的短信，说他看到微信上发布的郑州会议议程中我的发言题目"构建以法律为主导的多元规范共存和以法治为主导的多元秩序共治的中国社会秩序结构"，觉得很有意思，向我约稿。我说目前只是一个提纲和思路，还很不成型，待成型后向他请教。此后我还以此为主题在几次学术会议上发表演讲，但因这些演讲只有10—20分钟，未能充分展开。2019年12月7日，我应邀在泰安参加由山东省法学会于山东农业大学召开的"首届泰山法治论坛"，论坛安排我做1个小时的首位主题演讲，才得以比较系统地阐发了我对这个问题的研究心得。其间，王鑫编辑还来信问过约稿的事情。后在"泰安演讲"整理稿的基础上，经过六次修改，完成一篇两万字的文章，以《构建法治主导下的中国社会秩序结构：多元规范和多元秩序的共存共治》为题，在《学术月刊》2020年第5期发表。发表的文字相较于当初演讲时的提纲和草稿，内容已经有了很大的变化和补充，但基本主题、核心思想观点没有根本性变化，这是我最欣慰的。而且，在王鑫编辑同我就稿件反复沟通过程中，他提出的修改意见加深了我对论题的不断深化、拓展和论证，比当初讲的提纲和草稿要充实和丰富很多，也促使我对问题的不断思考和深化，这是很难得的交流互动过程。当然，还有很多类似的经历。

最近阅读，看到有学者介绍了德里达和苏格拉底关于讲和写的不同观点。文章说到：德里达所希望解构的西方形而上学的"声音中心主义"终于变成了现实。他的那篇著名的《柏拉图的药》（1968）正是对柏拉图的《斐德诺》篇的探讨，他阐明这篇对话录的深意即在苏格拉底将文字视作"药"的同时，透析出西方形而上学以声音而不是文字为本质存在的"原型"，因为苏格拉底认为"口说"的"文章"比"写"的"文章"可以更加忠实地传达人的思想和真理，更可以以"在场"的形式与人交流，至于写的文章只是口说的文章的记录，其实等而下之。而在德里达看来，这恰是西方走向"伟大之迷途"的开始，他意在指出，文字可以高于声音，而"写"比"口

说"更为本源也更为本真。^①

而我认为，无论是讲，还是写，都是在表达思想，只不过表达的方式不同而已。讲有讲的优势，写有写的特点，但内核是思想的深度和广度。通过讲和写，展示我们的思想、观点、学术、感情，也暴露我们的缺点、不足、困境甚至窘境，这也正是我们的思想不断成熟、发展、变化的过程和必由之路。这可能就是本序言题目所讲的——讲的意义，以及写的意义。

是为序。

刘作翔

2020 年 4 月 8 日初稿于平凉

2023 年 11 月 23 日定稿于上海

---

① 张生（同济大学）：《PPT 还是不 PPT，这是一个问题》，载澎湃新闻，http://www.the paper.cn/news Detail_forward_80539447，最后访问时间：2023 年 11 月 10 日。

目　录

附 录

重塑法治的信念，坚定法治的信心

——2012 年 9 月 22 日中国社科院法学所"第四届中国法学博士后论坛"的评论 *

我们这个单元的主题是"法治在社会管理创新中的作用"，这个主题是非常重要的。我们有四位报告人，他们的报告各有侧重点。游劝荣博士（福建省人大常委会）① 讲的是价值取向问题，刘洪岩博士（中国社会科学院）讲的是法制化路径，上官丕亮博士（苏州大学）讲的是宪法保障，陈惊天

---

* 此文是作者于 2012 年 9 月 22 日参加由中国社会科学院法学研究所召开的"第四届中国法学博士后论坛·法治与社会管理创新学术研讨会"第二单元发表的评论。由中国社会科学院魏书音博士根据录音整理，特此感谢。
① 本书中所提到的报告人的单位和职位等信息，均为举办活动时的该人员的单位和职位。本书中所提到的现在、近几年等时间的相关表述以及与之相关的统计数据的截止日期，均指演讲或者文章发表时的时间。以下不再标注。

博士（最高人民法院）讲的是行为法学视野。这四位报告人在他们的报告里面都阐释了不同的观点，也提出了一些建议，都是非常重要的。我也非常认同他们的报告。因为时间关系，不可能对他们的报告进行评议。我只有五分钟的时间，谈一点感想，题目是"重塑法治的信念，坚定法治的信心"。

我们今天来讨论"法治在社会管理创新中的作用"，我们强调法治，强调依法办事，强调依法治国，重塑我们对法治的信念，坚定我们对法治的信心，都是非常重要的，是一点也不为过的。因为有时候不发生重大或突发事件，我们对法治还没有太多的感受，但是当出现突发事件的时候怎样来对待这些事件就显示出一个国家、一个民族、一个社会对法治真正的理解。更重要的是，要将法治作为一种治国方略，贯彻到我们的社会决策以及整个国家的各种行为之中，这实际上也是一种反思。我们提出了"依法治国""依法执政"这样一些非常重要的理念和治国方略，但是这些理念和方略是不是真正扎实地在多个领域的社会决策和多种社会行为中贯彻了，这是需要反思的，需要通过对我们国家提出依法治国16年的发展过程、经济决策和社会决策以及社会管理等整体性问题中所表现出来的各种各样的行为，进行考察，然后我们才能得出一个结论，那就是我们的法治理念是进步了还是退步了。法治理念进步和退步的标志不仅是我们进行了6个五年的普法，十几亿人参加了普法教育，而是真正体现在我们的行为之中。我一般是不愿用这种口号化的语言作标题的，但是针对中国今天这样一种社会文化氛围，我们响亮地提出"重塑对法治的信念，坚定对法治的信心"是非常重要，也是非常必要的。

好，谢谢！

第三单元的插话：

关于法治，我们刚才讨论法治是不是最高价值这个问题本身就是有问题的，我们从来没有说法治是最高价值，幸福应该是高于一切的价值，因为幸福可以包括所有的价值，而其他的价值都有附属性。但是为什么强调法治？是针对中国当下的这样一种现实强调它的作用。

对法律实施问题的几点认识

——2012 年 11 月 3 日华东理工大学"法律实施保障机制研究学术研讨会"闭幕式总结[*]

  每次会议都要做总结，我一听总结这两个字就头疼。因为如果大家坚持听会，听了一天会，其实是不用总结的。为什么呢？因为所有的发言大家都听了，所有点评也都听了，因此我个人觉得这个总结没有多大必要。还是谈一点个人参加会议的感受吧！

  今天一天的会议密集度非常高，这是我的第一感觉。上

---

* 此文是作者应邀于 2012 年 11 月 3 日参加由华东理工大学法学院与上海市虹口区人民法院共同举办的"法律实施保障机制研究学术研讨会"闭幕式上所做的会议总结发言录音整理稿。感谢中国社会科学院法学硕士华东旭对录音稿的整理。作者对此进行了校正。《人民法院报》2013 年 4 月 26 日第 5 版以同题发表，发表时有所修改。《今参考》杂志 2013 年 7 月号转摘。

午是开幕式加 2 个单元的讨论，时间是非常紧张的，发言的密度非常高。下午一共进行了 3 个单元的讨论，这个在一般的会议安排里是很少见到的。每个单元有 6 位发言人，还有 2 位点评人，下午还有一个闭幕式，所以，今天最大的感受是会议的密度非常高。密度高说明什么呢？说明我们会议的高效率。正式的讨论单元有 5 个，不算开幕式和闭幕式，每个单元有 6 位发言人，共有 30 位学者发言。每个单元还有 2 位点评人，共有 10 位点评人，那么今天一共有 40 位发言人，这在一般的会议安排里面可能是少见的，体现了李瑜青教授（华东理工大学）高度的效率观。

今天的会议还有第二个特点，也是我们这次会议的最大特点，就是理论工作者和实践工作者的高度结合。事先没有看到议程，来了以后才知道，我们的会议由两部分人组成：一部分是高等学校和研究机构的专家学者、研究人员；另一部分是来自法院、检察院、律师界的实务工作者。而且是实实在在的结合，实实在在的交流。从发言人的比例上看，基本上是一半对一半，没有偏颇，在发言人的安排上就费了心思。另外，在讨论的论题上，也表现出了理论问题和实践问题的高度结合，既有理论问题，也有实践问题。我们是法社会学的会议，对于法律实施，如果我们略有所知的话，它是一个典型的法社会学问题，它本身就是一个实践性问题，是绕不开的。在实践问题中，有一些理论性探讨，也有更多对实践问题的探讨，包括司法问题、行政执法问题，这是我第二个大的感受。

第三个感受就是整个一天的会议，发言和讨论的问题范围也是非常的广泛，具体的我就不一一细说了。既有法律实施的理论问题、法律实施的保障机制问题，也有法律实施中每一个具体的环节问题，如司法问题、行政执法问题，这个特点表现得非常强烈。另外，我们今天还更多地听到了来自上海基层法院和基层检察院实践中的一些具体做法，给我的印象是非常深刻的，包括虹口区人民法院、浦东新区人民法院的实践，还有检察院，主诉检察官、主办检察官这样一些实践。关于司法解释的定性，我想，不论是过去还是现在，还是要回归到1981年"解释决定"给它的一个职能定位上，不管是最高人民法院还是最高人民检察院都有这样的问题。以上是我对这个会议一点简单的评论。

另外，我作为会议的参会者，也代表所有的参会者，包括外地被邀请的学者、上海市被邀请的学者，向会议的主办方、承办方——华东理工大学法学院、虹口区人民法院表示衷心的感谢！也要向会议的服务人员对会议付出的辛勤劳动表示感谢！

下面我想围绕会议主题谈一点个人看法，向大家请教。

第一个问题是对法律实施的理解。近几年，我经常发现大家对法律实施的理解是混乱的，导致这种混乱可能是有原因的。为什么呢？在20世纪90年代前后，我们的《法理学》教材有"法律实施"这样一个专章，但可能因为"法律实施"涉及的问题太大，它至少包括司法、执法、守法等内容，后来的教材写作把它给分解了。分解以后，在《法理学》教材里面基本上很难找到"法律实施"这一章，而是将它分解成具体的执法、司法、守法等章节了，导致现在大家弄不清法律实施是什么了。我参加的学术会议比较多，在很多情况下，有许多人把"法律实施"等同于"法律适用"，这是个严重的误解，而法律适用其实就是指司法，所以我觉得常识被搞混乱了，有必要回到常识上去。法律实施，简单来讲，就是法律制定出来以后怎样在社会生活中落实，通过哪些环节来实现它，就是这么一个过程。如果说有一个理论，就叫作"法律实施理论"，或者叫作"法律实施机制"，那么这个机制包括哪几个方面的内容呢？至少应包括三大块，即行政执法、公民守法和司法。其中，司法也即我们说的法律适用，将这三大块合并，就是我们所说的法律实施。这三大块是缺一不可的。有人还加上一个法律监督。法律监督能不能作为法律实施的一块，还可以讨论，至少这三大块是不能切开的。但现在我们一谈法律实施，谈的都是司法问题，把其他问题都忽略了。这样的现象实际上严重地影响了人们对法律实施的理解，进而影响到了法律实践。这是我想谈的第一个问题，就是我们应该回到常识上，法律实施不单是法律适用，而是包括法律适用，且它至少应是三大块。

第二个问题是对法律实施的具体分类。这个分类其实刚才我已经讲了，但还存在一些问题。近年来，有人提出我们应该从"立法中心"转向"司法中心"，转到司法中心主义，对于这样一个观点需要具体分析。为什么呢？从一个简单的比例分析，如果我们承认法律实施至少包括执法、司法、守法这三大块，中国现有的法律主要通过什么途径去实施？主要不是通过司法，而是通过行政执法，通过公民守法，再加上通过司法。为什么说主要不是通过司法呢？司法是不告不理，不管是刑事案件还是民事案件。刑事案件，如果检察院不起诉到法院，法院是不可能去审理的；自诉案件，公民不告到法院，法院也不可能审理；民事案件就更不用说了。所以，不告不理，这个司法的被动性就决定了司法所能承担的法律实施功能从比例上讲是很小的一部分。尽管法院系统收案量在 2009 年就超过了 1000 万件，但是，从这个比例上讲，法院是不告不理啊！法院在法律实施里面承担的这个功能是受局限的。所以，我们应该加强行政执法对于法律实施功能的发挥。另外，还要加强立法机关对于法律实施的作用。我们的立法机关也承担着法律实施的功能，这一点我们过去是忽略的，也是很少提及的。很少有人谈论我国的立法机关也是法律实施机关，但我国的立法机关确实也承担着实施法律的任务。比如全国人大及其常委会就承担着实施《立法法》

的任务；全国人大及地方各级人大都在承担着实施各级人大组织法、各级人大监督法的任务。因此，不论全国人大，还是地方各级人大，它都有法律实施的任务。而公民守法，那更是一个庞大的法律实施主体。因此，我们应该打开思路来看待这个问题，不能局限在很小的一部分。

第三个问题是对法律实施保障机制的解读。就是对我们这次会议的主题如何进行解读。我接到会议的邀请之后，一直在思考这个题目，就是怎样来理解这个题目。如何理解这个题目，还是要建立在对法律实施理解的基础上。只有对法律实施有一定理解之后，才能谈保障机制。我们说法律实施有一个机制，如果我们承认那三大块是法律实施的机制，那么，我们讨论保障机制，就要回到它的实施机制上去。我们可以把它分解为三个部分，把这个题目分解，就是司法的保障机制、行政执法的保障机制、公民守法的保障机制，分解之后再展开深入的研究。这是我对这个题目的一点心得。

第四个问题是法律实施里面每一个机制都有其各自的特点。我们不好在很抽象的意义上对法律实施提出一些意见，这个很困难，为什么？司法有司法的特点，行政执法有行政执法的特点，公民守法有公民守法的特点，它的每一个机制都是不一样的。行政执法是可以主动出击的，那司法能不能呢？司法从来就不太容易做到这一点；而公民守法又是一种更加复杂的状况，公民守法，我们通过教育，提高公民的权利义务意识、法律意识，但是我们不能给公民施加任何外在的手段，告诉他们怎么样去实施，这个是很困难的。只有在公民违法的情况下，我们对违法行为施以法律惩罚。所以，我有一个观点，法律实施由于它每一个机制都有其自身的特点，所以，要给它找到一个共通的东西比较难。但是有没有一个贯穿于法律实施所有过程中的共通元素或者要素呢？我觉得还是可以有的，如这几年我一直在考虑的规则意识。这个规则意识在法律实施的每一个机制、每一个环节里都是不能少的。而且近几年我们经常在检讨，在讨论，说法律实施的效果不好，不理想，等等，我们有很多判断，如果说这些判断成立的话，它的主要原因是什么？我们从一些恶性案例和事件看，尽管每一起事件发生的原因都很复杂，但是它们有没有一个共通的因素在里面呢？我认为是有的，就是规则意识的缺乏。如果我们仔细分析每一个案例，是可以得出这个结论的。所以，我认为，对法律实施保障机制的研究应该把它做一个分解，按照法律实施的那样一套理论和机制给它做一些细致的思考和研究。同时，对于法律实施作为一个整体的宏观法律运作机制，它其中有没有一些可以打通所有环节的共通因素或要素，这个还需要我们认真去思考和研究。

好，不对的地方请大家批评。谢谢！

法律审查和评估标准

——2012 年 12 月 9 日国家行政学院"法律规范的评估与审查学术研讨会"的演讲 *

感谢会议的邀请！我曾经参加过一次这项课题的讨论，这次又很荣幸地来到这里向大家学习。从严格的角度讲，今天讨论的法律规范的评估标准、审查标准和法律冲突这三个问题，要分出一个具体的界限是很难的，但是它们可以有不同的侧重点。

我先谈一下我对这几个问题的看法。我认为，法律规范的评估标准和法律规范的审查标准没有界限，因为有些原则

* 此文系作者应邀于 2012 年 12 月 9 日参加国家行政学院法学部在北京举行的"法律规范的评估与审查学术研讨会"上的演讲录音整理稿。感谢国家行政学院法学部对录音的整理。《人民法院报》2014 年 3 月 28 日第 5 版以《法律审查和评估标准探讨》为题发表。发表时有所修改。

是一体化的或者是一致的，评估标准同时也可能是审查标准。

第一个标准是合法性标准。合法性标准主要用于法律以下的标准，在法律以下的规范类型都应该有一个合法性标准，即根据什么标准进行评估，根据法律。而合宪性标准也包含和针对法律，因为它是一个金字塔结构。在这样一个金字塔结构之下，上一层的规范关照下面所有的规范类型。所以，合法性标准是针对法律以下的这些规范类型，因为我们不能说用法律来审查法律。

第二个标准是合理性标准。这其实没有什么新意，搞评估也好，搞审查也好，离开这个是不行的。合理性标准针对宪法在内的所有规范类型，因此，合理性标准是一个层次非常高的标准。合理性标准的设定也是非常难的，什么叫合理，什么叫不合理？但是合理性不是通过这种形式化的标准就能够找出来的，它是建立在对正当性这样一个认识基础上所做的分析。什么是正当的，什么是不正当的，这是个非常复杂的问题。现在我们许多法律讨论可能在这方面花费的精力比较大，在立法论证过程中，关于正当性问题的论证也是非常复杂的。

第三个标准是适时性标准。对法律规范进行评估也好，审查也好，要注重一个问题，即这个法律适不适应当前形势发展的需要，这是个非常重要的问题。每一部法律都有它制定时的社会环境，当社会环境变化了，这个法律还有没有存在的必要，有没有继续延续下去的必要，有没有修改的必要，这些都是审查和评估需要提出来的问题。没有永恒的法律，法律永远处在一种变动的过程中，虽然我们说法律要保持稳定性，但是那种稳定性从法理上解释，是一种变化中的稳定。从古到今有没有不变的法律？可能没有。有人说杀人偿命，不见得，那只是古代社会以眼还眼、以牙还牙的同态复仇的一个民间法理。从古代到现代，这样一个法理变化了多少？杀人也有不偿命的。法律一直处在变化中，所以马克思讲法律没有自己的历史，这是相当深刻的道理。法律随着社会的变化而变化。

第四个标准是可适用性、可操作性、可实践性标准。这几年，我们通过对中国立法中一些问题的探索，发现法律实施中的问题，通过对文本的检查和评估往往很难发现，反而是在进入实践阶段以后，它的问题才能暴露出来。

可适用性、可操作性、可实践性应该作为法律规范的评估标准。我们前一段时间到上海市人大常委会调研上海立法后评估工作，上海的立法后评估在全国做得非常好。我们到上海市人大做了一些访谈和调研，如上海市对《历史文化建筑条例》的评估，《历史文化建筑条例》是上海市的一个地方性法规，这个法规在实施过程中出现了一些问题，比如主管机关是谁，怎么认定，另外一个更重要的问题是维修资金谁来出，是住户来出，还是政府来出，或是社会募捐，比例各占多少等。这些问题在实践当中都暴露出来了。因为上海历史名人多，历史文化建筑也多，好多名人都在那儿生活过。尤其是涉及这些名人故居拆迁的时候怎么办，大量的问题就出来了。这些问题都是在实践中暴露出来的，不是我们坐而论道就可以解决的。因此，可实践性、可操作性、可实用性应该作为法律评估的一个标准。

第五个标准是法律统一的标准。这个问题和前面的问题可能不是一个层次的，即法律统一的问题，或法律统一的标准。其实前面的两个标准即合宪性和合法性标准就表达了法律统一，但是为什么这个地方还要特别强调一下？因为这个问题是我们绕不开的。我们的立法原则是清楚的，下位法服从上位法，这是毋庸置疑的，但是问题出在什么地方呢？就是下位法到底能做些什么。这几年，我国的法律冲突体现在下位法和上位法的关系问题上，尤其是地方性法规，还有政府规章等。下位法到底能做些什么？这是我们在研究过程中要重点解决的问题。一般来讲，下位法可以细化上位法，这是它的功能。法律是粗线条的，地方性法规或行政法规可以把它细化，所以才叫实施细则。但是实施细则细到什么程度，确实需要认真研究。

我就谈这么几点意见，不对的请大家批评。

"全民守法"的意义

——2014 年 4 月 26 日中国法学会"法治问题专家座谈会"的发言*

我谈两个问题：

第一个问题，对党的十八大提出的新"法治十六字方针"的理解。党的十八大提出了"科学立法、严格执法、公正司法、全民守法"，我将它概括为新"法治十六字方针"，这四点是很重要的，和过去我们的"法制建设十六字方针"是有区别的。现在的新"法治十六字方针"是对法治的各个环节，从起点到终点，每个环节的一种价值要求。一个是立法，再有就是法律实施的三个环节，都提出一种价值要求，所以

---

* 此文系作者应邀于 2014 年 4 月 26 日参加中国法学会召开的"法治问题专家座谈会"上的发言录音稿。感谢中国社会科学院魏书音博士对录音稿的整理。

可以概括为新"法治十六字方针"。当然我也注意到，党的十八大报告决议和十八届三中全会决定也同时提到了原来的"法制建设十六字方针"。新"法治十六字方针"中的每一句话，我觉得都可以做一些解释，比如"全民守法"解决的是什么问题呢？我认为它解决了过去一直争论的法律到底是治当官的还是治民的这个问题。有人讲法是治当官的，这个观点在法理上是讲不通的。法是一个普遍性规则，怎么能是治某个群体呢？除一些特殊主体法外，一般意义上，不能说法是治当官的还是治民的。用情感发泄来做一种表述，其实对法治宣传是不利的，对法治理念的宣传也是不利的。"全民守法"我觉得解决了这个问题。"全民守法"的"全民"一般会理解成全体公民，但除自然人外，还有法律拟制人，我们还可以再具体分为很多主体，如执政党、公职人员、国家机关、企事业单位，这些都应该包括进去。所以"全民守法"这个概念还是值得好好研究的。还有像"公正司法"，就是对司法提出了一个价值目标。有关司法的目标，我们也争论了一二十年，2003 年时确定了"公正"和"高效"作为人民法院司法改革的最高追求，党的十七大报告又把"权威"加了进去，但不管怎么变，"公正"对于司法是一个不变的东西。因此，对于新"法治十六字方针"，我觉得有很多值得研究的东西。

第二个问题，就是关于依法执政。从 2002 年党的十六大提出依法执政以来，也有十多年了。我们也做了很多研究，我也主持了一个依法执政的国家社科课题。依法执政如何落实是关键。

法治与改革的关系

——2014年6月22日中国社科院法学所"'法治与改革'学术研讨会"致辞和发言[*]

刘作翔研究员致辞:

各位老师,各位来宾,各位同学,大家上午好!虽然刚才陈甦书记(中国社会科学院法学所)和李林所长(中国社会科学院法学所)代表法学研究所欢迎了大家,我作为会议主办单位之一以及会务人员,再次欢迎并感谢各位的到来!中国民间有句俗话叫"酒席好备客难请",学术会议也是"会

---

* 此文系作者在2014年6月22日由中国社会科学院法学研究所和《环球法律评论》编辑部主办的"'法治与改革'学术研讨会"上的致辞和发言。由中国社会科学院博士陈宇博同学根据录音整理,特此感谢。这次会议是中国国内学术界第一次召开的以"法治与改革"为主题的学术研究会。会后出版了一本由本文作者主编的会议文集《法治与改革》,方志出版社2014年出版。

议好办宾客难请"。衷心感谢大家牺牲周末休息时间来参会。没有大家的参与，会议就开不起来，所以再次表示感谢！

这次会议由中国社会科学院法学研究所和《环球法律评论》杂志主办，具体会务由我们负责。我给大家简单介绍一下会议的筹备情况以及议程安排：

第一，关于会议的准备工作。我们于 2014 年 4 月发出会议预告邀请函，告知了意图，列出了参考选题，筹备了两个月的时间。由于经费所限，我们只邀请了北京地区的学者和法学所的学者。由于会议人数比较多，有很多照顾不周的地方，请大家原谅。我们也邀请了法学研究所法理学、宪法学专业的博士研究生和硕士研究生参加这次会议，以便利用这个机会向大家学习。

第二，召开这次会议的初衷。刚才李林所长已经讲了，党的十八大以及十八届三中全会提出来一系列重大的改革任务。如果仔细研读会发现，这些任务和法治是分不开的。政治、经济、文化、科技等体制改革，都离不开法治。法治本身也面临着不断发展的问题。党的十八届三中全会后，国内陆续开了一些研讨会。这次会议以"法治与改革"作为主题，是一个初步的研讨，以后如果有机会，我们还会做一些专题性的研讨，如关于司法体制改革、政治体制改革等。

这次会议根据各位学者提交的论文题目和提纲，我们大体上分了四个单元：

第一个单元想讨论一下法治与改革的法理问题。这里面可探讨的问题很多。习近平总书记在中央全面深化改革领导小组第二次会议上强调："凡属重大改革都要于法有据。在整个改革过程中，都要高度重视运用法治思维和法治方式，发挥法治的引领和推动作用，加强对相关立法工作的协调，确保在法治轨道上推进改革。"①这个讲话是对"法治与改革"关系的准确定位。但改革千头万绪，总还有一些改革需要经过先行先试。既要做到大胆改革，又要不违背现行法律，这好像是一个难题。但我们已经摸索出一个可行的办法，就是通过法律授权。《全国人民代表大会常务委员会关于授权国务院在中国（上海）自由贸易试验区暂时调整有关法律规定的行政审批的决定》②就是一个实例。通过法律授权，可以解决困扰我们多年的"法治与改革"的悖论，既可使改革顺利进行，也可使改革步入法治轨道。

第二个单元是关于司法体制改革。党的十八届三中全会提出的"改革司法管理体制，推动省以下地方法院、检察院人财物统一管理，探索建立与行政区划适当分离的司法管辖制度，保证国家法律统一正确实施"。这是一项非常重要的司法体制

---

① 《关于立法，习近平这样说》，载新华网，http://www.xinhuanet.com//politics/2016lh/2016-03/11/c_1118308491.htm，最后访问时间：2020年12月1日。

② 本决定于2016年失效。

改革举措。目前中央通过的《关于司法体制改革试点若干问题的框架意见》明确了试点地区省级统管的改革路径。对人的统一管理，其主要是通过建立法官、检察官统一由省提名、管理并按法定程序任免的机制，但这样一个任免机制还是没有从宪法体制上解决地方司法人员由地方权力机关任免的问题。

第三个单元是法治与政治，主要是综合了提交的文章和一些相关问题。

第四个单元是法治的历史和经验，想从历史和经验的角度来做些讨论。

以上这四个单元只是一个相对的分类。每个单元我们安排了若干专家发言和评论，还专门安排了 20 分钟的讨论时间。现在的学术会议比较多，但其中最大的问题是讨论不够。所以，我们希望各位主持人严格"执法"，也希望各位发言人、评论人模范"守法"，最后能做一些讨论，这样才能使议程顺利进行完毕。希望大家掌握好时间。

第三，关于这次会议的成果和论文的处理情况：首先，我们的会议邀请了《中国社会科学报》《法制日报》①《法制晚报》，以及"中国法学网"等媒体的记者，这些媒体会对会议作一些报道。其次，我们要对会议做一个学术综述，计划在《环球法律评论》上发表。最后，按照原定的安排，我们计划

---

① 现已更名为《法治日报》。以下不再标注。

出版一本《法治与改革》的文集。

我想做如上几点说明，再一次欢迎各位代表参会！

第一单元："法治与改革的法理"的自由讨论

刘作翔研究员：张恒山教授（中共中央党校）在关于法治与改革关系的点评中，提出的"法治本身不能改革"的观点特别重要。我想借此表达一下我的一点看法："法治改革"可能是一个不准确的概念。这涉及对法治理论的理解。法治作为一种价值、一种理念、一种社会治理方式，本身是不存在改革的。那么要改的是什么呢，张恒山教授刚才讲到改的是法律，这个是没有错的。但也可以从另外一个角度理解，即法制改革。法制由立法制度、执法制度、司法制度、法律监督制度等几个单元组成，它们都需要不断改革，公民守法的方式需不需要改革，是一个可以讨论的问题。所以法治本身不能改革，但法制是可以改革的。法治，既可能涉及宏观的法治层面问题，也可能涉及具体的法制改革问题，正确理解法治与改革的关系特别重要，因此，我就借着这个话题谈谈自己的意见。谢谢！

会议总结

主持人刘作翔研究员：大家都意犹未尽啊！说明我们今天的讨论还是很有吸引力的。就刚才这个单元，我自己也有两个问题想说一下：第一个问题是莫纪宏教授（中国社会科学院）谈到的感受，说在国际会议场合和在中国会议场合讨论的问题完全不一样。我也无数次听到过一些人谈到这样的感受，这个感受可能是真实的。但是我想说为什么会产生这种感受呢？是因为我们发展的程度不一样，我们面临的问题不一样。所以，他说到在国际会议上很少听到什么"法治与改革"这样的话题，而在国内就成为一个主流话题，是因为我们面临的问题不一样。这是我的一个看法。第二个问题是黄金荣博士（中国社会科学院）谈到的法律数量问题，我提供一个材料，最近在修改全国统编教材《法理学》（第四版）"法律体系"这一章时，我参考的是 2014 年 3 月 18 日全国人大常委会最新的法律体系以及七大法律部门的最权威的清单，一共有 242 部法律。

现在我们进入今天的最后一个单元——会议总结。我们请出两位德高望重的重量级教授做总结。首先请刘海年教授（中国社会科学院）做总结，大家欢迎！

（以下略）

主持人刘作翔研究员：谢谢刘海年教授非常系统的、有历史感的一个总结。法学研究所从 1996 年中央提出"依法治国，建设社会主义法治国家"治国方略之后，每年都要召开一次全国范围内的以"依法治国"作为主题的研讨会，已经持续了十多年，成了法学所的一个品牌，成了一个传统。所以像刘海年老师，还有李步云老师、韩延龙老师、陈春龙老师（以上四位老师均为中国社会科学院法学所资深研究员）等，他们都是直接的参与者和见证者，我也是从 1996 年开始参加这个活动的，所以对这样的系列讨论进行一次历史回顾，都是历历在目。所以，我们今天关于"法治与改革"的讨论，与此前关于依法治国的讨论都是一脉相承的，感谢刘海年老师的总结。下面我们隆重有请李步云教授做学术总结，大家欢迎！

（以下略）

主持人刘作翔研究员：非常感谢李步云老师对法学研究所在中国法治研究历史中的几次重要会议的回顾。对于这些历史，他们不说，我们很多年轻人是不知道的。1996 年后的会议我们都经历了，但是更重要的是在 1996 年前还有很多重要的会议。李老师对我们今天这个会议作了一个高度概括的总结，提出了一些值得继续关注的问题，感谢李老师！

下面我也简单说几句。

第一，经过大家一天的辛苦劳动和辛勤工作，我们终于完成了既定的目标，取得了比较丰硕的成果。刚才也讲到了，我相信我们今天的讨论所取得的这些成果能够为下半年即将召开的党的十八届四中全会提供一定的智力支持，所以我再一次向各位参会者表示衷心的感谢！尤其向李步云老师、刘海年老师、韩延龙老师、陈春龙老师表示感谢！他们四老今天坚持参与会议，一直到现在，我建议大家用掌声来表示对他们的敬意！我们要学习他们这样一种学术精神，这样一种严谨的、认真的态度，对中国法治不断努力的精神。1996年后法学所召开的依法治国的研讨会我基本上都参加了，他们每次都是从上午坚持到下午，善始善终，所以对这样一种精神，我们表示崇高的敬意！同时要感谢今天会议所有的主持人、发言人、评论人，以及讨论过程中参与讨论与提问的学者，没有你们的参与，我们的会议就无法顺利召开，同时也向大家所贡献的智慧表示感谢！另外，我也要向这次会务组的各位同事表示感谢，感谢大家辛苦的工作！这个会议虽然只有一天，但是从4月我们就已经启动，中间也开了几次筹备会议，大家都付出了很多的努力。

第二，今天的讨论议题内容范围是非常广泛的，有理论的研究，有历史的研究，有经验的研究，有制度的研究，大家发表了非常好的意见。今天的讨论，就"法治与改革"这个命题来讲，我们是第一次讨论，所以议题宏观一些，各方面的讨论都会有一些。以后若有可能的话，我们会搞一些专题性的、深入一点的讨论，使这样的话题能得出一些有建设性的意见。所以我希望今天的与会者能够对这些问题继续关注，继续进行深入的研究和探讨。

第三，关于会议成果的处理，我上午已经讲了，这里不再赘述。

再一次向大家表示感谢！

关于民主与法治的几点看法

——2014 年 7 月 18 日教育部社科委"民主、法治与国家治理现代化学术研讨会"的点评*

两位重量级的专家作了精彩的发言，他们的发言都紧紧围绕着本次论坛主题作了非常好的阐释。

陈光中教授（中国政法大学）的发言是一种高屋建瓴地涉及国家治理现代化的非常重要和广泛领域内的问题，涉及四大问题，有很多亮点，包括对国家治理体系范围的理解，

---

* 此文系作者应邀于 2014 年 7 月 18 日在太原参加由教育部社会科学委员会法学学部、国家司法文明协同创新中心主办，中国政法大学诉讼法学研究院、太原市人民检察院承办的"2014 年度教育部社会科学委员会法学学部工作会议、教育部人文社会科学（法学）重点研究基地主任联席会议暨民主、法治与国家治理现代化学术研讨会"上对陈光中、张文显两位教授的主旨报告所作的点评。感谢主办方对发言录音的整理。

对国家治理现代化的衡量提出了六个方面的标准，相较于原来我们所理解的范围有很多扩展。其中，还有一些敏感的、尖锐的问题，体现了陈先生一向的敏锐性。我们现在一方面是在改革，另一方面在界限方面出现了个别混乱的问题，哪些应该由立法解决，哪些应该由司法解释承担，各种法制机制承担什么功能和任务，各自的权限和权能是什么都需要弄清楚，现在呈现出混乱、各行其是的状态。另外，在加强防止和纠正冤案方面，我们在纠正大量的错案冤案时，是否有可能制造新的冤案，这些问题都值得我们警醒。还有陈先生提出的刑法的谦抑理念和减少死刑等，都提醒了我们在法治建设成就可喜的态势下，要保持清醒的头脑。还有陈先生提出的建立民调制度，这都是一些非常大胆的建议。

张文显教授（吉林大学）的这篇文章发挥了张老师一贯的特点和特长。这篇文章在我看来是一篇理论论证的文章，试图从理论上论证清楚法治与国家治理现代化的非常重要的一些问题，提出了国家治理现代化的中国标准，这是一个新的提法。中国标准主要围绕五大价值展开，并提出了每一个价值在新的形势下是什么样的表现方式。另外，提出法治化是国家治理现代化的必由之路，这一点对于做法学研究的我们是能接受并达成共识的。张老师提出的国家治理体系法制化和国家治理能力法治化，此处用了两个不同的法制（治）化，需要加以区分，涉及对法治理论的理解。还提出了法治升级三大转型，是一个非常重要的提法，从法律之治转为良法之治。我最近发表了一篇对新"法治十六字方针"解读的文章，党的十八届三中全会提出的法治十六字方针与原来的是有区别的。同时，张老师还提出从法治国家转型升级到法治中国，自从法治中国概念提出后，大家一直在讨论，法治中国是一个有新内涵的概念，还是法治国家的另外一种表达，这个问题现在还不太清楚。张老师认为这是转型升级，法治中国能否解释出新的内涵，与法治国家理论有什么关系，其转型升级表现在哪些方面，我们还需要一些有说服力的理论和解释。从法律大国转型升级为法治强国，法律大国的概念是从哪个角度去理解，是从十三亿中国人的角度，还是从我们现在拥有的法律数量去理解，中国是否为一个法律大国，从何种角度得出这个结论，是值得商榷的。

党的十八届四中全会决定的新亮点及需要进一步研究的问题

——2014年11月22日中国法理学研究会"中国特色社会主义法治理论、法治体系与法治道路学术研讨会"总结发言*

党的十八届四中全会提出的《中共中央关于全面推进依法治国若干重大问题的决定》（以下简称《决定》）是2014年10月23日通过的，今天是11月22日，刚好一个月。在四中全会闭幕一个月之后，我们中国法理学研究会召开这样一个高端的学术研讨会是很有必要的。今天这个会，共有20

位专家教授作了专题发言，中间还有一些热烈的、激烈的讨论。对于四中全会，这一个月以来大家都在不断领会和学习，媒体也做了很多的宣传。前两天在武汉大学召开的《法学评论》创刊 30 周年的会上，我在致辞时讲到，媒体作为宣传媒介，做一些宣传是很必要的，但我们从媒体中尤其是电视中看到的，有个别是口号式的解读，重复《决定》的内容。作为学术刊物，作为中国法理学研究会，作为一名研究者，我同意前面一些专家的意见，我们不能停留在喊口号的层次，把《决定》的内容重复来重复去。当然，《决定》的内容是重要的，但是要有深度地解读，所以学术研究是很有重要的。四中全会这个《决定》有 18000 多字，内容丰富，体系庞大，包含着很多重要内容，现在还处于一个学习、领会文件的阶段，我也对文件系统地读了几次。最近有些地方请我去讲课，昨天还在保定市给市县两级四千多名干部讲（各县区有分会场）。所以我个人觉得，四中全会的《决定》是一个宝库，有很多可以挖掘的东西，有很多新亮点。今天我们 20 位专家主要围绕三个命题，即中国特色社会主义法治理论、法治体系和法治道路进行了讨论，也讨论了一些其他题目。就四中全会这个《决定》来讲，有很多新的亮点，还有一些需要进一步深入研究的问题，也有一些需要在制度层面逐渐落实的问题，所以我的发言就是想谈这么一个题目，即"十八届四中全会决定的新亮点及需要进一步研究的问题"，这是我在读这个《决定》的过程中认为比较重要的。有许多问题大家都谈到了，但有些问题没有谈到，我就顺着这个《决定》的线索谈一些看法，有些我可能会做一些解释。

比如今天讨论的这三个问题，法治理论、法治体系和法治道路。中国特色社会主义法治理论，到底怎么样来概括、它的内核到底是什么，这个问题还需要继续研究，不是把所有东西堆起来就可以说明的。法治体系这个概念的新意在哪里？还有关于中国特色的法治道路到底该怎么描述？总之，这三个大的命题还需要继续破解。

关于依法治国总目标的理解，《决定》将总目标设定为法治体系和建设法治国家，我个人理解，法治体系是手段，法治国家应该是目标，通过法治体系来实现法治国家目标。另外，《决定》在对依法执政的界定上，坚持了法治原则，这一点是非常明确的。《决定》对依法执政有明确界定，"依法执政意味着党依照宪法和法律来治理国家，同时也意味着依照党内法规管党治党"。党内法规是干什么的，就是管党治党的，在《决定》中的几个地方都非常明确地表达了这个意思。

《决定》对处理"法治与改革"的关系做了一个非常明确的阐释："实现立法和改革决策相衔接，做到重大改革于法有据、立法主动适应改革和经济社会发展需要。"《决定》提出了三种途径和办法："实践证明行之有效的，要及时上升为法律。实践条件还不成熟、需要先行先试的，要按照法定程序作出授权。对不适应改革要求的法律法规，要及时修改和废止。"第一种和第三种办法主要是个判断问题，而最主要的是第二种途径，对于需要先行先试的，要解决授权问题。我看到有些专家说以后不会再经历先试验试点、取得经验再立法的老路，但这个判断可能不准确。许多改革是要先行先试的，像上海自贸区试验、司法改革的省直管问题，不通过先行先试怎么可能一下子就实行呢？所以先行先试对于我们这样的发展中国家、转型期国家是少不了的，但是要授权，解决了授权问题，合法性问题就解决了。

《决定》提出"人大主导立法工作机制"。至少有关基础性、综合性、全局性的立法必须由全国人大直接立法，部门不能介入。由全国人大主导以后，立法的工作量肯定要增加，现在部门立法成为一个很严重的问题，怎么样克服部门利益和地方利益，将它排除出去？关于政府立法这一块儿，主要由政府法制部门来进行，以后政府法制部门直接起草立法的比例可能要大大提高。还有第三方评估问题。增加设区的市的地方立法权，这个数量可是要增加不少，有些专家估算，地方性法规制定权主体可能要到 300 个左右，这会带来不小的工作量，与之相配套的备案审查也会增加不小的工作量。

行政机构不得法外设定权力，这一点非常重要。没有法律法规依据，不得减损公民、法人和其他组织合法权益，就是权益不能减损，义务不能增加。国家行政学院曾经召开过一次会议，专门讨论下位阶的法能做些什么？即在公民权利上不能减损，义务不能随便增加，包括实施细则，上位法和下位法的功能分配和法律保留原则，我觉得很重要，过去没有很明确地提出过这个问题。关于综合执法问题，现在电视中报道的很多执法问题都和这个有关系。

关于监督机制，《决定》中列举了现有的八种监督方式，能不能统合，这八种监督机制是不是就能构成一个完备的法治监督体系，能不能发挥作用，这些都需要进一步落实。

在司法方面，也提出了很多的改革内容。如建立领导干部干预司法活动的记录、通报和追究制度，有记录就有通报，还有责任追究。法院变立案审查制为立案登记制，这是一个非常重大的变化，我们关心的是，登记了以后怎么办，登记了以后不还是要审查吗？根据立案条件，够立案条件的受案，不够立案条件的就回复一下，当然这个回复也很重要，至少要做到有案必收、有诉必理。法院受理后，如果诉讼法不改，那还是要按照原来的受案条件进行审查，所有的诉求接受下来，顶多就是给个答复，而有这个答复是不是可以走下一步，这也是个问题。许多法院已经意识到他们的工作量要增加很多，当然这个和信访制度有所关联。司法人员的保障制度，即没有法定理由不得随便免职。还有一个司法人员和律师、公证员违法犯罪行为的终身禁业制度，这一次也明确提出来了。人民陪审员不再审理法律适用问题，只参与审理事实认定问题，但程序如何设置，也是需要研究的。《决定》还对一审、二审、再审的功能分配提出了大体的意见，还需要细化。建立终审和诉讼终结制度，这都是和信访制度相关联的。我这几年一直在法院倡导诉讼终结，不能让案件无限期地走下去。

还有比较重要的纪检和司法的有效衔接，即快速移交制度，这涉及纪检。要坚持法治，不能靠这样一种方法，该放就得放，一旦发现问题马上移交检察院。

虽然前面大家都讲到了以德治国的问题，但我注意到有如下一句话："发挥法治在解决道德领域突出问题中的作用"，这个分量是不一样的，发挥法治在解决道德领域突出问题中的作用，这样法律与道德就不是平起平坐了，法律起主导作用，法律成为各种社会规范的判断标准，即社会规范体系和法律规范体系在整个法治运转过程中的地位，得有个判断标准，靠什么判断？最后还是要按法律来判断，这几年有大量案件。这次还明确提出社会律师、公职律师和公司律师三大律师制度，它的亮点是公职律师，国家机关和人民团体要聘请公职律师。

法治工作队伍，这个提法过去没有，我们过去叫政法工作队伍，但我最关心的就是它提出了正规化、专业化、职业化，这个"三化"是针对什么的？我认为，就是针对我们这些年所谓的司法的大众化、司法的人民化，现在要回归到应有的路径上去。在一些会议上，针对反司法专业化思潮，我就问了一个简单的问题：为什么要法学院学生在大学学四年呢？为什么要通过那么难的——司考①呢？如果让老百姓审案子，那什么人都可以进入法官队伍中来了，那就不需要司法了。因此，这是有针对性的。法治工作队伍包括立法工作队伍，我想起十五六年前在黑龙江省牡丹江市人民检察院召开的"法律职业共同体"讨论会，当时我提出一个问题，说立法者算不算法律职业共同体的组成、算不算法律职业？一些学者反驳我，认为立法者不应该算法律职业，我问他们立法者算什么，他们说立法者是人民代表，怎么能算法律职业者？但是这一次明确把立法工作、执法工作、司法工作三大队伍都作为专门法治工作队伍的组成部分。

以上的勾勒不是太全面。这些年除对一些宏大的理论问题关心外，我比较关心制度问题。这次在读四中全会《决定》的时候，制度的亮点我是比较感兴趣的。这里面的问题，就像刚才有专家讲的，每一个问题都可以作为专门性的问题来研究，每一项制度都是今后要落地的，都是需要通过制度化的方式落实的。所以在中国法治进程中，我们要关心这么多具体制度的落实，要对法治充满信心。所以我是从四中全会

---

① 现更名为国家统一法律职业资格考试。

《决定》中的新亮点，以及需要进一步研究的问题出发，感觉到四中全会是个"宝库"的。我们的学习、研究还是首先要对文本做认真地阅读，在这个基础上再进行学理、深度解剖，谢谢大家！

党的十八届四中全会的新提法、新命题、新亮点

——2014 年 12 月 5 日江苏高院"中国审判理论研究会司法改革专业委员会 2014 年年会"的演讲*

感谢会议的邀请和安排！每次参加司法改革专业委员会年会都收获很大，因为参加这个会议的都是来自全国法院系统第一线负责司法改革政策、决策、方案设计的主要人员，每次会议都可以听到很多实践经验、做法，这在平时是听不到的。今天我们讨论了一天的司法改革，我想换一换口味，

---

* 此文系作者应邀于 2014 年 12 月 5 日在南京参加由江苏省高级人民法院主办的"中国审判理论研究会司法改革专业委员会 2014 年年会"上的演讲，由中国社会科学院魏书音博士根据录音整理，特此感谢。

从一个更宏观的角度来思考一下依法治国的问题。因此，我想给大家汇报的题目是"党的十八届四中全会的新提法、新命题、新亮点"。

党的十八届四中全会通过《中共中央关于全面推进依法治国若干重大问题的决定》（以下简称《决定》）已经有一个多月了。在这一个多月内，全党、全国都在认真地学习、研究、思考、领会《决定》的精神。四中全会的《决定》是一个宝库，有许多需要我们挖掘的东西，我们需要对决定中的一些内容进行深度研究。四中全会的决定有很多新提法、新命题、新亮点，比如全会提出了"中国特色社会主义法治理论、法治体系、法治道路"，对这三个命题的理论界定也进行了一些阐释。从目前阐释的结果来看，我认为还没有真正地破题，还需要深入地研究，比如什么是"中国特色社会主义法治理论"，对这个理论到底如何进行概括，怎么去总结，怎么去论证，目前还没有看到很有力的理论分析。两周前中国法学会法理学研究会在北京召开了一个小规模的会议，专门讨论这三大命题，但是从讨论的结果和一些学者的阐释看，我个人觉得还没有破题。关于法治道路，有些学者从四中全会提出的全面推进依法治国必须坚持的五大原则来阐释，我个人觉得这五大原则和中国特色社会主义法治道路还不是一回事，用五大原则能不能替代中国特色社会主义法治道路，比如"党的领导""人民主体地位""法律平等""依法治国与以德治国相结合"，还有"中国国情"等这样一些原则。关于法治体系，大家觉得好像相对来说比较成熟一些，因为提出了五大体系，似乎觉得这五大体系有一个完整的框架了。但是如果我们对这五大体系进行具体分析，我们会发现还需要进行深入研究。第一，法律规范体系，我们原来用的是法律体系，现在加了个"规范"二字，那这个规范是什么含义？需要我们对此深入思考。以前我们提的是"中国特色社会主义法律体系"，现在变成了"法律规范体系"，意味着什么？和"法律体系"是什么关系？目前还没有学者讨论这个问题。第二，法治实施体系，我发现把这个法治实施改成法律实施，和原来的"法律实施机制"没有差别，即执法、司法、守法这三大块。第三，法治监督体系，这一次把法治监督单独提出来了，为什么单独提出来？因为它很重要。这次将"法治监督"提炼出来，独立成为一个体系，是因为监督的问题变得越来越重要，它甚至不亚于原来那三大块的任何一部分，所以监督成为一个独立的体系。我们过去简单地认为"监督"就是某些人管某些人，其实这个监督是一个非常广泛的概念，尤其在法律的执行这一块，比如在行政执法领域，法律落实得如何、执行的效果如何，所以我认为监督以后会成为非常重要的一个领域，一个非常重要的问题。《决定》里面用了"八大监督"来概括我们目前的监督体系，这八大监督渠道、监督机制、监督体系的作用如何、效果如何，是值得我们思考的。五大体系里面监督成为一个独立体系，是和法律实施三大块同等重要的一个组成部分。第四，法治保障体系，保障体系到底包括哪些内容？比如说有没有政治保障的问题？依法治国要全面推动起来，政治保障很重要。政治保障包括党委、政府的支持，党委和政府本身也是依法治国的一个组成部分，但是就狭义的行政执法和司法来讲，党委的政治保障到底能做些什么？还有经济保障，需要财力，比如我们今天讨论了一天的司改，每一项司法改革举措都涉及人事的变化、财政的变化，都需要财政支持，财政不支持好多改革就无法进行。第五，党内法规体系，这样一个体系纳入法治体系，到底有什么意义？这个需要我们思考。还有今天提出良性的司法生态环境，它需要整个社会氛围，司法判决到底能不能执行？这是考验司法权威最重要的一个指标，这些年研究司法权威、司法公信力，我在一些场合，包括在青海年会上就提出一个观点，我认为司法权威、司法公信力的问题绝对不是一个主观感受的问题，是一个客观数据的问题，判决有多大的自动履行的比例？这个比例目前是不一样的，在每个地方也不一样。它还有个历史的比较，比如二十年前和二十年后，这些数据是怎么变化的？要通过这些数据说明问题，有时候数据得出的结果和我们每个人的感受、社会的感受不一致，甚至有时候反差很大。所以这些都涉及法治保障问题。以上关于法治体系的五大体系都是需要我们进一步思考的问题。

四中全会还提出"全面推进依法治国总目标"是"建设中国特色社会主义法治体系"和"建设社会主义法治国家"。我个人认为总目标要分解，法治体系是手段，法治国家是目标，通过法治体系实现法治国家的目标。如果我们仔细考虑一下五大体系，都还是一个手段性的东西，通过手段来达成法治国家的这样一个目标。

四中全会坚持了依法治国和依法执政相结合。虽然这句话大家常常讲，但可能不是太了解这句话的背景。我看了四中全会的《决定》后感到欣慰的是，四中全会在有关党内法规和国家法律的关系上坚持了法治原则。四中全会对"依法执政"的界定是，依法执政既意味着党依照宪法和法律来治理国家，同时也意味着依照党内法规管党治党。

还有一个问题，就是怎么看待党的文件？党的文件是党的政治决策，党的政治决策要通过国家行为来实现，而不是直接下命令，党委不能直接下一个文件任命张三为某某省长、副省长，不能这么做，还要通过人大，所以三者有机结合不只是简单说说，而是要有程序性的过程。党的领导、人民当家作主、依法治国三者有机统一。党的决策要通过人民代表大会，如涉及人选，要通过人民代表大会把他选举出来；党提出的有关法律制定的决定，要通过人民代表大会把它变成正式的法律，比如这次四中全会提出的设立国家宪法日，后通过全国人民代表大会常务委员会做一个决定，这恰恰就是党的主张通过人民代表大会，人民当家作主，来做出决定。

四中全会还解决了一个很重大的问题，即"法治和改革的关系"问题，提出了实现立法和改革决策相衔接，做到重大改革于法有据、立法主动适应改革和经济社会发展需要。提出了三种途径和办法：实践证明行之有效的，要及时上升为法律。实践条件还不成熟、需要先行先试的，要按照法定程序作出授权。对不适应改革要求的法律法规，要及时修改和废止。第一种和第三种办法主要是个判断问题，而最主要的是第二种途径，对于需要先行先试的，要解决授权问题。有些专家说以后不会再经历先试验试点、取得经验再立法的老路，但这个判断可能不准确。许多改革是要先行先试的，像上海自贸区试验，司法改革的省直管问题，不通过先行先试怎么可能一下子就实行呢？所以先行先试对于我们这样的发展中国家、转型期国家是少不了的，但是要授权，解决了授权问题，合法性问题就解决了。

还有像人大主导立法，这也是一个新亮点，过去从来没有这样被提出来过。行政立法到底是授权立法还是一种法定立法？当然现在逐渐理解为一种法定立法，但是从立法原理上讲，行政立法，带有授权性，经过授权后才获得立法的资格。人大主导立法会带来整个立法体制的变化，现在提出基础性、综合性、全局性的立法要由人大来直接制定，部门立法的情况会大大减少，但是理论家的看法不完全一致，有的专家认为要把部门立法取消不可能，只有部门对情况最熟悉，所以这样的讨论还在进行中。还有"行政机关不得法外设定权力"，这也是相当重要的一条，没有法律法规依据，不得减损公民、法人和其他组织合法权益，就是权益不能减损，义务不能增加。国家行政学院曾经召开过一次会议，专门讨论下位阶的法能做些什么？即在公民权利上不能减损，义务不能随便增加，包括实施细则。上位法和下位法的功能分配和法律保留原则，我觉得很重要，过去没有很明确地提出过这个问题。关于综合执法问题，现在电视中报道的很多执法问题都和这个有关系。

司法方面的亮点很多了，这个大家都比较熟悉，我就不展开了。我就想提一点大家今天没提到的，就是关于法院立案方式的转变，由立案审查制变为立案登记制，这是为了保证公民诉权，做到有案必立、有诉必理，保证当事人诉权实现的方式，也是为了贯彻"法官不得拒绝裁判"的司法理念。但是变为登记制后怎么办？登记一下还是要答复啊！我们现在诉讼法没有修改，受案还是有条件的，满足受理条件的则受理，不满足受理条件的怎么办？顶多加一个解释或者答复程序。是不是还涉及三大诉讼法的修改？其主要包括民事诉讼，行政诉讼，还包括刑事诉讼自诉这一部分，所以，涉及三大诉讼法的修改问题。

还有我觉得和今天讨论的相关问题有，建立司法人员保障制度，即没有法定理由不得随便免职，这一点我很关注，司法人员保障制度其实是对司法职业的一种保障，直接涉及司法人员能不能放开手脚做裁判的问题，什么是法定事由？非经法定理由、非经法定程序这两个条件，不能随便把法官免职，这一条相当重要，这一条采纳了国际条约的相关规定，国际条约我们呼吁了多少年，这一次《决定》终于明确了。当然在这个《决定》之前，类似的决定也有过，但是没有这样明确地提出来过。还有一个终身禁业制度，就是司法人员、律师、公证员如果违法犯罪，终身禁止从事法律事务。终身禁业制度，一方面，对职业进行保护；另一方面，对于违法犯罪人员，终身禁止从事法律职业。

关于律师制度，这次最大的亮点就是确立了社会律师、公职律师和公司律师三大律师制度，国家机关和人民团体要聘请公职律师，这是一个问题。

四中全会的决定涉及的内容很多，因为时间关系，我这里挂一漏万做一些分析，新亮点很多，但是需要进一步研究和分析的问题也很多。

谢谢大家！

全面推进依法治国，加快建设社会主义法治国家

——2014 年 12 月 12 日西安财经学院"全面推进依法治国，加快建设社会主义法治国家"专题报告*

党的十八届四中全会是 10 月 23 日结束的。全会通过了《中共中央关于全面推进依法治国若干重大问题的决定》（以

---

* 说明：中国共产党第十八届中央委员会第四次全体会议于 2014 年 10 月 23 日在北京闭幕，大会审议通过了《中共中央关于全面推进依法治国若干重大问题的决定》。大会结束后，作者受邀先后于 2014 年 11 月 21 日、2014 年 12 月 12 日上午、2014 年 12 月 12 日下午分别在中共河北省保定市委为保定市县两级干部、陕西省西安市人社局为西安市处级以上公务员、西安财经学院为全院师生宣讲和解读党的十八届四中全会精神的辅导报告。此文系作者以在西安财经学院的报告为主干，补充了其他两场报告的部分内容。由中国社会科学院何明智博士根据录音整理，特此感谢。

下简称《决定》)。这个《决定》一共有 18000 多字。从《决定》通过到现在有一个多月时间。这段时间，全党全国各条战线都在认真学习、领会、研究、贯彻落实全会的精神，对《决定》中提出的许多重大理论命题和一些制度改革都在进行研讨。今天，是一个和各位老师、同学进行交流的机会。有些问题四中全会指出了明确的方向，但也有许多重大问题还需要我们继续做一些深入的探索和研究。今天的报告会也算是一个学习心得的汇报会，向大家请教。

四中全会的《决定》一共分为七大部分、三大板块，第一大板块就是第一部分，第二大板块就是从第二部分到第五部分，第三大板块就是第六部分、第七部分还有结束语。第一大板块里面涉及一些非常重要的内容，就是整个《决定》的总则部分，是一个总纲性的东西。这个总纲性的东西，其内容是非常丰富的。在第一部分里面首先一个大问题就是关于四中全会的意义。学习四中全会《决定》，有许多解读的方法，我个人认为，在学习过程中还是原原本本从文本入手，认真领会文本的精神。文本有两个，一个是《决定》本身，另外一个是习近平总书记在会议开始之前对《决定》所做的说明。这个说明有些内容在《决定》的正式文本里面有略微的变化。从文本入手才能学习领会《决定》中的一些精神。

下面我想分三大板块对四中全会《决定》中的主要问题做一个讲解，和大家一起学习。

第一大板块主要是《决定》的第一部分。第一部分里面首先涉及的问题就是怎么看待四中全会的重要意义。关于四中全会的意义，我们在四中全会召开之前就开过一些专题会议，讨论过这个问题。我当时有个看法，我说四中全会的意义跟三中全会具有同等重要的分量。三中全会是新一届的党中央领导集体关于全面推进改革的一个决定，涉及的改革内容相当多，四中全会是专门关于依法治国、建设社会主义法治国家的一个决定，所以，它的意义不亚于三中全会，至少和党的十八届三中全会具有同等重要的分量，而且法治问题是解决国家治理能力现代化的问题，它涉及治国理政这一大问题，如果说全面推进改革涉及的改革是全方位的，那么依法治国主要是在治国理政方面要作出一个顶层设计，因此，四中全会的意义对于中国完成"两个一百年"的任务、完成全面实现小康社会、全面实现现代化的目标，都是非常重要的一个会议。有学者认为，四中全会预示着法制的第二个春天的到来，第一个春天是改革开放，国家提出要进行民主法治建设；也有人说是三个阶段，第一个阶段是1978年年底的改革开放；第二个阶段是1996年2月中央政治局学习报告会后，时任中共中央总书记江泽民同志发表了"依法治国，建设社会主义法治国家"的重要讲话，到1997年，党的十五大正式确立为报告的重要内容，1999年，宪法修正案确认"中华人民共和国实行依法治国，建设社会主义法治国家"；这一次党的十八届四中全会是第三个阶段。

关于依法治国，在《关于〈中共中央关于全面推进依法治国若干重大问题的决定〉的说明》中对我们党关于依法治国的提法做了一个简单的梳理，讲到改革开放以来我们党一贯高度重视法治，1978年12月，邓小平同志就指出应该集中力量制定刑法、民法、诉讼法和其他根本性必要的法律，如工厂法、人民公社法、森林法、草原法、环境保护法、劳动法、外国投资法等等，经过一定的民主程序讨论通过，并且加强检察机关和审判机关建设，做到有法可依、有法必依、执法必严、违法必究。① 这个法制建设十六字方针是1978年由邓小平同志提出来的，把这个十六字方针作为改革开放之初提出依法治国的思想起点。到党的十五大提出依法治国、建设社会主义法治国家，强调依法治国是党领导人民治理国家的基本方略，是发展社会主义市场经济的客观需要，是社会文明进步的重要标志，是国家长治久安的重要保障。到党的十六大又提出了发展社会主义民主政治，根本目的是要把坚持党的领导、人民当家作主和依法治国有机统一起来，这就是我们现在讲的有机统一。党的十七大提出依法治国是社会主义民主政治的基本要求，强调要全面落实依法治国基本

---

① 参见《关于〈中共中央关于全面推进依法治国若干重大问题的决定〉的说明》，载《人民日报》2014年10月29日。

方略，加快建设社会主义法治国家。到党的十八大又强调要更加注重发挥法治在国家治理和社会管理中的重要作用。改革开放以来，关于依法治国的不断强调，始终坚持把依法治国作为治国方略，但是它的定性发生了一些变化。不管怎么变化，把依法治国载入宪法，正式确立为我国的一种治国方略，这个是很重要的标志。

四中全会要解决什么问题？实际上是要解决国家治理体系和治理能力现代化的问题。在党的十八届三中全会上，就已经提出了国家治理体系和治理能力现代化，但国家治理体系和治理能力现代化怎样去做，通过什么手段、什么方式去做，要找到一个归结，最后还是找到法治，因为离开法治，实现治理能力和治理体系现代化是不可能的。另外，关于中国现代化有一个理解，有些学者说治理能力和治理体系现代化的提出是第五个现代化，我们知道过去有四个现代化的提法。四个现代化是当年由周恩来同志提出来的。四个现代化指的是工业、农业、国防、科技的现代化，其主要还是经济现代化的内容。而国际社会对现代化的理论在20多年前就已经概括为经济现代化、政治现代化、文化现代化，现代化是全方位的结构。经济现代化把我们原有的四个现代化概括进去，工业、农业、国防、科技，它们都属于经济现代化的内容。政治现代化就是一种治理方式的现代化，到底采取一种什么治理方式，是采取人治的方式还是采取法治的方式，在改革开放之初有过激烈的争论，当时有一场关于人治和法治的激烈争论，因为很多人还是认为人治是不能放弃的，直至今天，还有文章说，法治和人治不能偏废，意思是说法治有好处，人治也有好处。关于法治和人治的争论，30年前有，30年后依然存在，到底走一条什么道路？四中全会明确回答是法治的道路。如果把治理能力和治理体系理解成一种政治现代化的内容，那么政治现代化就是走依法治国、建设社会主义法治国家的道路，这是一个明确的回答。但是，这样一个回答并不能消除某些人对一些问题的再争论，因为在四中全会召开之后，还有人写文章认为人治是有价值的，讲人治的好处、人治的价值。我以前也分析过，如果从成本效率的角度看，人治当然是最经济和最有效率的，但是短期的、表面的效益会造成长期的不利后果。所以关于人治和法治的争论，我们后来专门出了一个论文集，这个论文集把当年改革初期的一些重大争论重新整理了一次，在里面能看到各种各样的观点。所以对于四中全会的意义，我们要从国家治理、长治久安这样的角度去看待，这是关于四中全会的意义。

《决定》在第一板块鲜明地提出三大新命题。第一个命题是中国特色社会主义法治理论；第二个命题是中国特色社会主义法治道路；第三个命题是中国特色社会主义法治体系。这三大命题是三个重要的理论命题，但这三个重要的命题目前还没有非常好地被破解，在理论上的阐释还有待加强。关于依法治国的重要意义，《决定》是这样来表述的："依法治国，是坚持和发展中国特色社会主义的本质要求和重要保障，是实现国家治理体系和治理能力现代化的必然要求，事关我们党执政兴国，事关人民幸福安康，事关党和国家长治久安。"把依法治国提到这样一个高度。另外，《决定》也讲道，"全面建成小康社会、实现中华民族伟大复兴的中国梦，全面深化改革、完善和发展中国特色社会主义制度，提高党的执政能力和执政水平，必须全面推进依法治国"。把依法治国上升到整个国家长治久安、人民幸福的高度。现在提出三个全面，第一个是全面建成小康社会，第二个是全面深化改革，第三个是全面推进依法治国，要实现小康社会和深化改革，离不开依法治国，所以，依法治国是实现小康社会和深化改革的重要方式和手段。这是《决定》对依法治国重要性的界定。

《决定》对我们当前的国际和国内形势也做了一些分析，因为我们党提出一个方略、决定，首先要对国际、国内的形势做一些分析。"我国正处于社会主义初级阶段，全面建成小康社会进入决定性阶段，改革进入攻坚期和深水区，国际形势复杂多变，我们党面对的改革发展稳定任务之重前所未有、矛盾风险挑战之多前所未有，依法治国在党和国家工作全局中的地位更加突出、作用更加重大。面对新形势新任务，我们党要更好统筹国内国际两个大局，更好维护和运用我国发展的重要战略机遇期，更好统筹社会力量、平衡社会利益、调解社会关系、规范社会行为，使我国社会在深刻变革中既生机勃勃又井然有序，实现经济发展、政治清明、文化昌盛、社会公正、生态良好，实现我国和平发展的战略目标，必须更好发挥法治的引领和规范作用。"这一段文字主要是对我们所面临的国际、国内一些问题的分析，而要解决这些问题，必须通过依法治国的引领和规范作用。

　　《决定》对法治的现状也做了一些分析。如何看待我国法治的现状？中国的法治从改革开放算起也运行 30 多年了，即使从 1996 年算起也有十多年了。那么法治的状况到底如何呢？《决定》是这样来分析的："我们党高度重视法治建设。长期以来，特别是党的十一届三中全会以来，我们党深刻总结我国社会主义法治建设的成功经验和深刻教训，提出为了保障人民民主，必须加强法治。"这两句话不是简单提出来的，它是通过惨痛的教训得出来的结论。还有必须使民主制度化、法律化，把依法治国确定为党领导人民治理国家的基本方略。为了保障人民民主必须加强法治。"民主制度化法律化"是一个理论命题，这是邓小平民主法治理论的一个重大贡献。"民主制度化法律化"这一理论命题是从新中国成立以来发展的足迹和经受的考验中总结出来的。要想推行民主，必须使它制度化、法律化。我们讲的民主必须是法治下的民主，它有程序化，民主必须经过程序化是我们理解现代民主的一个关键要素。

通过这种历史教训把依法治国确定为党领导人民治理国家的基本方略，把依法执政确定为党治国理政的基本方式。《决定》给依法治国和依法执政一个非常准确的定位。党的十五大提出了依法治国，党的十六届四中全会提出了依法执政，许多同志把依法治国和依法执政搞混淆了。依法治国是关于国家的治理方式，依法执政主要是解决执政党如何执政的问题，是专门针对中国共产党作为一个执政党而提出的，就是要依照法律来执政。这次四中全会更加明确了依法执政的含义，依法执政既意味着党依照宪法法律治国理政，同时也意味着党依照党内法规管党治党，关键是后面这句话，它明确对党内法规的适用范围作出了界定：党内法规就是用来管党治党的。

《决定》强调了党的领导、人民当家作主和依法治国三者有机统一，就是党的主张要经过人民代表大会变为国家意志、国家行为，人民当家作主的方式就是通过人民代表大会。我们强调党的领导、人民当家作主和依法治国三者有机统一。人民当家作主既是一个实体，又是一个程序化过程。人民代表大会是中国的最高权力机关，党的主张通过人民代表大会去实现，最典型的两个例子，一是上海设立自贸区，这是党的十八届三中全会提出的主张，要在上海搞自贸区，涉及和法律冲突的问题，那么就通过全国人大常委会一个授权决定，在上海自贸区有些法律暂时中止适用，通过这样一种授权机制，上海自贸区的改革试验就合法化了。二是党的十八届四中全会提出要设国家宪法日，全国人大常委会专门作了这个决定，就是设立国家宪法日的决定，这样每年的 12 月 4 日就正式确定为国家宪法日。四中全会的《决定》特别强调党的主张要通过人民代表大会这个环节来体现，不是说党可以直接发布命令。到今天为止，我们还没有看到党可以直接制定一个法律，党也不能直接任命张三李四为某某省省长或者副省长，党可以提出人选建议，通过人大选举的程序产生出人选，这就是法治思维。

《决定》对法治的现状用了这么几句话："中国特色社会主义法律体系已经形成，法治政府建设稳定推进，司法体制不断完善，全社会法治观念明显增强。"中国特色社会主义法律体系已经形成，这是我们取得的一个重大成就。全社会法治观念明显增强，这一句话怎么理解呢？法治观念的增强有许多表现特征，最主要的一个表现特征从诉讼率的提高就可以看出来。诉讼率的提高是法治意识增强的一个表现。没有法治意识一般不会去法院诉讼。

紧接着，《决定》对我国目前法治领域里面存在的问题也做了一个比较概要但也深刻的解剖。《决定》讲道："必须清醒看到，同党和国家事业发展要求相比，同人民群众期待相比，同推动国家治理体系和治理能力现代化目标相比，法治建设还存在很多不适应、不符合的问题。"主要表现在哪些方面呢？《决定》讲道："有的法律法规未能全面反映客观规律和人民意愿，针对性、可操作性不强。"法律应该是反映客观规律和人民意志的，但有些法律没有实现人民意愿的表达。关于针对性和可操作性不强的问题，20年前法学界有学者提出了"法律的可诉性"问题，可诉性是什么意思呢？指的就是一个案件所涉及的法律一旦提交到法院，法院就可以依据法律作出判决，因为它是一种可能性，是能诉到法院的可能性。那么对法律的判断，国内有些学者也有比较尖锐的观点，认为只有被法院适用过的法律才算法，当然对这些观点我并不认同。因为法的实施方式不仅仅是司法这一块，我们法律实施是通过三大块，一个是行政执法，我们政府机关好多部门承担着行政执法的任务，法律是靠这些行政执法部门去实施的，比如户籍法要通过派出所和户籍民警实施，我们去报户口、转移户口，这就是在实施法律，他们并没有到法院去，难道户籍法不是法吗？还有交通民警每天在大街上执行交通法规的任务，这难道不是实施法律的行为吗？工商、质检，都是在实施法律，仅仅把法院适用过的称作法，那这块的法算什么？而且用一个不恰当的比喻来说明，可以说80%的法律都是靠行政执法去实施的。司法为什么不能代表法的实施的全部？司法是不告不理，不管是刑事案件、民事案件还是行政案件，不告不理是司法的天然特性。民事案件，不告到法院就受理不了，不能自己去立个案件，民不告官不理，这是民事诉讼的典型特点。刑事诉讼按理说好像不是这样，实际上也是检察院或当事人不起诉到法院，法院也受理不了。行政案件也是，公民不起诉到法院，法院也受理不了。这说明不告不理是司法的特点，这样就决定了司法仅仅是当社会中其他手段不能解决问题的时候才能起作用的一种机制，"司法是最终防线"就是这个意思。我们说最终防线是一种终局性的判决，司法作出的判决是不能轻易被改变的，因为行政决定可以通过复议，不接受复议结果再进入司法程序，但是司法作出的裁决是最终的，一般是不能被轻易推翻的，除非经过法定程序，所谓法定程序就是通过审判监督环节、申诉予以纠正。还有更重要的一块是守法，这也是法律实施很重要的一块，我们每位公民每天都在遵纪守法，这也是一个法律实施的渠道，没有看到这一块的话，就麻烦了，因为只要是公民都是守法主体，13亿人每个人都是守法主体，所以从这个角度来讲，不能把法的实施仅仅看作通过司法来实现，所以判断一个法律是不是法，不能仅仅看是不是经过了法院的适用。虽然把法的实施仅看作司法，即法律适用有偏颇，但是我们换个角度，从可诉性来要求法是合理的，可诉性要求每一部法律都能被法院所适用，作为现代的法，可诉性是一种构成要件，必须具有可诉性，必须有行为假定、处理结果，最主要的是，要有法律责任，有了法律责任才能作为最后处理的依据。有些法律是缺乏法律责任的，这常常成为批评法律的主要原因。所以关于法律的可操作性问题，不能把它说得一无是处，而要对法律提出可操作性的要求。我们讲，一个法律之所以成为法律，要符合法的要素，要有行为假定和处理结果，要有法律责任，构成要件是不能少的。

《决定》在对法治现状的分析中，还指出了"立法工作中部门化倾向、争权诿责现象比较突出"的问题。部门化倾向主要出现在我们的立法体制上。到目前为止，我们的立法基本上是部门立法。什么是部门立法？一部法律涉及哪个部门就由哪个部门来起草，当然有的法律要经过国务院法制办，^①通过他们审查最后提交全国人大，各有各的程序，但部门立法是一个不争的现实。部门立法造成每个部门在立法过程中可能会把部门利益给放进去的问题，这很难避免。部门立法就造成了部门利益这样一个现象，所以这一次《决定》为了纠正这一问题，提出了"以人大作为立法主导"，突出人大作为立法主导的作用，另外对涉及全局性、基础性的重要法律，由全国人大相关专门委员会、全国人大常委会法制工作委员会组织有关部门参与起草。《决定》还指出了法治工作中"有

① 根据第十三届全国人民代表大会通过的《国务院机构改革方案》，将其职责整合，重新组建司法部，法制办不再保留。以下涉及机构改革的类似情况不再逐一标注。

法不依、执法不严、违法不究现象比较严重，执法体制权责脱节、多头执法、选择性执法现象仍然存在，执法司法不规范、不严格、不透明、不文明现象较为突出，群众对执法司法不公和腐败问题反映强烈；部分社会成员尊法信法守法用法、依法维权意识不强，一些国家工作人员特别是领导干部依法办事观念不强、能力不足，知法犯法、以言代法、以权压法、徇私枉法现象依然存在。这些问题，违背社会主义法治原则，损害人民群众利益，妨碍党和国家事业发展，必须下大气力加以解决。"这一段主要是对我们存在问题的一些分析，有对立法和执法问题的分析，执法中互相打架造成很多问题，中央电视台经常会报道这方面的一些案例。

《决定》在报告的第一部分还提出了全面推行依法治国的指导思想。这个指导思想是"必须贯彻落实党的十八大和十八届三中全会精神，高举中国特色社会主义伟大旗帜，以马克思列宁主义、毛泽东思想、邓小平理论、'三个代表'重要思想、科学发展观为指导，深入贯彻习近平总书记系列重要讲话精神，坚持党的领导、人民当家作主、依法治国有机统一，坚定不移走中国特色社会主义法治道路，坚决维护宪法法律权威，依法维护人民权益、维护社会公平正义、维护国家安全稳定，为实现'两个一百年'奋斗目标、实现中华民族伟大复兴的中国梦提供有力法治保障"。

《决定》提出了全面推进依法治国的总目标是"建设中

国特色社会主义法治体系，建设社会主义法治国家"。对这样的总目标又细化为："在中国共产党领导下，坚持中国特色社会主义制度，贯彻中国特色社会主义法治理论，形成完备的法律规范体系、高效的法治实施体系、严密的法治监督体系、有力的法治保障体系，形成完善的党内法规体系，坚持依法治国、依法执政、依法行政共同推进，坚持法治国家、法治政府、法治社会一体建设，实现科学立法、严格执法、公正司法、全民守法，促进国家治理体系和治理能力现代化。"我想这个地方需要做一些解读。总目标虽然界定为法治体系和法治国家，但我认为，法治体系是一个手段，法治国家是一个目标，通过法治体系来实现法治国家这样一个目标。《决定》里面这次提出法治体系的五大体系，这五大体系也是需要我们予以高度重视的，一个是完备的法律规范体系，法律体系虽然已形成，但要达成完备的体系还需要做出很多努力。高效的法律实施体系，就是我们前面讲的三大块，即法律实施理论里面涉及的执法、司法、守法。这一次又提出严密的法治监督体系，过去我们在讲法律实施的时候，把法律监督放到法律实施这样一个机制里面，但这一次把法治监督作为一个独立的体系拿出来，表明监督问题的复杂性和重要性，将监督作为一个独立的体系，使它的重要性不亚于法律实施体系的三大块。如果我们监督不力，法律实施的效果就是打折扣的，在《决定》的后面有八大监督体系，这八大监督体系能否有效地发挥作用是需要研究的，所以我们有一个判断，今后法治监督这一块的工作肯定要加大，如何加大需要再进行研究，如何整合这八大监督体系，使它们能够有机衔接。有力的法治保障体系，这里面也是有很多文章可做的。法治保障首先是政治保障，党中央和地方党委在政治上对法治提供有力的政治保障。还有经济保障，法治是有成本代价的，法治是要花钱的，不是一个轻易可以运行的东西。前些年，个别观点提出法治是有钱人玩的事情，穷人玩不起，当然这些话是片面地从诉讼角度说的，意思就是穷人请不起律师，就得不到很好的辩护，在诉讼中就要吃亏。我们现在请不起律师就通过法律援助，刑事案件请不起的可以指定辩护人，民事方面符合条件的也可以申请法律援助。我们后面还有相应的司法制度改革，变受案审查制为立案登记制，以前可以找各种理由说不符合立案条件就推出去，现在改为立案登记制度就不行了，就是有诉必理，只要老百姓到法院提出诉求，就该受理，不能把它推出去。有什么问题就解决什么问题，比如案多人少，就增加法官，现在法律的储备人才力量是很强大的，每年培养多少法律本科毕业生，通过司考的比例也不少，所以人才的储备是有的。还有社会、文化、心理这样的保障机制，这就是比较长期的工程了，就是要求大家对法律有一种尊重，对法治要有一种信仰，过去我们不轻易谈论法律信仰，因为对法律信仰是有争论的。我们现在提出法治信仰，所谓法治信仰就是对规则的遵守，这表现在各个方面，表现为我们的日常行为，比如过马路、开车要遵守交通规则。从大的方面来说，尽管一个判决对败诉的人来讲不能接受，但还是得接受终审判决，不能说不接受就不执行，否则可以采取强制执行的办法。刑事裁决从来没说不接受就可以不执行，这是国家强制的。民事裁决不履行就强制履行。我们最近有一个"常回家看看"的《老年人权益保障法》修正。有的学者对这条立法提出批评，认为这样的立法从操作层面上根本无法实行，说亲情一旦演变成这样一种方式，那是很可悲的。但是我不这样认为，我认为这样的法律在很大程度上带有倡导性，一旦判决，就要想办法使这个判决得到履行，就要慢慢形成一种自觉遵守法律的意识。"常回家看看"其实是被通俗化了的语言，法律讲得很清楚，就是要求"家庭成员应当关心老年人的精神需求，不得忽视、冷落老年人。与老年人分开居住的家庭成员，应当经常看望或者问候老年人。用人单位应当按照国家有关规定保障赡养人探亲休假的权利"。通过这样的办法逐渐养成一种习惯。任何一个社会，当遵守法律成为一种习惯的时候，整个社会就会形成一种尊重法治的良好风尚。我们现在没有真正、完全地树立起法律的权威，任何人都可以怀疑法的权威。我们经常看到交通执法，违法的人可以打警察、踢警察，警察却打不还手骂不还口，公然的抗法行为在中国未能得到很好的遏制。从小缺乏法的教育，就会肆无忌惮，对法没有敬畏感。我们一般说，如果法有什么问题，我们来纠正法的问题，但另外一方面，法的权威不能轻易去怀疑。法的权威就体现在规则本身，体现在根据规则所作出的决定，主要还是司法裁决，我们现在自动履行率有多大？大家如果形成了一种守法、遵法的意识，法的权威就能树立起来。

《决定》提出，为了实现总目标必须坚持的五大原则：

第一个原则是必须坚持中国共产党的领导，把党的领导贯彻到依法治国全过程和各方面，而且做了一些理论的论证："党的领导和社会主义法治是一致的，社会主义法治必须坚持党的领导，党的领导必须依靠社会主义法治。只有在党的领导下依法治国、厉行法治，人民当家作主才能充分实现，国家和社会生活法治化才能有序推进。"这次提出了一个"国家和社会生活法治化"的命题。当然这个法治化还要再具体分析，就是哪些领域需要法治化。大家说公共生活领域需要法治化，私人生活是不是也需要法治化，这个问题本身是有点不太专业的，为什么呢？有一种所谓的私法自治的理论，引申出私生活不受法治的管制，这个说法是不对的，什么是私生活？家庭生活属于私生活，但家庭生活还要靠婚姻家庭和继承相关法律来调解，难道就不是私生活吗？这么笼统地说是不对的，只要涉及国家政治生活、经济生活、社会生活、文化生活、民生领域等大的方面，都有法治化问题。我们过去说法律一般不介入精神领域，比如赡养问题，我们认为法律主要解决经济赡养问题，但现在"常回家看看"实际上是一个法律开始进入精神领域的例证，因为"常回家看看"是一种精神慰藉。就中国来讲，赡养老人的问题主要还是经济问题，我们看到有些案例是由于子女不履行赡养老人的义务，导致老人生活无着，而且这是主要问题。但是在这个主要问题之外，精神赡养问题也被提了出来，我们不能因为主要是经济赡养的问题而忽略精神赡养问题。还有一个更尖锐的问题，就是夫妻离婚，到现在为止的法定理由还是感情破裂，其实这个感情破裂就是一个最典型的情感判断问题，当然现在婚姻法解释把它量化了，比如说两个人分居几年等指标来解释感情破裂的现象。所以绝对地说法律不介入私生活、不介入精神生活，是不完全正确的。所以说社会生活的法治化，我们要根据具体的事情来判断，不能一概而论。这些年我学会了一点，就是不要做大判断，具体问题具体分析，而且在分析问题的时候最好有实际的案例来支撑，不要假设案例。我这些年收集了很多案例，就是在讲一个问题的时候用案例来说明它，这样比较有说服力。

第二个原则是人民主体地位。人民主体是在宪法里面早就明确了的，不过我们过去没有这样表达，我们用的是"人民主权"，人民主权在宪法里面的表达就是"中华人民共和国的一切权力属于人民"，这就是人民主权的经典表达，所有的权力都是由这里派生出去的，所有权力的根源就来自人民。为什么现在强调这个，这是政治理论的归结，它的实践方式是通过人民代表大会实现的。人民代表大会代表了人民的权力。我们现在提出了人民主体地位，实际是人民主权的另外一种表达方式。但是对于人民主体地位如何在依法治国的各个环节里面体现出来，又是一个比较复杂的问题。

《决定》中还提出"必须使人民认识到法律既是保障自身权利的有力武器，也是必须遵守的行为规范，增强全社会学法尊法守法用法意识，使法律为人民所掌握、所遵守、所运用"。这一点也是非常重要的，这说明法律既是人民维护自身权利的有力武器，同时也是必须遵守的行为规范，我们要在法律的范围内行为。

第三个原则是坚持法律面前人人平等。我觉得，平等原则这个理念大家早就是接受的，但是这个问题实际上是针对中国社会存在的特权而言的。特权有没有，在法律上是不好一概而论的，在现实生活里面特权大量存在。所以这一次《决定》提出："平等是社会主义法律的基本属性。任何组织和个人都必须尊重宪法法律权威，都必须在宪法法律范围内活动，都必须依照宪法法律行使权力或权利、履行职责或义务，都不得有超越宪法法律的特权。必须维护国家法制统一、尊严、权威，切实保证宪法法律有效实施，绝不允许任何人以任何借口任何形式以言代法、以权压法、徇私枉法。必须以规范和约束公权力为重点，加大监督力度，做到有权必有责、用权受监督、违法必追究，坚决纠正有法不依、执法不严、违法不究行为。"法制统一有两个表现，第一是立法统一，第二是司法统一，司法系统这几年为司法统一也做了很多改革，包括案例指导制度、司法解释、量刑规范化，通过这样一些方式，就是要做到司法统一，因为在一个统一的法律体系之下，司法不统一是有违法制统一原则的，法律的尊严受到威胁，包括我们的判决书，判决书不能生效，成了白条，法律有什么尊严、有什么权威？

第四个原则是坚持依法治国和以德治国相结合。《决定》提出："既重视发挥法律的规范作用，又重视发挥道德的教化作用，以法治体现道德理念、强化法律对道德建设的促进作用，以道德滋养法治精神、强化道德对法治文化的支撑作用，实现法律和道德相辅相成、法治和德治相得益彰。"法律是一种规范体系，道德也非常重要，它的重要性不亚于法律，但道德是通过教化来深入人心的，不能变成像法律一样的规则体系，法律是能够书写出来的，道德能不能写出来？不好一概而论。我们一般所理解的道德，是多元化、个体化的一种观念体系，它存在于每个人的内心。当然我们也有社会公德，这次会议提出了社会公德、职业道德、家庭美德、个人品德，并且在公民教育这部分又提出用法治来塑造公民的道德观念，用法治来解决道德领域中的一些问题，这些提法还是把法治放在了一个很重要的地位。真正的道德是存在于每个人的内心的，不好以一种有形的惩罚体现出来，我以前研究过法律惩罚和道德惩罚的区别，道德惩罚表现出一种无形性，它通过一种道德谴责，认为某个行为是不道德的，但不能施加一种有形的惩罚。而法律惩罚是有形的，可以罚款、限制人身自由，甚至剥夺生命，但是道德是通过一种无形的道德谴责、舆论谴责来对一种行为做出好恶的判断。所以道德不能作为一种写出来的规范体系，这恰恰就是它和法律之间的区别。

第五个原则是坚持从中国实际出发。这是一个客观的规律，任何一个国家都是结合自己的国情来发展自己的社会制度、治理方式。但是《决定》提出坚持从中国实际出发，是针对我们的法治道路不同于西方这一点的，很多专家在这方面做了解读，就是我们的法治道路是不同于西方的。这段话中最后有两句话："汲取中华法律文化精华，借鉴国外法治有益经验，但决不照搬外国法治理念和模式。"这个问题在20世纪80年代精神文明决议中就已提出，就是传统文化精华要吸收，外国有益的文明成果要吸收、借鉴，包括法治，这个问题在理论上是没有分歧的，关键在于进入实践以后有个判断问题，什么是中华法律文化的精华，什么是人类文明的优秀成果，这个是需要讨论的。一旦进行判断的时候，可能就会产生分歧，从原理上和原则上来讲没有太大异议。比如说修改《刑事诉讼法》，有条件地吸收了中国古代的"亲亲相隐"的规定，就是在该法中规定，亲属可以不到法庭上作证，但是没有完全吸收，只是亲属不必到法庭上去作证，认为这是对亲情的摧残，但是法庭之外仍然可以找亲属来作证。因为作证有时候是有利的，有时候是不利的，拿出不利的证据就撕破脸皮了，亲人之间的亲情就彻底摧毁了，所以在刑事诉讼法修改中有条件地吸收了这一条。还有外国的有益经验，最近我们在上海开会，有位学者介绍国外的一个例子，很新鲜，叫"被遗忘权"，一个人犯了罪，或者违了法，有前科，不断地有人去关注他、关心他，比如有的人改造从良了，就有人去宣传报道他的事迹，当事人对这种做法就很反感，提出抗辩，说我拥有被遗忘权，希望把我的过去彻底遗忘，让我过安静的日子，他们将这种权利称为"被遗忘权"。我们听了以后觉得很有意思。中国在帮教方面也有这样的例子，都是出于好心，但这种好心不一定能够被当事人接受，有位中学生考到某个大学，学校为了表彰这位学生，就大肆宣传，最后这位学生提起诉讼，学校还觉得委屈，觉得学校把他作为榜样、模范来宣传，反而被起诉。但这个学生说就是不想被宣传、炒作，这就是一种权利。虽然我们的文化好像很难接受这样一种现实，但我们作为教育工作者，以后可能会经常碰到此类事情。有时候我们觉得是出于好心在做一件好事，但是当事人不一定认同，这个我们要有充分的思想准备。国外的经验，哪些是有益的哪些是无益的，这个需要判断，只有在判断的基础上我们才能得出结论。

以上是《决定》第一大板块中涉及的非常重要的一些内容。

第二大板块从第二部分到第五部分是围绕新"法治十六字方针"展开的。对于这个新"法治十六字方针"，我想解释一下。党的十八大以来，我们提出科学立法、严格执法、公正司法、全民守法，我把它概括为新"法治十六字方针"，和1978年邓小平提出来的"有法可依、有法必依、执法必严、违法必究"相区别。我做了一个比较，不是说否定原来的十六字方针，而是说它们在法治理论中表达了不同的内涵。原来的十六字方针，通过分析，我认为是一种形式法治观的表达。所谓形式法治观，只是要求有法的形式，对法的内容没有提出价值要求。有法可依，只要有法就行，当然这个法肯定要解释成好法，但是文字上没有提出良法的概念，有法就行。这种形式法治观也是非常重要的，党的十八大、十八届四中全会都继续做了强调，但党的十八大更重要的是提出新"法治十六字方针"，就是科学立法、严格执法、公正司法、全民守法。我把新"法治十六字方针"叫作实质法治观，所谓实质法治观就是在每一个法治的环节里面提出了价值要求，比如科学立法，就和原来的有法可依不一样，既包含立法的过程要科学化，也包含立法的内容必须符合科学要求，科学这个概念的含义是非常丰富的，比如公平、民主、公道、正义，这些概念都可以在科学的概念下作解释，另外，还包含立法的过程要符合科学，当然现在更重要的，是把科学立法和民主立法结合起来。但是为什么没有突出民主立法而是突出科学立法呢？这个需要大家一起来思考。国际社会这些年对民主理论一直在进行反思，当年希特勒制定的残暴的法律，都是通过民主的方式制定出来的，你能说它是好东西吗？我们只是通过对民主功能的反思，认为通过民主制定的东西不一定是好东西，但是不能就推向专制，不是这个意思，它是一种反思的理论。严格执法是和原来的十六字方针最接近的一个要求，原来的执法必严、违法必究也表达了这个意思。但是公正司法就是把公正作为司法的最高价值目标。全民守法这个概念我觉得非常好，它解决了一个长期以来纠结的问题，法律到底是治当官的还是治老百姓的，过去说法律是治老百姓的，现在有些人为了讨好老百姓，就说法律是治当官的，我觉得这样的提法本身是不科学的，因为从法理上来讲，法律是一种普遍性规则，是全社会一体遵行的，而每一部法律都有适用的主体和对象，比如有些基本法律像民法、刑法，对每一个公民都适用，怎么能说它是治当官的还是治老百姓的呢？这个说法本身就是有问题的，这种普遍性规则适用到哪个主体身上，哪个主体就要接受它。当然我们不排除一些特殊主体法对特殊主体的适用，比如反贪污贿赂相关立法，它主要是针对公职人员的，因为只有公职人员才具备这样一个法的适用主体的可能性，就一般意义来讲，普通老百姓不可能构成贪污贿赂相关犯罪的主体，当然贪污贿赂的主体怎么扩大，是不是要适用到村民委员身上，是法律技术、司法解释问题，这样的法才是适用特殊主体，但我们不能从一般意义上来讲法律是治当官的还是治老百姓的。到今天为止还有一些学者写文章在讲这样一些问题，这是一种不正确的法治观。从法治来讲，法是一种普遍性规则，这种普遍性规则和它的适用主体是相对应的，所以过去我们在讲法的时候，说法律是全体社会公民一体遵行，不是说一个法律只适用于个别人，那就是特权法。还有一个问题，就是主体是变化的，今天我们是教师，明天不是教师了，教师法就不适用于我们了。比如一些学生毕业后要读博士，读完以后到中学、大学去任教，任教以后教师法就要适用于他。法律不规定特别指向，而主体是在变化、流动的，我个人认为主体的流动性是我们认识法律的一个很重要的角度，否则我们就把法律固化了，好像法律只是管那些人的。今天不受它约束，明天可能受它约束，是变化的，所以全民守法的提法我觉得很好。

这次《决定》提出"法律是治国之重器，良法是善治之前提。建设中国特色社会主义法治体系，必须坚持立法先行"的观点，这个立法先行提得比较好，因为这几年法学界有个比较模糊的提法，叫"立法中心主义向司法中心主义转移"，我一直在批判这个观点，我认为这两个观点都不成立，立法中心主义从来没有过，但是立法是先行的，为什么？我们是制定法国家，制定法国家必须要先有规则，有了规则以后才能够执行，才能够实施，没有规则怎么实施，所以规则先行、立法先行是制定法国家必须遵循的规律。这和判例法国家不一样，判例法国家是通过判例来发展法律，但是制定法国家必须要立法先行，发挥立法的引领和推动作用。关于立法质量，《决定》提出了每一项立法都要符合宪法精神、反映人民意志、得到人民拥护，要把公正、公平、公开原则贯穿立法全过程，完善立法体制机制，坚持"立、改、废、释"并举，增强法律法规的及时性、系统性、针对性、有效性。

《决定》对立法体制有一些重大调整："完善党对立法工作中重大问题决策的程序。凡立法涉及重大体制和重大政策调整的，必须报党中央讨论决定。党中央向全国人大提出宪法修改建议，依照宪法规定的程序进行宪法修改。"还有一句我认为比较刚性的话就是"法律制定和修改的重大问题由全国人大常委会党组向党中央报告"。这个在过去我们叫宪法惯例或者叫政治惯例，这一次把它明确地写到《决定》里去了。还有一个立法上重大的变化，就是"健全有立法权的人大主导立法工作的体制机制，发挥人大及其常委会在立法工作中的主导作用"。就是明确了人大是主导立法的这样一个职能机关，因为我们现在的立法主体很多。现在提出由人大主导立法工作的体制机制，实际上是恢复人大主导制，这是一个新提法，过去没有这样提的。还有"建立由全国人大相关专门委员会、全国人大常委会法制工作委员会组织有关部门参与起草综合性、全局性、基础性等重要法律草案制度"。这就和前面我们讲的部门立法是有相关性的，今后人大的立法任务可能要加重，这样一些带有综合性、全局性、基础性的法律草案制度由人大直接起草，不能交给部门了。关于"增加有法治实践经验的专职常委比例"。在党的十六大前后全国人大常委会增加了一批专职常委，还有一些兼职常委，这次提出还要增加有法治实践经验的专职常委比例。"依法建立健全专门委员会、工作委员会立法专家顾问制度。"这个立法专家顾问制度曾经有过，后来取消了，现在要重新建立。

对政府立法这一块，《决定》提出要"加强和改进政府立法制度建设，完善行政法规、规章制定程序，完善公众参与政府立法机制。重要行政管理法律法规由政府法制机构组织起草"。最大的一个变化就是"重要行政管理法律法规由政府法制机构组织起草"，以避免立法部门化。由政府法制机构来组织起草重要的行政管理法律法规。并进一步提出"明确立法权力边界，从体制机制和工作程序上有效防止部门利益和地方保护主义法律化。对部门间争议较大的重要立法事项，由决策机关引入第三方评估，充分听取各方意见，协调决定，不能久拖不决。加强法律解释工作，及时明确法律规定含义和适用法律依据。明确地方立法权限和范围，依法赋予设区的市地方立法权"。

第二部分第四点主要是提出了一些立法的具体内容，在立法方面要增加重点领域立法，依法保障公民权利。提出了三大公平机制，即权利公平、机会公平、规则公平。提出了关于公民政治权利立法的内容，关于产权立法的内容，关于经济立法的内容，在这一部分里面提出了编纂民法典。还有民主政治立法的内容，文化立法的内容，民商立法的内容，国家安全立法的内容，生态立法的内容。这一部分全部是对今后法律的"立改废"，尤其是对要加强的一些立法领域提出了很明确的要求。

《决定》在这一部分还提出了一个很重要的问题，就是如何处理法治和改革的关系。《决定》提出了"实现立法和改革决策相衔接，做到重大改革于法有据、立法主动适应改革和经济、社会发展需要"。它提出了三种方法：第一种，实践证明行之有效的，要及时上升为法律；第二种，实践条件还不成熟、需要先行先试的，要按照法定程序作出授权，这是四中全会的亮点，就是要经过法定授权；第三种，对不适应改革要求的法律法规，要及时修改和废止。这三点里面最重要的是第二点，就是对于需要先行先试的，按照法定程序作出授权。三中全会之后，上海自贸区的试验是一个例子。

第二大板块的第三部分主要讲的是行政执法。这里面有很多措施，依法全面履行政府职能，这是一个总的要求，还有完善的一些法律制度，比如行政组织和行政程序法律制度等很多制度。这里面提出一个要求，就是行政机关不得法外设定权力。我们有个法治原则是"法无明文授权不得为"，公权力没有法律明文的授权不得去做，这一条就体现了这个原则，行政机关不得在法外给自己设定权力，没有法律法规依据不得减损公民、法人和其他组织合法权益，就是权利不能减缩，义务也不能增加。我们曾经讨论了很多次，就是下位阶的法律也好、实施规则也好，到底能做些什么，国家行政学院开过一个会专门讨论这个问题，我们认为，下位阶的法律，或者政策，不能减损公民权利，这次《决定》里面明确地表达了这个意思。还提出推行政府权力清单制度，坚决消除权力设租寻租空间，这些都是我们这些年在做的。

《决定》提出"建立行政机关内部重大决策合法性审查机制，未经合法性审查或经审查不合法的，不得提交讨论"。今后法治思维要渗透到整个决策过程中，设立政府法律顾问制度的初衷即如此。法律顾问制度在决策过程中可以发挥一些作用，避免一些问题。

关于监督，这次提出八大监督机制，分别为党内监督、人大监督、民主监督、行政监督、司法监督、审计监督、社会监督、舆论监督。为什么在法治体系的五大体系里面专门把严密的法治监督体系提出来呢，那是因为法治监督是一个重要环节。过去我们也投入了很大的精力，但始终把它作为一个外在的、辅助的，没有把它作为一个很重要的法治机制，现在看来，监督必须跟实体的法律实施一样重要。另外，就是对政府内部权力的制约等，都提出了很多的要求。还有审计监督，政务公开问题，坚持以公开为常态、不公开为例外原则。这几年在公开问题上也出了不少案件，一些政府部门习惯以国家机密为由来推托，过去似乎是个合理理由，但现在按照政府信息公开的要求，申请人可以起诉。判断是否属于国家机密需要论证，不是行政机关说是国家机密就是国家机密，所以这些对政府工作都面临着很大挑战。

《决定》的第四部分是公正司法。关于公正司法这里面有很丰富的内容，有几个新的亮点，比如关于保证依法独立公正行使审判权和检察权，建立领导干部干预司法活动、插手具体案件处理的记录、通报和责任追究制度。现在专门建立记录、通报和责任追究制度，就是为了保障独立行使审判权和检察权，我觉得这是一个很不错的制度。

《决定》还提出行政机关依法出庭应诉，支持法院受理行政案件，尊重并执行法院生效裁判的制度。同时，还完善了惩戒妨碍司法机关依法行使职权、拒不执行生效裁判和决定、藐视法庭权威等违法犯罪行为的法律规定。《决定》还明确了非因法定事由，非经法定程序，不得将法官、检察官调离、辞退或者作出免职、降级等处分。这实际上是对司法的一种保障。

在司法领域,《决定》还提出建立巡回法庭,最高人民法院设立巡回法庭,审理跨行政区域重大行政和民商事案件,这个巡回法庭其实就是派出法庭,它的效力自然就是与最高人民法院审判案件具有同等的效力。另外,提出探索设立跨行政区划的人民法院和人民检察院,办理跨地区案件。还有一个重大的变化是把立案审查制变为立案登记制。现在有一个司法理念就是法院不得拒绝裁判、法官不得拒绝裁判。我们的立案有标准,符合标准的立案,不符合标准的退回去,现在提出变立案审查为立案登记,对法院的压力是很大的。我们在讨论,变立案登记制以后会怎么样,还是要经过审查,经过审查后够立案的立案,不能够立案的还是要退回去,这样一个立案登记制度能解决一个什么问题呢?就是对人民法院依法应该受理的案件,做到有案必立、有诉必理,就是把它收下来,收下来以后怎么办,登记以后是要有个答复的,所以主要解决立案难问题。还有加大对虚假诉讼、恶意诉讼、无理缠诉行为的惩治力度。完善刑事诉讼中认罪认罚从宽制度,有关辩诉交易、刑事和解等这样一些制度在刑事审判中怎么体现,这都是需要再深入研究的。

关于审级制度,《决定》也提出明确的要求,一审重在解决事实认定和法律适用,二审重在解决事实法律争议、实现二审终审,再审重在解决依法纠错、维护裁判权威。

还有建立司法机关内部人员过问案件的记录制度和责任

追究制度。完善主审法官、合议庭、主任检察官、主办侦查员办案责任制，落实"谁办案，谁负责"。还有明确加强职务犯罪线索管理，健全受理、分流、查办、信息反馈制度，明确纪检监察和刑事司法办案标准与程序衔接，就是快速移交问题，只要发现有犯罪嫌疑就马上移交检察院，这应该是检察院的功能。

在司法领域还提出一些命题，就是事实认定符合客观真相，这一点和法学界近几年讨论的不完全一致，客观真相不能再现，是法律事实还是客观事实，法院能做到的是法律事实，法律事实就是证据，而客观真相要把它再现是几乎不可能的。客观真相还是要通过法律真相，法律真相是什么，是证据，就是通过证据来再现客观真相。建立办案结果符合实体公正、办案过程符合程序公正的法律制度。加强和规范司法解释和案例指导，统一法律适用标准。司法解释和案例指导都是为了统一法律适用标准。我们讲的法制统一，包括立法统一、司法统一，这些办法都是为了实现法制统一。

另外，提出了以审判为中心的诉讼制度改革，这里面有一系列的要求，如办案质量终身负责制和错案责任倒查问责制，等等。还有保证人民群众参与司法，这里面主要是陪审制，而且提出陪审员只参加对事实认定的审理，不再审理法律适用问题。还提出了一些司法公开，如审判公开、检务公开、警务公开、狱务公开，检察内容能否公开，警务公开中侦查能否公开，侦查有时候是不能公开的，公开反而对侦查不利，怎么样来把握这些界限，哪些要公开等。警务公开是一个涉及范围非常广泛的概念，所以每一个问题都可以进一步讨论。

对司法活动的监督，这里面我觉得有所进步的是，规范媒体对案件的报道，一方面，司法机关要及时回应社会关切；另一方面，要规范媒体对案件的报道，防止舆论影响司法公正，这也是中央政法委发过的一个文件中明确提出来的一点。因为这几年社会舆论对司法的影响太大了，有时候直接影响着一些案件的判决，所以这几年我们一直在这方面作出努力，就是坚决抵制一切外在的因素对司法的影响。还有就是对违纪违法被开除公职的司法人员、吊销执业证书的律师和公证员，终身禁止从事法律职业，这个也是很严厉的措施。

第五部分是关于增强全民法治观念，推进法治社会建设。如何通过一些方式加强全民的法治观念，提高全民的法律文化素质、法治文化素养，这里面有很多提法，比如健全公民和组织守法信用记录。对于最近地铁逃票案件大家讨论要不要上黑名单，因为逃票也是违反信誉的行为，能不能把它作为一种信用记录公开化？我觉得罚有罚则，罪刑相当，行为相当，罪罚相当，一种小恶需不需要动用那么大的手段来惩罚？比如法院系统，我参加最高人民法院的失信被执行人信息披露制度的讨论，涉及失信被执行人赖账，这个制度推行以后还是起到了很好的作用，就是上黑名单，上了黑名单飞机票都买不到了，直接把他限制住了。有的地方甚至在大屏幕上公布不执行判决的人，然后他马上就跑去执行。能不能把逃票列入黑名单，这是个度的问题，地方政府在考虑罚则的时候，度怎么掌握，再有就是法律依据，这些方面还是要多考虑。

第三大板块主要讲了两大问题，一个是加强法治工作队伍建设，关于法治工作队伍建设，这次《决定》明确了几个问题。一是提出了四个忠于，忠于党、忠于国家、忠于人民、忠于法律，要建立这样一支社会主义法治工作队伍，这个还是第一次明确提出来；二是对法治工作队伍的结构做了一个明确的分类，有立法队伍、行政执法队伍、司法队伍，三大队伍建设。前些年我们有个概念叫法律职业共同体，在这个讨论中我认为立法者应该属于法律职业共同体，但有些学者反驳我的观点，说立法者就是人民代表，怎么可能是法律职业共同体呢？这次明确地将立法队伍纳入法治工作队伍的组成。

法治工作队伍是一个新提法。我们过去都是政法工作队伍或者司法队伍这样的提法。另外，我比较关注的是推进法治专门队伍的正规化、专业化、职业化，这个提法是针对前几年所谓的司法大众化、人民化的。这一次关于法治队伍建设专门提出要正规化、专业化、职业化，其实是和那些讨论有关的。我当时在一次会议上就提出一个简单的问题，既然司法大众化，那为什么还需要法学学生到大学里学四年呢？为什么还要去通过司考才能进入这个队伍呢？那就没必要了，所以这是对专业化队伍的一种认知问题。健全从政法专业毕业生中招录人才的规范便捷机制。最重要的和大家切身利益有关的是建立法官、检察官、人民警察专业职务序列及工资制度。现在大家都是公务员，以后要剥离，法官要走法官级别，而且司法改革的方案是，一个人可能是普通法官，但是工作到一定年限的时候，比如县法院院长是副处级，可能有那么两三名资深法官也可以到这个级别，就是走法官序列工资制度，即专业化的工资制度。另外，在遴选机制上，实行法官、检察官逐级遴选制度。初任法官、检察官由高级人民法院、省级人民检察院统一招录，一律在基层法院、检察院任职。上级人民法院、人民检察院的法官、检察官一般从下一级人民法院、人民检察院的优秀法官、检察官中遴选。在法律服务里提到三大律师结构，社会律师、公职律师、公司律师，党政机关和人民团体要设立公职律师，企业设置公司律师，社会律师就是我们现在这种建制的律师。

《决定》还提出了创新法治人才培养机制。用马克思主义法学思想和中国特色社会主义法治理论全方位占领高校、科研机构、法学教育和法学研究阵地，还要加强法学基础理论研究，形成完善的中国特色社会主义法学理论体系、学科体系、课程体系，组织编写和全面采用国家统一的法律类专业核心教材，并将其纳入司法考试必考范围。这也是一项重要任务，尤其要组织全国统一的法律教材，现在结合四中全会精神，要重新按照中国特色社会主义法学理论体系来编写一套教材。实行政法部门和法学院校、法学研究机构人员双向交流机制，这就是前些年中央政法委和教育部开展的"双千"计划。实施高校和法治工作部门人员互聘计划，重点打造一支政治立场坚定、理论功底深厚、熟悉中国国情的高水平法学家和专家团队，建设高素质学术带头人、骨干教师、专兼职教师队伍。

第七点也是最重要的一点，就是加强和改进党对依法治国的全面领导。提出了加强党内法规建设，党内法规既是管党治党的重要依据，也是建设社会主义法治国家的有力保障。注重党内法规同国家法律的衔接和协调，提高党内法规执行力，运用党内法规把党要管党、从严治党落到实处，促进党员、干部带头遵守国家法律法规。

最后一个问题，如何看待党的十八届四中全会《决定》的性质。党的十八大报告、三中全会决定、四中全会决定，都是执政党对国家未来发展的重要的政治决策、政治决议，这个政治决议属于党的文件。

我今天利用这个时间和大家做以上的交流，讲得不对的地方，请大家批判，谢谢！

法定授权是解决改革于法有据的重要途径

——2015 年 1 月 18 日"治理与法治：2015 年 新态势学术研讨会"的发言[*]

感谢会议的邀请！同时也祝贺论坛顺利召开！

我的发言想谈一下"法治与改革"的问题。在相当长的一段时间内，如果要讨论法治问题或者治理问题，都离不开党的十八届四中全会。关于法治与改革这个问题，在四中全会之前，有很多争论，但是四中全会基本上对这几点明确了方向。当然，这几点方向可能在具体的判断上，还需要做很多研究工作。在党的十八届四中全会前，我们中国社科院法

＊ 此文系作者应邀于 2015 年 1 月 18 日在北京参加"治理与法治：2015 年新态势学术研讨会"上的发言。由中国政法大学朱乾乾博士根据录音整理，特此感谢。

学所召开了一个会，就叫"法治与改革"。这个会是所里的一个重大项目，由我来主持。后来出了一本书，书名叫《法治与改革》，这本书是在四中全会前出的，我们也做了一些充分讨论。

四中全会提出一个命题："要实现立法与改革相衔接，做到重大改革于法有据，立法主动适应改革和经济社会发展的需要。"四中全会关于法治与改革提出了三种解决办法：第一种是实践证明行之有效的，要及时上升为法律；第二种是实践条件还不成熟的，需要先行先试的，要按照法定程序作出授权；第三种是对不适应改革要求的法律法规，要及时修改和废止。这三种办法基本上解决了有关改革与法治纠结了十几年的问题。因为一改革就要触碰法律，改革就意味着对现行法律的一种超越，它总是有这样一种含义在里边。虽然现在这三条路径指出来了，但是在具体问题的判断上需要花很大的力气。比如说实践证明行之有效的要及时上升为法律，怎么证明实践中行之有效，怎么判断，这个任务比较难。那么不适应改革要求的法律法规要及时修改废止，哪些叫不适应改革要求的法律法规，这个都需要判断。最难的是第二点，就是实践条件还不成熟，需要先行先试的，要按照法定程序作出授权。我看有观点说，以前先试点取得经验再立法，这种路已经不行了。我觉得这个说法有问题，中国这么大，社会问题这么多，改革遇到的问题非常多，不可能都能一步到位，先行先试是根本避免不了的。尤其是中国社会正处于改革转型期，先行先试是必须要有的。这就涉及一个问题，先行先试和法律的关系问题。要想改革顺利进展，法定授权是必需的。

法治理论不是一个新话题

——2015 年 2 月 14 日中国法学会"法治理论调研座谈会"的发言[*]

我谈三点看法：

第一点是对法治理论的认识。刚才大家反复强调法治理论是一个新的命题，我倒不这样看。我认为对法治理论，并不一定要把它看作新的东西，因为自 1996 年提出依法治国，建设社会主义法治国家以来，就已经开始了对法治理论的全方位研究。如果再往前推，从 1978 年底改革开放以来，法治理论就已经开始研究了，所以把它说成是一种全新的东西，

---

[*] 此文系作者应邀于 2015 年 2 月 14 日在北京参加中国法学会召开的"法治理论调研座谈会"上的主题发言。由吉林大学《法制与社会发展》杂志编辑乔楠整理，特此感谢。

我觉得可能不太有利于我们来理解法治理论。另外，对以前的研究怎么看，包括改革开放以来关于人治与法治的讨论，法律面前人人平等的讨论，依法治国的讨论，其实都是关于法治理论的讨论。只不过区别就在于：党的十八大、十八届三中全会、十八届四中全会提出的法治理论，第一点是给它一个明确的命题；第二点就是给这个命题赋予了一些新的内涵，比如新"法治十六字方针"，这个是过去没有的。新"法治十六字方针"在党的十八大已经提出来了，四中全会把它全面地展开了，这个是我们应该总结的。它与过去的十六字方针是不一样的，我把它看作由形式法治观到实质法治观的一种变化，每一个环节都有发展和变化。

第二点是关于党的领导。我觉得如果要讲中国特色，这个可能是一个最大的特色。从党的十八届三中全会、四中全会对党的领导和法治中国的命题及其关系的阐释可知，党领导人民制定法律，党带头遵守法律，宪法法律应该是高于一切的，宪法法律反映的是党的意志和人民意志的结合。

第三点就是民主的问题。要不要将其纳入法治理论？民主的问题在党的十八届三中全会、四中全会虽然没有作为一个主要的问题突出，但还是有很多发展，像这些内容应不应该纳入我们的法治理论里面来？这里面又涉及法治理论和民主理论的关系问题。它是两个范畴，还是互相包含的关系？按照我对民主和法治关系的理解，法治国家这个概念里面应该包含民主。我后来还写过一篇文章专门讨论这个问题。按我们的理解，法治国家这个概念一定是要包含民主的。有人会反问，民主国家也可能包括法治，这个反命题能不能成立，可能在理论上是有问题的。因为在原始民主状态下是没有法治的。所以这个问题怎么理解，既涉及对民主和法治关系的理解，也涉及我们如何理解法治理论的覆盖面。

　　我就先谈这三点看法，谢谢！

对若干法治命题逻辑关系的反思

——2015年3月28日华东政法大学"第六届全国法律修辞学会议"的评论*

我昨天一来就和陈金钊教授（会议主办者，华东政法大学）说，不要点评了吧，让我学习学习，听一听就可以了，但是陈教授的意思还是让我做一下评议，那我也就受命吧。从昨天到今天，看了一下这五篇论文，听了他们的报告，我的兴致反而来了。因为时间有限，我下面对这五篇文章做一个简要的点评，再谈一点自己的看法。

第一篇是陈金钊教授的文章。陈教授在这篇文章中讲了

*　此文系作者于2015年3月28日应邀参加华东政法大学科学研究院召开的"第六届全国法律修辞学会议"上对五位报告人报告的评论，以及作者个人的一些观点，由中国社会科学院贾朋举硕士根据录音整理，特此感谢。

两个问题：一个是什么是法理，另一个是法治中国建设需要的法理是什么。前一个问题和后一个问题有联系，但又不在一个层面上。什么是法理？当然论说很多了，有各种各样的解说。我认真考虑过这个问题。现在法律人对法理的理解是有偏颇的，把法理局限于一个学科概念，就是法理学。其实，只要有法律存在，就会有法理，甚至在没有法律存在的情况下，也是有法理的。例如，对原始社会的习俗、道德等的法理解说。道德有没有法理？习俗有没有法理？讨论法理，其实就是讨论法律现象背后的根据、理由以及道理。法理就是法律和法律现象背后的根据、理由、道理，等等。那么，陈教授研究的法治中国建设需要的法理是什么，是法治制度。我也注意到，这两三年来，尤其是从去年到今年，陈教授围绕法治问题发表了一系列的文章，其中有多篇文章是专门谈法治问题的。就像他今天上午的致辞一样，他提出要确立法治意识形态。所谓意识形态，其实就是成为一种主流的话语体系，但是在这种貌似繁荣的背后隐藏着什么，这是我们需要思考的。

第二篇是张斌峰教授（中南财经政法大学）和侯郭垒同学（中南财经政法大学）的文章《社会主义法治话语的修辞演变》，我也很感兴趣，尤其是他们对"中华人民共和国成立后法治话语的演变"这个研究挺有意义。要梳理一下法治的话语究竟是怎么演变过来的，我认为还可以再细一些。中华人民共和国已成立66年，还可以再做一些深入的、细致的划分，可能更有意义。第二部分是"法治话语演变的修辞分析"，通过对这种话语的变化研究，肯定—否定—肯定这样一种循环及流变，从这里边也可以透视出中国国家还有中国的老百姓随着政治的变迁，对法治的一种态度，这里面有非常复杂的关系问题，精英、统治者、老百姓他们之间是怎么互动的，在法治的演变中谁在起作用，谁起的作用更大？通过对法治话语的变化研究其实可以得出很多很有意义的分析。

第三篇是武飞博士（山东大学）的文章。我觉得文章的题目和刚才的发言不在一个意义上。发言主题是"用法治来凝聚改革中的共识"，这是一个大家能接受的命题，但是文章题目是《法治改革进程中共识的规范性》。这里面有几个关键词，就是"法治改革进程中的共识"和前面发言"用法治来凝聚共识"不是一个意义。还有就是规范性问题，共识有没有规范性，这里面一个最大的问题就是法治存在不存在改革的问题。我们在北京专门开了一个会，主题就是"法治与改革"，一些学者包括我自己也在思考"法治存在不存在改革的问题"，关键在于对法治怎么理解。如果把法治理解为一种价值概念或者是一种社会状态、法律的发展状态，它怎么改革。"法治"不同于"法制"，以前我们谈的"法制"可以改革，有学者也写过《论法制改革》的文章，但是这个"法治"存在不存在改革的问题。另外，"用法治凝聚改革共识"，这个

"改革"是一种怎样的改革，这是第一个要解决的问题，就是研究的主题是什么，是"用改革凝聚共识"这个命题，还是另一个"法治改革进程中的共识"命题？更重要的问题是，共识需不需要规范性，这确实是一个需要研究的问题。我看到文章对规范性的理解，规范性共识是来源于外在法律体系的，然后又要通过民主程序进入法律体系，这两点怎么理解，这是需要推敲的。所谓共识，就是整个社会形成对某个问题的一致性的意见或认识。那么这样一种认识怎么去规范化，我想这个在逻辑上还需要再推敲推敲。

第四篇文章是郝淑翠副教授（山东大学）的《法治政党的意义之辨》。这篇文章主要讨论了法治政党的意义。提出法治政党这个概念是有意的。刚才郝教授也讲了，在大家强调法治国家、法治社会的时候，没有人讲法治政党问题，因此，提出这个问题是有意义的。

第五篇文章是彭中礼博士（中共湖南省委党校）关于"国家政策"的文章，他对国家政策进行了很多的解释，就像王国龙教授（西北政法大学）刚才讲的，不研究这个问题不知道问题的复杂性，一旦深入研究下去就会发现有无穷无尽的问题。就"国家政策"这样一个概念，可以牵动法理学、政治学、社会学等很多内容，这不是能够简单回答的。彭中礼博士的这篇报告题目是我给他出的，因为我没时间做。他在做的时候一个是收集文本，法律文本，一查就会吓一跳的，因为我们很多人还停留在过去的政策概念，把政策和法律对立起来。殊不知，在我们的法律体系里面，政策是一个很重要的组成部分，法律里面政策概念到处都是，这里面有统计。更重要的，在案例里面，那就更多了，在案例里用政策判案的就有很多，有一些是辅助性的。一些案例中，政策导致的结果有不一样的，就是政策在司法中起的作用是不一样的。中国学者对政策有一个误解，认为政策是非法治的，其实政策是一种非常重要的规范类型。最近我也注意到，一些国外学者比如美国著名的波斯纳教授在反驳斯卡利亚大法官关于"司法判决完全可以不要政策"的观点时，认为这是一种空想。政策本身也存在法治化的问题。

以上是我对这五篇文章的简单点评。

最后，我想谈的一个问题就是，**对若干法治命题逻辑关系的反思**。在法治问题上，我们出现了严重的思想理论混乱。这些混乱不仅表现在学术研究中，也表现在一些决策中。

比如"法治改革"提法。法治能不能改革，这是一个需要深入讨论的问题，这个问题的关键在于对法治怎么理解。如果把法治理解为一种价值概念或者是一种社会状态、法律的发展状态，它怎么改革？"法治"不同于"法制"，以前我们谈的"法制"可以改革，但是这个"法治"存在不存在改革的问题。

还有从"法律体系"到"法治体系"的命题。"法律体系"

和"法治体系"是一个递进关系吗？当我们讲从什么到什么的时候，它们之间第一应该是一种递进关系，第二是后者可以替代前者，也就是说可以用"法治体系"把前面的"法律体系"替代了。但我们看党的十八届四中全会讲到的法治体系中的五大体系，第一个就是"法律规范体系"，"法治体系"离不了"法律规范体系"，它们之间并不是递进关系。

还有人讲从"立法中心主义"转向"司法中心主义"就更加荒谬了。首先这两个中心存在不存在要进行判断，其次就是"司法中心主义"基本不可能实现。我们不认为有一个"立法中心主义"，我们是"立法先导"或者"立法先行"，制定法国家必须这样，得先有规矩才能遵循。立法就是定规矩，"立法先行"或者"立法先导"这是客观的，是制定法国家无法逃避的逻辑前提。但是不是要转向司法中心主义？司法能不能承受之重啊！司法在法律实施这个结构里面，它承担多大的分量，这个是要分析的。

还有很多学者也提到的，法治国家、法治社会、法治政府一体建设，其他不重要了吗？"依法治国""依法执政""依法行政"，那依法司法怎么办，依法立法怎么办？立法活动是国家最重要的活动，要不要依法；司法要不要依法？

另外就是陈金钊教授一直在倡导的法治意识形态化。2014 年在武汉开会，陈教授讲到法治意识形态化，有别的学科的专家对他表示质疑。我认为法治意识形态化，应当分两面来看待，一个东西一旦被意识形态化，可能容易变得口号化、概念化，这是非常危险的。符号化、口号化有消极作用也有积极作用。它的好处是可以成为主流的话语体系，成为官方的话语体系；但是它的风险是一旦成为主流话语体系，就会整天在嘴上喊着，但是在实际行动中可能并不深入，不研究实际过程中的落实问题。我们整天在讲法治思维、法治方式，但是一旦进入实践领域能不能贯彻下去，我们对它需要进一步研究。所以法治思维、法治方式，我们整天在讲，但是当我们把这些纳入具体的行动中，也就是把这种具体行动包括语言、讲话、指示，纳入进去来看，把法治真正贯彻下去是很难的。所以让法治深入社会，任重而道远。

讲得不对的地方，请大家批评。谢谢！

法律人才培养应作分类化研究

——2015 年 11 月 21 日国家社科重点课题"'建设高素质法治工作队伍研究'开题报告会"的发言*

感谢邀请我来参加这个很有意义的会议。今天是个开题报告会。过去十多年来，我们对法律职业共同体进行过一些研究。那年在黑龙江镜泊湖开过一个专门的会，后来还出了一本书，就是《司法改革报告：法律职业共同体研究》。①我

---

* 本文系作者应邀于 2015 年 11 月 21 日参加西北政法大学在北京召开的国家社科重点课题"'建设高素质法治工作队伍研究'开题报告会"上的发言。由中国政法大学朱乾乾博士根据录音整理，特此感谢。《人民法院报》2016 年 5 月 19 日第 5 版发表，发表时有删减。

① 参见张文显主编：《司法改革报告：法律职业共同体研究》，法律出版社 2003 年版。

觉得过去注重的是对法律职业共同体普遍性问题的研究，研究的多是共性问题，一致性问题，但是这种研究忽略了对法律职业的分类研究，也就是忽略了特殊性问题。现在提出"建设高素质法治工作队伍"，怎么把两者结合起来进行研究，是一个重要的问题。西北政法大学这次倾尽全力，组织了一支很强大的研究团队来攻这个课题，我觉得是非常重要的。对于这个课题，我的理解就是必须处理好普遍性和特殊性问题。所以，我提供几点想法。

第一个问题，就是要摸清家底。中国现有的法治工作队伍状况，不管是从哪几个角度来分类，都要摸清家底，我们现在家底不清。虽然我们也有一些数据，但都是一些过于宏大的数据。我们能不能通过这个课题，调动各种力量，得到一些很细致的数据，把家底摸清。而摸清家底不能光停留在那些大概念上，比如法官有 20 万，律师有多少万等等，我们必须要有一个细致的数据，比如律师，律师现在走专业化的道路，那么刑事律师有多少，民事律师有多少，婚姻律师、移民律师有多少，能不能细化？这个方面，统计数据可能会有一些，但是能不能细化是个问题。

摸清家底的目的是什么？是要我们拿出一个方案来。不同的数据可能各说各的。那么我们通过这个研究，在摸清家底的情况下，能不能测算一下，而这个测算数据必须科学。我认为还是应有一个综合性的指标。所以通过这个课题的研究，在摸清家底的情况下，能不能拿出一个测算数据来？我们到底需要一个什么样的规模？

最高人民法院也做了大量的研究，其中有关于一名法官一年办多少案件是最合理的研究，现在有一年办 70 个案件最合理的说法。但是现实中法官每年办理二三百个案件几乎是常见的了，最多的我听说是办了一千多个案件。所以说一个合理的规模到底是根据什么来测算，这个东西真正研究出来对我们是很有帮助的。现在我们整天喊需要人，但是没有一个科学的测算，那没人会听。如果我们能拿出来一个科学的测算，是能够有说服力的。而且从顶层来讲，在整个法治工作队伍中，司法是一块、立法是一块、执法是一块，最典型的是司法这一块。司法这一块我们现在还是非常保守的思路，我经常想不通的问题是：既然法院任务这么重，为什么不增加人。刚才有专家说，我们现在一年是 14 万多法科毕业生，但我们每年才能消化掉两万，我们是有符合条件的毕业生的，但是为什么不用起来？我觉得通过研究，一个问题做一个很深的研究，拿出一个很扎实的报告，对我们整个中国目前的法治队伍建设都是很有帮助的。比如说分类化，每一个类别都拿出一个非常有说服力的报告，这个报告对我们的决策是有很大帮助的，是能说服决策层来接受这样一个思路的。把现有的法律人才充分地用起来。这是第一个问题：摸清家底，然后拿出方案。

第二个问题，就是要确立标准。我们的课题是"建设高素质的法治工作队伍"，什么是高素质？这里边有无穷无尽的标准。这个标准太抽象不行，太具体也不行。所以应该是抽象加具体，该抽象的要抽象，该具体的要具体。对于高素质，刚才专家们也讲了很多，都是在这样一个很高的层次上，我把它理解成一种高度概括的标准。在这个之下，可能要有一些指标体系。在高素质的法治工作队伍这个问题上，这个指标体系的设计既要有普遍性的素质要求，但同时针对不同类别的法治工作队伍，要有不同的标准。刚才有专家讲的"五加二"，按照"五加二"，我们对每一个类型的素质要求是不一样的。比如搞立法的和搞司法的，对人才的要求是不一样的。我们怎么样来培养立法人才，在法学通识教育完成的基础上，怎样来走分类化培养的道路，这是需要重点研究的。所以，关于课题内容重复的问题，你们不必过于担心。为什么呢？这个课题最好分成两大块，第一大块研究共性、普遍性问题，第二大块转入个性化、特殊化、类型化、分类化的研究。这样就把重复的问题避免了。比如，立法者需要什么样的素质，立法者所需要的知识结构，与司法者（法官和检察官）所需要的知识结构是不完全一致的，律师需要的知识结构也是不完全一致的，更不用说法学教授了。法学教授不需要去参加司法考试，法学教授走的是一种高端化、尖端化路线。不同的人才队伍需要的知识和素质是不一样的。通过这个课题，我们要拿出不同的素质培养方案，这才是有意义的。简单来讲，就是确立标准。

第三个问题，人才分类化培养的可能性问题。怎么培养？在我们现有的培养模式的基础上，我们要探索出一条路径来培养不同的人才。前些年，有些地方成立了律师学院，律师所需要的一些知识和其他类型的法治工作队伍所需要的知识是不完全一样的，除完成那些法学通识教育外，他们需要的是什么？每一个法律职业，根据这个职业特点、职业要求，应该设计出不同的一些内容来。所以，我觉得这个是有价值的。

第四个问题，还要考虑转型期问题。高素质法治人才无非就是拿出一个我们理想中的、目标中的模型来，但必须要经过很长的时期才能做到。比如刚才有学者讲到，二十年后来看今天的司法改革方案。但是，我们遇到的问题是：我们生活在现在，如何处理转型中不同类型的法治工作队伍的人才问题，是目前我们比较迫切需要解决的问题。

所以，归结起来，我的一个主要观点就是，这个课题既要拿出一些普遍性的、共性的对法律职业共同体所要求的东西来，更重要的、更有意义的、更有价值的是对于不同类型的法律人才分类化研究。这种分类化研究，像我讲的在摸清家底的基础上，能够拿出一些对策性方案来，这个是目前非常需要的。现在是各说各的，都有一套，但是没有一个是有说服力的、能够让大家接受的东西。现在我们的课题研究，应该承担这个使命。

我就简单谈这几点看法，供课题组参考！

对新"法治十六字方针"的法理解读

——2015 年 12 月 3 日青岛市社科院"社会治理法治化研讨会"的演讲 *

社会治理是国家治理体系和治理能力现代化的重要一环。社会治理应该走法治化的道路,这已经成为一种社会共识。研究社会治理法治化,离不开法治的几个基本要素和环节。党的十八大对于法治提出了新的表述,即"科学立法、严格执法、公正司法、全民守法"四句话十六个字,我将此概括为新"法治十六字方针"。新"法治十六字方针"是针对过去的"法制建设十六字方针"而言的。改革开放以来,法

---

* 此文系作者应邀于 2015 年 12 月 3 日参加山东省青岛市社会科学联合会、青岛市社会科学院、《青岛日报》等联合召开的"社会治理法治化研讨会"上的演讲录音整理稿。《青岛日报》2015 年 12 月 8 日第 6 版以新"法治十六字方针解读"为题作了摘要发表。

制建设方针就不断地被完善。过去的"法制建设十六字方针"即"有法可依、有法必依、执法必严、违法必究"。有法可依是指立法，有法必依包括了执法、司法、守法，执法必严主要指执法和司法，违法必究包括了执法、司法和法律监督，这是我们改革开放以来形成的"法制建设十六字方针"。关于这个十六字方针，我们过去对它也进行过研究，把它看作"形式法治"的十六字方针。这十六个字的意思是首先要有法，法制定出来以后要执行，执行过程中必须严格，违反了就必须要追究。按照形式法治和实质法治的观点，它强调了法的重要性，但是并没有涉及到底是一个什么样的法，并没有提出一个明确的价值要求。为什么会把它看作形式法治呢？主要是它从形式意义上表达了法治的要素。至于法的内容是什么，在这个十六字方针里面是看不出来的。党的十八大在原来的十六字方针的基础上进行了发展，提出了新的命题，就是"科学立法、严格执法、公正司法、全民守法"，即我所概括的新"法治十六字方针"。这十六个字看起来很简单，但是这十六个字对法治的内容进行了根本性改造，每个环节都提出了价值要求，这就不同于过去的十六字方针了。需要注意的是，我们在研究新"法治十六字方针"的同时，也不能偏废掉原有的形式法治的重要性，新"法治十六字方针"必须要有形式法治的配合。

一、关于科学立法

我仔细考察了这十六个字，比如对于立法，它提出了"科学立法"。为什么没有提民主立法呢？我们过去多少年强调的是民主立法，而这个"科学立法"表达了非常丰富的含义，即立法的内容必须要达到科学化，同时包括了立法的过程也要科学化，更重要的是它强调立出来的法必须是符合科学的一种法律。民主立法主要解决的是程序问题，立法的过程要体现民主。我们现在的立法，不论是国家层级的立法还是地方层级的立法，都要贯彻程序化原则，但是民主立法仅仅只是解决了程序问题，它并不能解决立法是否科学的问题。前几年，国内有一位学者写了一本书叫《民主是个好东西》，但是我们经过一些考察，发现民主如果被滥用的话，也可能制定出坏的东西，这是有历史实证的，比如希特勒统治时期的很多法律是通过民主方式制定出来的，表面上看是民主的，实际上是反民主的。当然我们不能用反命题，即民主化不行就用专制化，民主解决不了科学化，是否专制就能解决这些问题呢？这样的提问本身是归谬的，民主不能解决真理问题，民主不一定会导致正确的决定，而只能保证多数人意志的形成，仅此而已，这也是民主的主要价值，这是我们这些年通过对民主的反思得出的重要结论。我们强调科学立法并不是要否定民主立法，民主立法是达到科学立法的必要途径。党的十八大决议在正文中将科学立法与民主立法并列使用，表达了民主立法和科学立法的相互关系。

　　谈到立法，一般人会把立法理解为国家级的立法，但是现在的立法已经是多层次了。我将中国的立法结构概括为"一元两级多层次"。"一元"是指整个中华人民共和国是统一的立法体系；"两级"就是指国家立法和地方立法两级；"多层次"是指在国家和地方有不同的立法层次。青岛市作为有地方立法权的城市，它有地方性法规的制定权和地方政府规章的制定权。从立法这个角度来讲，青岛市有地方立法这样一个任务。那么，青岛市在立法过程中要不要讲科学立法，这就是我们要考虑的问题。除立法外，我们还在思考当代中国的规范体系问题。最近我们准备开一个会，想专门讨论一下"法治中国下的规范体系及结构"。除法律规范外，我们还有在社会生活里面起重要作用的其他一些规范类型，比如政策，政府要制定政策，各级政府都在制定政策，政策也是一个规范体系，那我们就要注意：我们在制定政策的过程中要不要考虑法治化的问题。如果我们把法治化作一个分解，首先表现在立法的层面，表现在规则制定的层面。如果我们把立法换成规则，这样一来对地方各个层级都有意义。除青岛市人大及其常委会有地方性法规制定权，青岛市人民政府也有地方政府规章制定权，这个对我们整个的社会生活影响很大。更重要的是我们政府的决策，这些决策要不要体现科学问题？因为"科学"这个概念包含着非常丰富的内容，包括党委在制定政策的时候，政府在制定政策的时候，要和相关法律法规等做一下对照。

有的同志讲，现在地方党委、政府出台一个文件或者政策的时候必须要请法律专家把关，看看这个是否符合法律的要求，和法律有没有冲突。这些年在研究过程中我们发现，中国也存在法律冲突现象，也有个别政策和法律冲突的现象。

所以，科学立法的提出，对我们地方一级政府有重要意义。经常有人问我，产生法律冲突现象的原因是什么？从立法理论和我国的立法制度上讲，不应该出现法律冲突的现象。我们有一个立法原则，每一个下位法在制定过程中都要考虑和上位法有没有冲突，有冲突时这个下位法律就不能制定。但是在实践中为什么会出现冲突的现象？就是因为我们的立法工作者在立法观念上不擅长去寻找这个法律和上位法律有没有冲突。符不符合宪法的总原则和相关条款，这是立法者最基本的一个功课。

我还可以举出很多的案例，说明个别地方性法规和国家的法律由于在制定过程当中没有完全遵循立法基本的原则和精神，出现了和国家法律抵触的情况，这在中国是不允许的。下位法服从上位法是立法的基本原则，更何况我们还存在着大量不是立法性质的规范性文件，如政府决策等。去年我们《环球法律评论》在党的十八届四中全会召开前发表了一篇文章，是介绍白宫法律顾问制度的文章。我们知道，十多年前，我们国家在政府层面要求县级以上的人民政府都配备法律顾问，这个国务院是有文件要求的。有的地方已经建立了类似的制度，即对于地方出台的文件，没有法制办的签字，这个文件是发不出去的，好多地方现在都有这样的做法。为什么要做这个事情呢？这就是法治化的具体体现。至少我们出台的政策不能侵犯公民权利，更不能增加公民义务，这都是法律管辖的事情，不是政策所能涉猎的领域。国家在立法上是有法律保留的，涉及公民权利和义务的事项必须由法律来制定。所以，在我们的规范体系中，除立法外，我们还有很多的政策体系以及政党规范体系，政党规范体系既包括中央层面的，也包括地方层面的，地方也经常制定一些规范性文件，这些规范性文件是不是要进行法律的审查？

在规范体系方面，还有一个层面即社会规范，比如习惯、道德规范、自制规章等，自制规章是一个非常大的领域，比如社团规范，像青岛市有很多的社团，社科联就是专门负责管理社会科学团体的。社团制定的这些规章也要符合法治的基本原则，社团制定的规章不能和法律、宪法相冲突，这都是一些大原则。村规民约要不要和法律衔接，要不要符合法律精神？我们现在看到很多案例，有一些村委会通过村民代表大会（表面都是用民主的形式）作出决议，剥夺了出嫁女的土地权益。通过村民代表大会制定出村规民约，规定出嫁女不能从土地上获得权益，理由是出嫁女从夫家可以获得权益。你有这样一个政策，人家也有这样的政策，土地承包是增人不增地，减人不减地，这都是土地承包的基本做法。表面上是民主的方式，实际上是侵犯了公民的权益，侵犯了出嫁女的权益。还有自制规章，有一些是自治性的，还有一些是非自治性的。大学里有关于教师评职称的各种规定，有管理学生的一整套的规则，教育部有自己的管理条例，各个学校还有自己制定的规定。这些规定要不要有一个科学化的问题，有没有一个法治化的问题？我们把"科学立法"这四个字放大，会发现这里面的问题是相当多的，有很多需要我们进行研究的空间。这是十六字方针第一句话的"科学立法"。

二、关于严格执法

新"法治十六字方针"的第二句话是"严格执法"。我比较了一下，它是和原来的十六字方针最接近的一句话。原来的十六字方针是"有法必依"，严格执法和有法必依是最接近的。"严格执法"针对的是我们现在的法律实施状况。2011年宣布了中国特色社会主义法律体系基本形成，法治国家建设的重点是法律实施这一块，而执法是法律实施的重要环节。所谓法律实施，就是指法律制定出来以后怎么在社会中贯彻落实。我们将法律实施分为三个环节，一个是执法，即狭义的行政执法。这些年有个问题，我们的法学界对司法的问题关注比较多，就是法院、检察院这一块，而对行政执法关注得不是很多。经过分析，我认为司法对法律的实施所占的比例是很小的，不论是刑事案件还是民事案件，都是不告不理。民事案件没有当事人起诉，法院不可能主动去办。刑事案件也一样，公诉案件没有检察院的起诉，自诉案件没有自诉人的自诉，法院也不能去办这个案件，这是由司法的特点决定的。什么是法律？我们怎么判断法律？有专家认为，只要被法院适用了的就叫法，没有适用的就不叫法，如果以此判断，那我们很多的法是靠行政执法去实施的，算不算法？昨天我还和一位专家讨论，我们的组织法体系本身就处在一种运行状态。我国的这样一个组织架构，政权结构是靠什么组织建立起来的？全国人大靠什么来建立？国务院靠什么来建立？最高人民法院、最高人民检察院靠什么来建立？不就是靠宪法和组织法这样一套法律体系建立起来的吗？所以有人讲宪法在实践中没有被实施，这是完全不符合实际的一种说法。人大组织法靠谁实施？监督法①靠谁实施？人大不去实施，别的机关能实施吗？人大虽然是一个立法机关，但是它立出来的法要去执行，所以这样一来，人大也是一个法律执行主

---

① 法律文件名称使用简称，例如，《中华人民共和国各级人民代表大会常务委员会监督法》以下简称《监督法》。以下不再标注。

体，这样说一点都不过分，至少我想到有三大法要靠人大去实施，一个是人大组织法，另一个是人大监督法，还有一个是立法法，这三个法律要靠人大来实施，当然也不全由它实施，因为立法法还有其他的实施主体。

所以，我们的行政执法承担着法律实施很重要的任务，我做了一个比较，如果现在法院年受理的案件是1400多万件，立案审查制改为立案登记制后，目前初步测算案件数可能要上升三分之一，今年（2015年）的数据会不会突破2000万我不敢说，至少会在原来1400万案件的基础上增加很多，增加几百万没有问题。但是尽管如此，如果我们把司法每年所承担的案件数和全中国行政执法案件去做一个比较，司法这个数量还是比较少的。什么叫行政执法？警察在大街上执行公务就是行政执法，而不仅仅是纠正违章了才叫执法。户籍警察在派出所给居民办理户籍关系、出入境手续，每办一个业务就是在行政执法。工商、质检都是在执法，只要是有执法依据的这些主体所做的履职行为都是一种执法行为，这个数字是无法统计的。从这样一个角度观察，执法在法律实施中承担着更重要的任务。不管在哪个城市，北京也好，青岛也好，都存在这样的问题，包括我们的社会管理，在很大程度上，执法是它最重要的一块，所以我们讲社会管理的法治化，执法是一个重点，司法的特点决定了它是事后的裁断，而执法是主动的行为。

严格执法对实现社会治理法治化是非常重要的，尤其在地方政府。我们一提起社会治安、社会治理，大家首先想到的是城管，但是社会治理涉及的内容其实是非常广泛的，几乎无所不包，医患关系、民生问题，还有网络管理，包括犯罪问题，它都是社会治理的范畴。在这样一个领域里面，如果我们按法治化的方式来处理，可能是一种结果；如果按照非法治化的方式处理，又会是另外一种结果。所以在社会治理领域坚持法治化，尤其在严格执法的环节如果能够做得很好，对实现社会和谐的局面会有很大帮助。

三、关于公正司法

新"法治十六字方针"的第三句话是"公正司法"。以前我们提出的有法必依、违法必究，没有提出价值要求，这次的十六字方针提出"公正司法"，这个"公正"就是一个经典的价值概念，其实就是对司法提出了一个价值命题。关于司法的目标，最开始确定为公正，后来发现效率有问题了，2003年提出了公正和高效两大目标，党的十七大提出了建立公正、高效、权威的社会主义司法体制，党的十八大承续了这个提法，即建立公正、高效、权威的司法体制。

什么叫公正司法？习近平总书记讲："我们要依法公正对待人民群众的诉求，努力让人民群众在每一个司法案件中都能感受到公平正义，决不能让不公正的审判伤害人民群众感情、损害人民群众权益。"① 这是一个非常高的标准和要求，法学界也讨论过很多次，怎么才能让公民在每个案件里面感受到公平正义呢？原告和被告的利益不一样，败诉方会觉得享受不到公平正义，甚至我们还看到个别情况下即使胜诉方也感受不到公平正义。所以公正司法就要建立很多标准，公正司法主要是针对法院和检察院的，当然，有的人说公安是不是，司法行政是不是？这是需要另外讨论的问题。至少要求判决公正。怎么才叫公正？个案里面有没有公正？个案和个案比较的时候，你那个案件和我这个案件情况一样，你那个那样判，我这个这样判，行不行？最高人民法院从2010年实施案例指导制度，截至目前（2015年）一共发布了11批56个指导性案例，就是为了实现同案同判。为什么要同案同判？因为它体现了司法公正，同案不同判就不能体现司法公正。在一个统一的中华人民共和国的法律体系和司法制度之下，如果同案不能同判，有违司法公正。如何贯彻公正司法的法治理念，其实是有讲究的。在司法中，公正是对司法很高的要求，公正如何具体地体现在每一个案件里面，是要进行具体的案件分析的。

---

① 参见《在首都各界纪念现行宪法公布施行三十周年大会上的讲话》，载《十八大以来重要文献选编》（上），中央文献出版社2014年版，第91页。

四、关于全民守法

新"法治十六字方针"的第四句话是"全民守法"。全民守法在原来的十六字方针里面是没有的，有法必依，这个"必依"里面隐性地包含着守法，但"必依"主要还是指执法和司法的领域。"全民守法"是新"法治十六字方针"的一个亮点。此前关于依法治国有很多的争论，其中有一个最引人关注的命题就是所谓的法到底是治谁的。我觉得这样的命题要符合法理学的基本原理。法律是一种普遍性规则，法律是有其适用对象的，这种普遍性规则有它适用的主体，法律作为一个普遍的行为规则，对所有的公民平等适用，怎么可以说法是治当官的或是治老百姓的？当然，有一些特殊主体法有其具体的调整对象，比如教师法是调整教师关系的，高等教育法就是调整高等教育关系的，公务员法就是调整公务员的权利义务关系的，我们称这些为特殊主体法。特殊主体法有其针对的特殊主体，但是绝对不是说法律是治当官的或者是治老百姓的。如果今后我们制定一个反贪污法，贪污的主体一般来说是公职人员，会计也可能贪污，所以它是一个特殊主体法，针对不同的主体来适用的。但是如果把法律归结为治当官的命题，实际上是对法治理念的误导性宣传。"全民守法"的提出，解决了我们长期争论的法律到底是治当官的还是治老百姓的问题。

新"法治十六字方针"强调全民守法，同过去提出的"全社会守法"这个概念很接近。全民守法，字面意思是只要是中华人民共和国的公民，都要守法。但我们对全民守法应该做一个解释，"全民"不只是全体公民，我们社会结构中除公民外，还有法人、非法人组织，法人也应该守法，比如政党、社团等法人，法人、非法人组织是一种法律拟制，也要守法。在全民守法中，政党、政府机关、公职人员、领导干部应该带头守法。但是我反对另外一种论调，说政府都不守法，老百姓怎么守法呢？我们不能因为政府不守法，老百姓就可以不守法，这种论调是极为有害的，而且这种论调煽动性极强。有一些学者经常讲这个歪论，一听到这个问题我就说，我们不能因为有杀人犯存在我们就去杀人，这是很荒谬的。所以法治理念应当是一种理性的、科学的理念。

通过对新"法治十六字方针"的解读，对于我们讨论社会治理法治化问题，不论这个命题针对的是哪个层次，对青岛市也好，对北京市也好，对整个国家也好，道理上都是相通的，都是可以通达的。

应加大对食品药品领域违法犯罪行为的惩处力度

——2016 年 1 月 29 日国家食药监总局"法律顾问聘任仪式暨专家座谈会"的发言[*]

感谢总局的信任！邀请我做法律顾问，我感到很荣幸。我想谈这么几点看法：

第一点，对食品药品进行监管的重要性，我想大家对此都有一个充分的认识，包括老百姓这几年在这方面的意识也是越来越强烈，这个就不用多说了。关于食品药品监管，我

---

* 本文系作者应邀于 2016 年 1 月 29 日参加国家食品药品监督管理总局"法律顾问聘任仪式暨专家座谈会"上的发言。由中国政法大学朱乾乾博士根据录音整理，特此感谢。本文以《建立"标准"是法治的一项紧迫任务》为题，在《北京日报》2016 年 2 月 29 日第 13 版发表，发表时略有修改。

想无非就是这么两项：一个是日常执法；另一个就是对违法行为和犯罪行为的惩处。当然，对犯罪行为的惩处和我们对它的查处是有相关性的。我觉得在对违法和犯罪行为的惩处上，食品药品领域的违法犯罪行为可能要有一个从严的态势。改革开放以来，我们对重刑主义（严罚严处）是不太提倡的，但是醉驾入刑给了我们一个很大的启示，就是它起作用了。当时醉驾入刑的时候也是分歧很大，但是从实践效果来看，其起的作用还是非常明显的。那么在食品药品这个领域，我想要有一个从严惩处的思维。这就涉及我们对立法标准和执法尺度的掌握。到底掌握到什么尺度，需要有一个横向比较，也就是国内比较和国外比较。个别时候我们看到在国内好像是一个不怎么严重的行为，但是在国外却被视为一个严重的犯罪行为。这样一比较，就能比较出我们这个标准的差异。这是我想谈的第一个问题，可能在食品药品监管这个领域，要有一个从严的思维，有了这样一个思维，我们才能够在立法和执法的过程中体现出对食品药品领域的违法犯罪行为严惩的具体实践。

改革30年后，整个国情发生了重大的变化，在这种情况下，在某些方面严惩是能起到作用的。当然我们不只拿醉驾做一个例证，醉驾毕竟只是针对驾车人的一个行为。但是在食品药品这个领域，它太重要了。这个领域可能会成为中国今后法治领域中的一个重点，因为它关系到每一个人切身的利益，所以，在这个领域里面从严惩处是必要的，而且应该说是能够见效的。

第二点，涉及标准的建立。我们这十几年，也一直在关注食品药品方面的案例。大家也都清楚，出了一个案件之后，然后找标准。那么，这样一来，这个标准到底掌握在一个什么样算合适的尺度上是对我们的一个考验。在食品药品领域，它有一个特殊性，就是它是法律和科技高度密切结合的一个领域。因为一涉及标准，就涉及科学和技术问题，尤其是科学问题。包括个别产品质量问题被曝光后，在标准上就有很多问题；还有餐馆中的标准问题，我们是有一些标准的，但是有的标准和国际标准是不是有差距，食品领域、药品领域，品种太多，涉及的领域太多了。前几年我有一个观点，法治做到最后，是一个标准化的问题（法治做到极致，它就是一个标准化问题）。那些宏大的法治理念、思想、战略，最后都要具体体现在这些标准里面。所以，我们是国家食品药品监管领域最高的行政部门，我们承担着这样一个标准建立的任务。这方面的工作是相当繁重的，它涉及的领域太广泛了。所以，就我们目前这几大领域（食品、药品、化妆品、医疗器械、保健品），每一个领域都有成千上万需要我们建立标准的任务，而这个标准的把握直接涉及食品药品安全以及同国际接轨的重大问题。我想，标准的问题其实是一个重大的问题，这是第二点。

第三点，在执法领域里，除现有的执法方式外，2014年我承担了总局的一个委托项目，就是"食品药品监督管理案例指导制度"，这个课题已经提交了，我们草拟了一个讨论稿。这个制度要不要建立，如果要建立，涉及全系统的问题，不仅仅是做一个研究项目。因为如果要建立这样的制度，就要在全系统推行，这是一个比较重大的问题。这些案例主要提供一个处罚标准，如果案例选不好，处罚得轻了，把那个案例作为一个指导案例，全国就照此办了，那就会产生很严重的后果。所以，作为全系统领域的一个尝试，要不要建立这个制度，需要慎重考虑。如果要搞，就需要在全系统进行讨论，它不仅仅是一个学术讨论的问题。如果是学术讨论，我们找一些专家，这都很好办，关键是要在全系统实行这样一套制度，它牵动的方面很多。所以，我想再提一下，食品药品监督管理领域案例指导制度的实行。实行这个制度主要还是为体现执法统一，因为全国这么大，在执法过程中肯定有差别，通过这样一个制度的实行，实现全国执法的统一。

　　第四点，就是要提高全社会，包括司法部门、律师界对国家食品药品监督管理总局颁发的规章的地位认识。20世纪90年代初，世界卫生组织制定了《药品临床试验规范指导原则》并向各国推荐。1998年3月，我国参照这一原则制定了《药品临床试验管理规范（试行）》，1999年年底，修改后的《药品临床试验管理规范》正式颁布，2003年9月1日又重新改版，更名为《药物临床试验质量管理规范》。后来出现了有关案件，就是试药人在试药过程中身体受到了伤害，诉至法院。法院在审理过程中，法官竟然认为我们无法可依，律师也都认为无法可依。但是明明就有国家食品药品监督管理总局发布的这个规章，在法院审理和律师辩护的过程中，都没有把它作为一个有法律效力的规章。这个问题实际上从大的方面反映出我们对规章地位的漠视。这说明规章的地位在中国远远没有受到重视，但是规章恰恰是很重要的。国家食品药品监督管理总局颁布的这个规章，是现行有效的规章，在个别案件审理过程中却被认为没有法律可依。所以，我们要提高全社会尤其是司法部门对规章的认识。从法律体系这个角度来讲，毕竟法律是有限的，还需要通过法规、规章来细化法律所规定的一些任务。所以，在食品药品监督管理工作中，强化对规章地位的认识，从宣传的角度，或者从提高全社会对我们这个部门的认识的角度，都是有很大作用的，尤其是我们的规章涉及的不是一个小的领域，它涉及一个这么大的民生领域，所以，应当对规章的地位有一个正确的认识。

我就谈这么些看法，谢谢！

法律职业共同体的范围、差异性及其解决

——2016 年 6 月 19 日南开大学"第三期新开法共体论坛"主题演讲[*]

感谢朱桐辉博士（南开大学）的邀请！今天来到南开大学法学院，来到"第三期新开法共体论坛"，和大家交流几个关于"法律职业共同体"的重要问题。关于法律职业共同体，我们很早就有了学术探讨，那时就有不少争论。2002 年在黑龙江牡丹江市镜泊湖举办过一次学术研讨会，是关于"法律共同体"的专题研讨会，那次会议在我看来，是中国法学界法律界较早关于"法律共同体"的专题研讨会。

* 此文系作者应邀于 2016 年 6 月 19 日参加南开大学"第三期新开法共体论坛"主题演讲。感谢南开大学法学院武亚芬同学对录音的整理。《人民法院报》2017 年 2 月 17 日第 7 版发表了此文。

关于法律职业共同体，我们首先需要澄清的是"法律职业共同体"的范围。过去人们熟知的"法律职业共同体"的三大类群体——法官、检察官、律师。这就引来了争议：立法者是不是法律职业者？法学教授是不是法律职业者？还有许多从事法律新闻、出版、宣传的人是不是法律职业者？这一争论从 2000 年开始，一直没有结论。党的十八届四中全会的决议创造了一个新的概念——"法治工作队伍"，并对其范围做了界定，包括以下四种：（1）法治专门队伍，包括立法、执法、司法队伍；（2）法律服务队伍，包括律师、基层法律服务工作者、人民调解员；（3）涉外法治人才队伍，指的是通晓国际法律规则的人员，包括涉外律师；（4）法学家队伍，指的是政治立场坚定、理论功底深厚的高素质的法学学科带头人、法学骨干教授队伍。这一界定涉及了立法、执法、司法、法律服务、法学教育、法学研究等各个环节，但缺了一个，那就是法制新闻宣传出版等工作者。

还有一个更值得注意的标志性进展，就是 2015 年年底发布的《关于法律职业资格考试的意见》（以下简称为《意见》）。该意见也对法律职业的范围作了说明，但与四中全会关于"法治工作队伍"定义的范围不完全一致。这个《意见》有一段内容专门界定了"法律职业人员"的范围，是指有共同的政治素质，专门从事立法、执法、司法、法律服务、法律教育研究的人员。我认为，把从事法律教育研究的人员纳入"法律职业人员"，可能会有不同意见。当然，立法者、法官、检察官、律师及政府部门中从事行政执法的公务人员等，应当具备法律职业资格，这是没有问题的。

可见，从 2000 年初到现在，在不断探索的过程中，"法律职业"这个概念也经历了一个复杂的变化过程。其实，有两个不同的概念："法律共同体"与"法律职业共同体"。有时候，人们把这两个概念视为一个，其实是有必要仔细区分的。我认为，"法律共同体"的范围比"法律职业共同体"的范围要大。"法律共同体"可以将从事法律教育研究的人员和从事法制新闻宣传出版等工作者包含进来。而"法律职业共同体"则主要指从事立法、执法、司法、法律服务等职业人员。

从学术研究的角度看，"法律职业共同体"还有许多值得我们深入思考的问题。这个思考着眼于对"法律职业共同体"基本层面的探讨。2012 年，我参加的一个学术论坛，主题就是"法律职业共同体"。当时我提出了一个问题：当我们谈论"法律职业共同体"时，经常会有一个前提假设，那就是"法律职业共同体"成员有许多共同点：共同的知识训练、共同的信仰、共同的方法等，因而组成了"共同体"，同时，这个"共同体"面对社会问题时又有共同的、相对一致的认识，但是，这个假说和我们十多年来对中国法制实践和世界范围内法制实践的观察有了一个很大的反差：既然有这么多的共同点，为什么在全世界范围内，法律职业者在面对具体案件时又有那么多的不同？不单单是律师和律师不一样，法官和法官也不一样，检察官和检察官也不一样。为什么？尤其是在诉讼案件中，美国的最高法院很少有9名大法官意见一致的裁决；律师和检察官在刑事法庭辩论中意见大相径庭；民事案件的双方律师或代理人经常是意见相对；法官对于律师辩护意见的采纳程度也是众所周知的。这就需要我们深入思考。

我的思考有两点：第一，作为法律职业共同体成员，不排除会有利益因素在其中起作用。虽然我不完全同意"利益共同体"的解释，但是利益是一个不可忽略的影响因素。任何共同体都有利益的因素在起作用，"法律职业共同体"也不例外。我们经常说"屁股决定脑袋"，这种现象在"法律职业共同体"的个别案例中也存在。利益因素可能是造成差异的重要原因之一。

第二，也是我重点要强调的，"法律职业共同体"其实有着某种"虚假性"。如前所言，关于"法律职业共同体"的假设性前提并不完全准确。这种假设性前提认为，"法律职业共同体"成员有基本相同的理念、知识、阅历、方法等，但仔细观察，"法律职业共同体"成员的知识训练、背景、对问题的理解方式与程度、社会阅历等是不同的，在这些因素的综合作用下，会导致"法律职业共同体"的每个成员所拥有的知识、思维方式及认知角度的不同，因而在具体的法制实践中表现出很大的差异性。因此，我们需要对这些前提性假设进行反思。

因此，"法律职业共同体"成员在法律认知上并不是完全一致的，客观上是存在着差异性的。认识到这种差异性，然后承认这种差异性，进而注重"差异化培养"。即对未来的法律人，在法学通识教育之后，更要重点进行差异化培养。

也就是说，最少要经历两个阶段：第一个阶段，进行法学本科通识教育，至少要囊括大学法学本科的 16 门必修课，这是基本的法学知识基础。第二个阶段，要进行较长时间的专门的特殊化培训。立法者、法官、检察官、律师等需要的知识就很不一样，差异很大。如果再把法学家纳入"法律职业共同体"，需要的知识和方法，就更不一样了。所以在法学通识化教育之后，更要注重对未来法律人及"法律职业共同体"成员的差异化教育和培养。

关于立法理论与实践

——2016 年 11 月 26 日福州大学"第八届全国部门法哲学研讨会"的评论*

我们这个会议的主题是"立法的理论与实践"。这个单元有五位专家的发言，议题还是很集中的。我听了他们的发言，至少我认为前四位专家的发言批判性很足，都是对我们立法现状持有非常强烈的批判，涉及立法哲学、立法政策等问题。最后一位专家的发言，我认为是一种阐释性的，用一种理论解释我们的社会实践，很难说是法学的，但是是一种阐释性理论。这种批判性表现了学者的天职。以前有人说过学者就

* 此文系作者应邀于 2016 年 11 月 26 日参加由国家司法文明协同创新中心、吉林大学理论法学研究中心、福州大学主办，福州大学法学院承办的"第八届全国部门法哲学研讨会"对第一单元五位报告人的报告发表的评议。由中国社会科学院魏书音博士根据录音整理，特此感谢。

是批判性的。那如何来理解这个批判性？有正确的理解，也有不正确的理解。作为一位评论人，我最近常被拉去作评论，后来发现为什么让我作评论呢？主要是因为我没有履行会议义务，没有提交论文，那就要给你派个活。做点评人非常累，因为要全神贯注地听大家讲，还要翻阅论文，这些都是次要的，关键是点评很容易得罪人，现在学术界还没有形成一种能够接受批评的氛围，我不是说在座的没有，而是整个学术界，缺乏论辩氛围，你要说点真话，说点批评性的意见，是肯定要得罪人的，但是不说又觉得不痛快，而且不负责任，真正的学术讨论就是要有不同的意见，所以我还是怎么想的就怎么说，不对的有回应时间回应也行，我的意见仅供大家参考。

苗连营教授（郑州大学）这篇文章对立法权限问题做了一个非常深入的研究。他的发言对立法史做了一个简要的回顾，涉及的主要问题就是立法权限问题，他认为立法主体在不断扩大，但是立法权限在不断缩小，而且实践中依然出现很多混乱。我觉得这里面可能有几个大的理论问题，虽然他的发言只有十几分钟，但是涉及了立法权到底是一个什么性质的权力。我们以前把立法权分为法定权力和委托权力，比如地方的立法权是一种法定权力还是一种授权，这实际上一直是有争论的，是国家授予地方的一个权力，还是地方本身应该具有的法定权力？从我们现在的《宪法》和《立法法》

看，地方立法权还是应该属于法定权力，我们国家是一种单一制的国家结构，就是国家立法和地方立法两级。还有一些讨论，比如行政法规、国务院各部委的部门规章和地方政府规章是属于授权性的还是法定性的。这样一来，首先就是立法权到底是一个什么样的权力，国家立法和地方立法权限的划分有没有必要，苗教授提出了一个这样的问题。这个划分要建立在什么基础上？我觉得还是要回到事物的本质上，立法权的划分应该以立法的事务或事项为特征。什么是国家事务？什么是地方事务？我们所说的立法从大的、宏观的角度看是国家立法解决国家事务，地方立法解决地方事务，它有自己的范围，这个权限划分我认为还是有必要的。当然苗教授认为我们没有必要把精力花在这些方面，而是应该注重事后的监督，通过立法的监督解决这些问题。监督固然是重要的，但是我们设想一下，一部法律制定出来以后，不管是国家的还是地方的，都要进入实践领域，如果这个法律制定得有问题，权限不明、互相打架，因为上下位法律冲突的原因之一就是立法权限不明。我们去上海做过调研，就讨论过一个问题，地方性法规和地方政府规章各自的权限在哪里？上海市人大常委会法工委的领导说在实践中这个界限不是太清楚，往往是本应由地方人大制定的地方性法规却通过政府规章的形式出现了，因为权限不清，在实践中就会造成混乱，所以我们还是应该事先把界限搞清楚。再者，立法本身就是

126

制定规则，规则搞清楚了，权限清楚了，才可以行为。事后的监督固然很重要，我们现在搞的立法评估工作就是事后的，但法律制定后进入实践中成本很大，如果这个立法有问题的话，付出的成本是无法逆转的。另外，事后监督是一个长过程，现在搞立法后评估，这几年全国人大常委会做的五六个立法后评估，基本上是一些适用范围小的法律评估，而不是涉及很大范围的，如果真的要对一个法律作出全面的评估，是很难的事情。立法权的设置还是要以立法事务为主，什么是国家事务，什么是地方事务，以及哪些国家立法需要通过地方实施，我们的立法有很多层次，也有很多实施条例。《立法法》对立法权限的规定还是停留在宏观的、粗线条的水平上，所以我觉得苗教授提出的这个问题是我们立法法应该重视的非常重要的问题。

蒋德海教授（华东政法大学）的这篇文章，观点非常鲜明，主要还是针对民主立法、科学立法这样一个问题。包括对"十三五"规划的论述，他没提到党的十八大以及十八届四中全会，党的十八大提出新"法治十六字方针"的第一个就是"科学立法"，当时这个问题被提出来之后，我就思考为什么不讲"民主立法"而变成了"科学立法"？其实这些答案在蒋教授的这篇文章中都做了回答，他研究得很细，对这个问题的概念、哪个阶段怎么讲的，都做了仔细的梳理。但是这不是一个简单的立法原则问题，实际上涉及我们如何理解民主立法和科学立法的关系，蒋教授非常鲜明地提出了"民主立法为本、科学立法为辅"这样一些立法哲学。蒋教授有一个观点我非常赞同，但恰恰是由于这个观点，我得出了和蒋教授非常不同的结论。蒋教授在讲民主价值的时候，说民主主要是个程序问题，只要我们把握住这一点，我觉得很多问题可以解决。我看到党的十八大提出"科学立法"之后就一直在思考，我们原来的十六字方针是一种形式法治的表达，新的十六字方针赋予了价值内涵，"科学立法、严格执法、公正司法、全民守法"，都是可以解读的，我当时的理解就是提出"科学立法"是一个新的立法原则或宗旨。为什么这样讲呢？当然在党的十八大报告的主文里面说到科学立法和民主立法要结合起来。我这个看法正是建立在民主只是解决程序问题的基础上，就是蒋教授说的只要反映大多数人民的意志就自然体现了民主，不存在得出一个民主的结论，这个观点我非常赞同。我对"民主集中制"的理论有自己的理解，只要是通过民主程序达成的结果，就体现了民主的结果。我以前写过一篇小文章讲过这个问题。正是建立在民主只解决程序问题，就是"多数决"问题，正是建立在这个理解的基础上，我认为科学立法作为一个鲜明的旗帜是有道理的。科学立法可以包含民主，因为民主是一种程序性制度，但是仅仅通过多数决能不能得出一个科学立法呢？这是值得怀疑的，这是我的考虑。这里面涉及如何理解"科学立法"？这个概念不但包含了对程序的要求，还包含了对制定出来的立法的实体内容的要求，是把实体和程序都包含进来。大家会问，既然科学立法包含了民主立法，为什么还要提"民主立法"？因为科学立法主要还是侧重于对立法内容的科学化，因为我们现在面临立法科学化的问题，比如噪声分贝，制定一个什么样的标准是我们大多数人能够接受的标准，就有一个标准化的问题、科学的问题。还有诸如医学领域、标准化领域、技术领域涉及大量的科学问题，这些科学问题是靠民主解决不了的，有些科技性立法只有专家才能讲清楚，我们的老百姓根本不懂。所以，我觉得科学立法提出的要求应该更高，但是我们现在讲科学立法和民主立法还是要结合，另外，它们两者之间不是一种对立的关系，应该是互相照应的关系。科学立法要通过民主立法的程序，但是民主立法不一定导出科学的产品来。

李红勃教授（北京外交学院）的这篇文章主要是对我们现行立法的一种批判，也是以地方立法为例。现在地方立法问题引起大家的重视。他讲了好多现象，都是在实践中出现的法律操作问题，对立法状况做了分析。但是对这些分析，我认为还是停留在一般的解说上，缺少很有力的实证分析，虽然里面也列举了一些地方的立法例，但还是缺乏很充分的实证案例，还不能够充分地说明我们现在的法律体系。因为这个研究首先要做一个范围的界定，是对整个法律体系的判断，还是对某一个地方立法的判断，比如我们要有一个地方立法的数量的概念，现在地方立法主体那么多，如果我们单独地找 8 个、10 个甚至 100 个都可以找出来，应该有一个量的分析，这是一个主要问题。有些学者这些年都写过良法的问题，里面讲了形式标准、实质标准，关于良法的实质标准都没有任何问题，讲了三条，再讲四条、五条都可以，因为这是人们对良善的法律的要求，提出多的要求也没有错。我觉得这篇文章主要还是一种现状分析，但对于现状分析还应该再有力度一些。

杨清望博士（中南大学）的文章是关于公共服务立法的混淆及辨析，这篇文章还是需要我们好好花工夫看看的。首先，他所说的三种混淆问题出在什么地方？你本身就提出一个新的分类标准，因为你提出"公共服务立法"，这是一个新的分类标准，而我们现有的法律体系、法律部门不是按照这样一个标准分的，问题就出在这个地方，不管你反映的国家立法、地方立法问题，还是法律部门混淆问题，本身你的主题就是新的分类标准，你拿一个新的分类标准和原有的法律部门的分类标准、地方和国家立法的分类标准做比较，肯定是混淆的，交给谁也是会产生混淆的，所以我觉得问题出在这个地方。分类学是有讲究的，分类是有标准的，比如法律部门是以法律调整的社会关系和调整方法（有的还加上一个调整手段）为标准的，这个标准要确立，同一标准下，和公共服务立法相对应的另一个标准是什么，你不要拿你这个标准和其他的标准去比较，这一比较肯定会比较出大量的问题。最后提出的问题我觉得对我们会议来讲具有前瞻性，就是能不能建立一个"公共服务的基本法"。这是一个大问题。我们国家处于社会主义初级阶段，法律体系的发展也是一种初级阶段，我们的法典化程度比较低，我们的民法典尚未颁布，[①] 我们的刑法很难说是一部标准的刑法典，那么我认为现在中国的立法还是一个逐步细化的阶段。"公共服务"是个大概念，这个大概念里面还是需要从一些非常具体的环节入手，把单行的法律立出来，等条件成熟的时候，看能否实现你所说的目标。

朱圆博士（福州大学）的文章，以"脆弱性理论"来解读中国的精准扶贫，这是用一种理论对中国所存在的社会现象、社会现实做一个解释，属于一种解释理论。精准扶贫是一种政府行为，是有指标的，"十三五"规划要求一年脱贫1000万、五年5000万，是有具体目标的。中国过去有一些理论，比如弱势群体保护理论，也包含了很多可以解读的东西，以前也有博士写过弱势群体保护的论文。我在想这样一个问题，不用你这个脆弱性理论，是不是就对精准扶贫做不出解读了呢？这只是一种想法。因为我发现有一些学者有这

---

① 我国《民法典》已于 2020 年 5 月 28 日颁布，并于 2021 年 1 月 1 日起施行。

样一种研究趋向，就是用一种理论解读一种现象，如果这种解读能够超越我们已有的认识范围和水平，那么就是有意义的；如果超越不了我们已有的认识水平，那么研究意义就要打折扣了。看了你的文本，很多问题是可以用已有的理论解释的，提出的新见解到底在哪里？曾经有一位学者写了一篇用法哲学的理念来解读中医的文章，从中医中解读出法哲学的公平、自由、平等、中庸等观念，我在评论的时候说，既然我们承认哲学无处不在，哲学渗透在人世间的一切过程之中，从中医里面挖掘的法哲学的观念究竟有多少意义。这种文章我相信也会发表，但是我们做研究，就是看能从这里面得出什么新的有意义的东西来。

这是我做的一些评论，有不对的地方请大家见谅！谢谢！也希望大家能够反驳！

制度设计与实践效果的反差

——2016 年 11 月 27 日河海大学"第六届法律与社会高端论坛"的评论 *

感谢河海大学法学院组织这样一次非常有意义的会议。最近参加的会议多，昨天上午还在福州大学召开的"第八届全国部门法哲学研讨会"做了一个点评。点评容易得罪人，你要想说点真话，有的人不爱听，说点恭维的话也没多大意义。当然还是服从安排。我们这个单元的主题是"法社会学视角下的法治政府建设"，有些报告内容和这个主题有点距

＊ 此文系作者应邀于 2016 年 11 月 27 日参加由中国社会学会法律社会学专业委员会、河海大学法学院主办，中国人民大学法律社会学研究所协办的"中国法律社会学专业委员会年会（2016）暨第六届法律与社会高端论坛"第二阶段对两位报告人的报告发表的评论。由中国社会科学院魏书音博士根据录音整理，特此感谢。

离，但是都有联系。

张洪涛博士（武汉大学）的文章主要研究的是法学流派的问题。法学流派和会议主题有什么关系呢？也有关系。他重点讲了法律和社会的内容，他认为综合法学派是从庞德算起，按照我们对综合法学派的一般了解，像霍尔和博登海默，中国学者最熟悉的是博登海默，然后就是斯通。中国人民大学有一位法理学博士写过关于斯通的博士论文。我翻了一下张博士这篇文章，好像都没提到这几个人，当然认识上不一定一致。如果说这篇文章和我们的会议有关联的话，我觉得是在为"法律与社会"这样一种命题寻找基础理论，把法律规范和社会规范做了一个区分。法律规范在最初也是社会规范的组成内容，社会规范是个大概念，在它下面可以划分出其他规范类型，但是后来法律规范的重要性凸显出来了，从社会规范中剥离了出来，所以我们现在谈到社会规范，一般是有专指或特指的。综合法学派在中国学者中认同度比较高，我一直在分析这个原因，我认为主要原因就在于它把三大法学流派综合起来了（因为过去的三大法学流派都强调各自的一块），寻找一种共识。这里面关于社会事实，是法律与社会研究的主题，社会事实到底在法律的过程中充当一个什么作用？我想这篇文章还是有寻找基础理论的努力空间。

邱博士的文章是对良法的分析，昨天上午我在福州刚做了一个对良法的点评，最近关于良法的文章特别多。党的十八届四中全会提出"良法善治"以后，关于什么是"良法"，形成了一个讨论热点，其实是一个老问题了。刚才报告人也讲了从亚里士多德那时候就已经提出来良法的两个标准。现在关于良法有两种研究路径，一种是描述式的，良法应该具备什么；另一种是实证性的。邱博士想通过对地方立法尤其对17名专业人士的采样调查来得出一种标准答案，这是实证性的。关于良法，有很多不同类型的标准的序列，有从价值的角度进入的，也有从技术的角度进入的，还有一个通常的分析，我们在写教材过程中通常会说形式标准，一个好的法律应该有形式标准，比如体系结构前后一致，互相不冲突，这都是一些基本要求，有些要求是实质性的。体例结构，在中国这种多层级立法体系面前，不同层级的法律应该建立什么体例，虽然我们在这方面有粗线条的一些规定，但是还没细化，所以造成很大的立法混乱。谈到良法，涉及标准，标准怎么建立？邱博士认为这是一个变量，这个观点应该是正确的，但是变量跟我刚才讲的案件数量变化一样，应该是一种相对意义的概念。因为法律讲究稳定性，也就是在一个相对阶段成为一个相对稳定的标准。这样一来，从经验的角度试图对标准进行一些细化，就像邱博士提出的合理性、可操作性问题，其实还要再细化，如果可操作性以司法作为切入点，就要通过司法切入。其实法律实施不只有司法，还有其他两大环节，比如守法环节，当然这个环节一般不太好测度，执法环节也是一个法律实施的环节。可操作性的判断可能要进入法律实施环节，合理性就是更加抽象的一个判断标准，什么是合理的，什么是不合理的，这涉及一些哲学的抽象概念，这些抽象概念要进入具体的立法例里面，甚至要进入社会实践中检验。昨天有人谈到法律语言，比如车辆，这个当然是西方学者经常例举的"一切车辆不得进入公园"，什么是车辆就出问题了，这实际上涉及一些法律概念的确定问题，合理性到底怎么来判断，这些概念本身还是抽象概念，还不具体，还要往具体、深里走，希望邱博士能够继续深入研究。

实践效果是检验综合执法改革的主要标准

——2017 年 1 月 11 日 "《人民论坛》赴青岛市黄岛区综合行政执法调研"的评论 *

一、几个观点

1. **对"黄岛模式"的总体评价**。综合执法是在中国总体改革框架中非常重要的一种体制性改革。我理解的综合执法就是改变过去那种部门分散的执法方式，把一些带有综合性质的事项综合起来。通过这两天的实地观察，我觉得在两年的时间内，黄岛区的综合执法破解了很多难题。例如，海

---

* 此文系作者应邀于 2017 年 1 月 9 日至 12 日参加由《人民论坛》组织的赴青岛市黄岛区综合行政执法调研活动研讨会的评论。由黄岛区综合行政执法局根据录音整理，作者进行了校对。《人民论坛》2017 年第 4 期（上）总第 552 期发表。

137

洋养殖污染，拆除违法建筑，处理城市违章车辆，违法广告拆除等问题，在黄岛区都得到了较好的解决，应当给予充分肯定。

2. 综合执法改革成效的检验标准。检验综合执法改革成效的标准关键要看效果。以下几个指标可以作为检验标准：辖区内法人和自然人的守法程度是否提高了；辖区内的违法行为是否纠正了，更高的标准是辖区内的违法行为是否减少了；处理违法行为时的对抗性程度是否减少了；辖区内人民群众对执法行为和整体社会秩序状况的评价是否提高了；地方党委和政府对执法机构的信赖度是否提升了，等等。

3. 改革与法治的关系问题。凡涉及体制改革的问题，必然涉及"改革与法治"的关系问题。党的十八届四中全会提出了"重大改革于法有据"的战略思维，即实现立法和改革决策相衔接，做到重大改革于法有据、立法主动适应改革和经济社会发展需要。并相应地提出了处理"改革与法治"关系的三条路径：实践证明行之有效的，要及时上升为法律。实践条件还不成熟、需要先行先试的，要按照法定程序作出授权。对不适应改革要求的法律法规，要及时修改和废止。这对我们下一步的改革提出了指导方针。

二、几个亮点

1. **"不激化矛盾"的工作思路。**"不激化矛盾"这条工作思路蕴含着很大的哲学智慧。执法即执行法律，执法行为不仅仅是代表执法局的执法行为，更是代表国家在执法，行使的是国家权力。通过执法行为，对于合法行为进行保护，对于违法行为进行制裁、制止、处罚。尤其在对违法行为进行执法过程中，执法人员与执法对象容易形成一种对抗式的关系。执法过程中在不激化矛盾的前提下，还能够让执法行为正常地进行下去，这需要高超的艺术。"不激化矛盾"这个指导思想很重要，是很了不起的，是可以推广的。

2. "五纳入""三不划"的原则。起先我一直对究竟怎么确定综合行政执法的外延范围存在疑问。黄岛区在介绍经验时提出来的"五纳入""三不划"原则，特别是"三不划"原则，使我耳目一新，我原先的顾虑都消除了。行政执法领域很广，政府的执法职能、行政职能都纳进来是不可能的。哪些领域能纳进来，哪些领域纳不进来，这是一个非常专业、科学的问题。"三不划"原则即专业性强、技术支撑要求高的不划，如食药监管领域，这个领域涉及很多专业性、技术性的问题；涉及公共安全的不划，如安全生产、质量监管领域；以日常审批监管工作为主、处罚为辅的不划，如社保领域。这个"五纳入""三不划"原则的确立，有利于综合执法改革试验的顺利进行。

3. **综合执法改革取得效果显著**。从两年来的综合改革实践来看，效果是显著的。比较综合行政执法局成立两年的案件办理情况，2016 年同 2015 年相比，案件数量减半，罚款数额减半。当然，罚款数额是一个比较复杂的问题，仅从案件数量来讲，至少说明了在西海岸新区综合行政执法局辖区内违法行为减少了，这个数字是很能够说明问题的。

三、几点建议

1. **目前情况不宜大幅扩大执法领域，"三不划"的原则要坚守**。从广度上看，过多地扩大执法领域，综合执法局的工作精力顾不过来；从深度上说，将过于专业性的领域纳入综合执法范围，现有执法人员的技术支撑不足以应对专业领域的执法需求。

2. **每走一步都需要高度关注相关的法律依据**。作为国家的执法部门，综合执法局每走一步都要考虑相应的法律依据，这是一个很重要的问题。行政执法领域的法治要求是依法执法。黄岛区综合执法局在这方面做得很好，比如每一个执法处罚，都可以在软件上迅速地检索出相关的法律规定，这就是依法执法的具体体现。今后还要坚持这一法治要求，尤其是出台相关的执法措施时，更要注意这个问题。

3. **可以考虑通过法律授权的方式解决相关法律依据问题**。黄岛西海岸新区作为第九个国家级新区，获准"先行先试"，并可以在"先行先试"中抢占先机。这个"先行先试"恰巧是现阶段处理"改革与法治"关系的重要路径。"先行先试"

是通过法律授权的方式实现的，这样才能使综合执法具备合法性的基础。国家层面的授权意味着某些国家法律在授权的地方暂时中止，那是国家层面的政策设计；地方可以通过地方性法规或者地方政府规章的方式予以确认；如果一时做不到，也可以通过地方人大授权来解决先行先试的合法性问题。

现代法律观念体系与法治国家建设

——2017 年 3 月 16 日上海师范大学"人生导师学术沙龙"的演讲、评论与问答 *

感谢学院的安排，也很高兴能有机会和学生一起交流。今天我把正在听我讲课的研究生也都叫了过来。我想了这么一个题目："现代法律观念体系与法治国家建设"。我先讲一讲，后面蒋传光老师（上海师范大学哲学与法政学院院长）还会有专门的评论。蒋老师对社会主义核心价值观很有研究，我今天讲的这个主题同社会主义核心价值观有很大的关联。

我们今天讨论的是一个学术问题。法治国家建设是我们

* 此文系作者于 2017 年 3 月 16 日在上海师范大学奉贤校区法政学院"人生导师学术沙龙"上的演讲及演讲后的评论、提问与回答，演讲主题是"现代法律观念体系与法治国家建设"。由中国社会科学院陈科先博士根据录音整理，特此感谢。

国家确定的一个目标。目标已经确定，怎么样实现这个目标，这是我们整个国家的事情，不只是法学界、法律界的事情，它是一个全国人民的事情。那么，法治国家建设不论从立法、执法、司法、守法、法律监督等哪个环节去考虑，它都有一个核心问题，即它离不开法律观念的支撑。从立法来看，立法者如果没有一个好的法律观念和法律价值观做支撑，立出的法可能就有问题。立法其实是一个价值观确立的过程。美国法学家弗里德曼有一句我非常欣赏的名言："法典的背后有强大的思想运动"，这句话特别经典，就是说一个法律制度、一次立法活动、一个法律条文的制定，背后的思想斗争非常激烈，有些斗争可能是意识形态方面的，有些斗争是利益方面的。不光立法里面的斗争很激烈，执法、司法也都是这样。我们还是回到前面的问题，就是在法治国家建设中每个环节的建设也好，发展也好，都离不开法律观念的支撑。由于今天时间有限，关于法治国家建设的一些基本现状分析我们就不展开了。我主要同大家讨论一下现代法律观念体系这个问题，这个问题同我们每位同学都是有关的。

我提出了"现代法律观念体系"这么一个概念，或者叫"现代法律观念谱系"。其中有些内容大家是熟悉的，有些内容可能是大家还没有想到的。另外，我刚才讲到社会主义核心价值观，这个社会主义核心价值观是十二个词，二十四个字。社会主义核心价值观和现代法律观念体系有很多重叠的，比如民主，它就是我们现代法律观念体系所不可缺少的；自由、平等、公正、法治、诚信，这都是不能缺少的；富强是国家目标，已在我们宪法序言里作为国家建设目标明确地提出了；有些内容如爱国、敬业、友善、和谐等，是间接性的。

下面，我讲两个问题。

一、一定的法律观念和一定的法律知识具有关联性

一定的法律观念是和一定的法律知识相结合的。这个观点是我多年来思考的一个结论，近年来也一直在提倡。我们经常讲到观念，但是观念如果没有知识做基础，是不牢靠的。或者说，法律观念以法律知识为基础。法律知识为塑造法律观念奠定前提。这里面实际上就是知识和观念的关系问题。一个人，可能会被灌输很多观念，但是这个观念如果没有知识做基础，你今天听了，明天就忘了，它不会牢靠。所以，我们强调知识的重要性。从一般人的观念形成逻辑来讲，它是建立在知识基础上的。有了知识，观念才能确立得牢靠。不然的话，这个观念是建立在流沙之上的，它今天有，明天可能就没有。这个观念，就是以知识作为基础所形成的观念，到最高层次，它会变成一种信仰。一旦信仰形成，一般是不会轻易破解的，除非有特别的例证，比如说考古学，一个新的考古的发现，会推翻以前的某个定理。一般来说，建立在知识基础上形成的观念，其最高层次即信仰层次。一旦到了

144

信仰层次，它就是一种很高的信念了，一般是不会轻易破解的。

　　法律观念以法律知识为基础，法律知识为塑造法律观念奠定前提。我们国家到现在已经进入"七五"普法阶段了。在普法的最初阶段即"一五"普法时期，我们有个观点：说老百姓不可能懂那么多的法，不要说老百姓，就是专家也不可能懂那么多的法，怎么办呢？我们说要确立一种观念，什么观念呢？就是有事情找律师，有纠纷找法院。律师是专门法律执业者，由专门法律执业者来帮助你解决法律问题，这是我们当年反复讲的一个观点。这个观点在今天有没有用？仍然是有用的。但是经过 30 多年的实践和思考之后，我发现这个观点有一定的局限性，它的局限性在什么地方呢？它认为，你只要把这些问题交给专业人士，自己就可以不去学那么多的法律知识了。但是，从公民法律观念提高这个角度讲，它是有问题的。如果一个公民没有基本的法律知识，就树立不起一种观念，这就涉及守法。守法是公民个人行为，现在提出全民守法，那么，由于法律知识淡薄，公民个人行为可能受到一定的限制。一个人若连自己有哪些权利都不知道，就不知道去主张权利，这是一个简单的道理。所以，还是要有一定的法律知识。当然这个法律知识学到什么程度为止，那是个无底洞，现在很多专家都是有局限性的。但是，我们还是要强调法律知识的学习，尤其对我们学法律的学生来讲，

145

这一点非常重要。你有了法律知识，你的法律观念就能建立起来。你个人遇到问题或者分析问题，就有了判断的基础，不然的话，可能就会出问题。从司法这个角度讲，有两个案子，同样是受虐杀夫，判决差距却这么大。当然有人会讲每个案件的情节不一样，这个我们是完全承认的。情节固然是不一样，但是不是可以导致这么大的差异？一个是十四年，一个是判三缓五。除案件情节不同以外，和审判者对案件的看法有关，其中一个案子，受害者家属都向法院求情，就是说要轻判，但是没有轻判。

　　为什么我们要强调法律知识的重要性呢？中国有成千上万的执法人员，执法行为遍布整个中国的城乡，如果我们执法人员的法律知识多一些，他可以在执法过程中解决很多比较技术性的问题。这是我想讲的一个观点，就是法律观念和法律知识之间的关系。2016 年年底前，在我们哲学与法政学院召开的一次学术研讨会上，我讲了这个观点，有位学者不太同意，他举了个例子，他的母亲 80 多岁，文盲，但是她对于人间的一些基本的道理都懂，比我们做得都好。这个我也承认。知识不一定都表现为书面的，也不光是从学校获得，这是一种社会化过程。人从生下来到死亡，整个过程一直在学习。她从家庭中、社会中、村庄里，受到的教育，也是一种知识，我们对知识应该作一种广义的理解。就法律观念来讲，有人经常讲，不懂法的人也知道一些最基本的人生道理，有些和法律是相同的，这是什么原因呢？就是不管哪种规范，道德也好、法律也好，它们都有一些共通的东西，这就涉及法律的来源，它的来源是多元化的，它从习俗中来、它从道德中来，它有很多的来源、渠道。

二、现代法律观念体系

在法治国家建设中，培养公民的现代法律观念是最关键的。什么叫现代法律观念？我列了一个图谱。现代法律观念是什么呢？它是一个包括古今中外法律历史和从实践中总结出来的系统性、开放性的观念图谱。这个图谱，我目前想到的有30多种观念种类，这就是我所说的现代法律观念体系。现代法律观念是国家文明的一种体现，是实现法治国家的观念、心理和文化基础。有了这样一个现代法律观念做基础，中国法治国家的建设和发展应该能够更加顺利一些。法社会学研究关切的一个重点，就是一个法律制度颁布以后，在社会中怎么实施；实施过程中，它的效果如何？实施得好是哪些原因？实施得不好是哪些原因？要分析这些原因，通过这种社会学因素的分析，来寻找里面的问题，来提出法律修改意见，它就是这样一个过程，主要是对社会因素的分析。而这个现代法律观念体系，应该从古今中外的法律历史和法律实践以及法律观念的发展变化中，尽可能地归纳出一个系统性和全面性的观念体系。

目前我把它概括为以下这些观念：平等、民主、自由、公平、正义、契约、人权、权利、尊严、责任、法制统一、权利限度、信用、选择（选择也是一种现代观念。这两天给研究生上课，我讲了很多案例，比如伊朗的连体姐妹，两个人活到28岁，一点隐私都没有，她们实在忍受不了，最后决定要做一个分体手术，手术是在新加坡做的，这个手术是有很大风险的，可能导致死亡，她们说我们宁可死也要做这个手术，没有隐私，活着实在太痛苦了，最后决定做这个手术，结果手术没成功，姐妹俩都死了。它实际上是一种选择）。还有自愿、依法、合法、守法、自由意志、合意（合意很重要，尤其在民事活动里面，你不能强迫对方，成不成要建立在协商的基础上）、对等、宽容（宽容也是非常重要的，宽容概念最初源于宗教，英国的洛克写过《论宗教宽容》）、幸福（幸福也是一个现代法律观念，我写过一篇小文章，就是《幸福是法律和司法的最终价值目标》。我们以前谈法律的价值，说正义是最高的，但是后来我发现不是，那些都是下位概念，幸福才是最高概念，幸福的这种概括性是最高的）、效率、独立、公平竞争、利益平衡、弱者保护、法治（我们整天念叨法治，什么是法治？法律的统治，这是最原始的解释）、权力制约、相对性（相对性概念现在还没有引起重视，还没有进入法学家的头脑。法学家中谈相对性的人很少，我在《清华法学》上发表了一篇文章，就是《权利相对性理论及其争论》，主要是介绍法国法学家若斯兰的相对性理论，然后也谈了很多观点。但是相对性的问题在中国很少涉及，因为中国现在还处在一种权利绝对性观念的阶段，还没有跨过这个阶段，所以这种相对性理论还不太能够被大家所认同。你说它是一种超越性的观点，我并不认同。我觉得，一个真正的学者不能被感情左右，应该非常理性地去分析。实际上，它涉及权利的本质，是对权利本质的认识。因为绝对性观念，比如过去大家说的财产绝对化、生命的绝对化，其实在现实面前，它会遇到很多问题）、局限性（局限性也是现代的观念，就是不要把法律看得无所不能）。法律是有局限性的。我最近在讲课中讲到生育权，两口子在生育问题上达不成一致意见，男的想要孩子，女的不想要孩子，谈不拢，最后就起诉，法官该如何裁判？生育权的案例，我收集了七八个。所以，法律是有局限性的，不要以为法律什么都能做。过去北京大学沈宗灵教授讲过一个观点，我印象特别深刻，西方有两个主流法律观点，实证法学派认为法律是不讲感情的，法律是没有良心的。当年流行的那部印度电影《流浪者》，里面那位律师有句台词：法律是不讲良心的。这句话当时对我们刺激特别大。后来我们才知道，这是实证法的观点，实证法认为法律是不讲良心的。自然法认为法律是要讲良心、讲情感的。沈宗灵教授讲，西方实证法学派认为，法律和道德无涉；自然法认为，法律就是建立在道德基础上的，离开道德，法律什么也不是。所以它认为，在实定法之上，有一个高于它的自然法。这个自然法、自然理性有很多天理人情在里面，道德也在里面。这是两种不同的理论。我把沈宗灵教授这个观点引申为法律可以使两个相爱的人通过法定的方式结合在一起，法律也可以使两个不相爱的人通过法定的方式离婚。离婚本身是一种法律行为，不管是诉讼离婚，还是协议离婚，都是法律行为。它可以使两个不相爱的人通过法律解除婚姻关系。但是法律不能保证两个人真正相爱，法律做不到这一点。就生育权这个案例来讲，它是一个实实在在的案例，它既有情感因素，也有实际的很多的因素在里面。法律不能强迫女方一定要生孩子或者男方放弃生孩子的愿望，所以，这种情况就体现出法律的局限性。局限性还可以做很多分析。

以上的每一个观念我都是有解读的，因为今天主要是沙龙，不能都是我们讲，大家还是互相多交流交流。我就先讲这些，非常感谢学院给我这么一个机会！

蒋传光教授的评论：今天是一个学术沙龙，我们可以轻松一点。知识是无限的，我们讲一天两天也讲不完。所以大家有这样一个机会和刘老师进行深入的、广泛的交流，对你们感兴趣的、学习上的问题、法律上的问题，包括我们平常遇到的一些问题，都可以进行交流。刚才刘老师讲了这么多，我觉得是非常重要的，就是法律观念和法律知识之间的一种关系，这个问题确实非常重要。为什么说重要呢？大家毕业以后，无论从事什么样的职业，只要和法律相关，你当法官、当检察官、做律师，包括现在的法治工作队伍，立法、执法各个方面和法律有关的职业，都需要有宽广、扎实的知识基础。这个知识基础首先就是专业知识，我们讲一个高素质的法官，公正司法的建立，高效、公正、权威司法目标的实现，都离不开扎实的专业基础知识。因为将来我们在从事司法实践的过程当中，在运用法律知识解决一个具体法律案件的时候，或者法律实践当中出现各种问题的时候，就会涉及对法律知识的运用，对法律的解读。如果法律出现了一些不完善或者模糊的问题，还需要对法律进行解释，法律知识和实践结合运用的过程，也是一个法律解释的过程。如果你没有扎实的专业基础知识，就很难胜任各种各样的法律职业，也很难成为一个优秀的法律执业人或者法律工作者。

第二个知识，就是刘老师刚才讲到的社会知识。这里涉及风俗、习惯、道德，等等。比如，你将来从事法律职业，对一个案件的审理，它不仅仅涉及纯粹的法律知识，还有可能运用大量的社会知识，包括其他方面的知识。我们现在法律里面很多对案件的处理要遵从习惯，比如类似这些问题。或者法律出现漏洞的时候，法官有自由裁量的空间，法官在自由裁量的时候，在漏洞补充的时候，法律上没有充分的依据，就可能涉及其他方面的一些知识，需要大家都了解，这也是非常重要的。再一个就是实践上的经验，我们现在强调实习，这是技能的一个训练，也是一个重要方面。同时，可能还有一个道德品质的训练，我们同学在学习知识的同时，要加强个人道德品质的修养。我觉得通过这样的一个活动，使大家领会如何学好法学这个专业。按照我的理解，法律专业对一个人的素质要求是非常高的，而且是非常难做到的，我现在的感觉就是法学专业越学越难，很多问题不像想象的那么简单。刚才讲到的法律理念，这种理念有时候和我们一般的思维（如道德思维、政治思维，或者说经济思维）有很大的差异性。刚才刘老师讲到的这个权利相对性问题，我觉得确实就是这样的。像司法公正，公正也是相对的，它和社会公正、客观公正，都有很大的不同，在司法实践过程中，我们是否还存在很多误区？在认识上，一个重要的误区在于，把社会公正、客观公正和司法公正混为一谈，把政治思维、道德思维和法律思维混为一谈，如此会导致我们一会儿这样，一会儿那样，对一个事件的评判，往往从道德的角度出发。所以，我们还要训练法律思维的确立，或者说法治理念的确立。当然这种理念的确立最终还是以法律知识为基础的。在目前的法学学习阶段，还是要打下扎实的法学专业基础知识。一方面，我们请刘老师跟大家交流；另一方面，同学们课后也可以通过各种各样的途径，比如读书会、法治节（这成了我们法政学院的一个品牌了）强化自己对法律知识的学习，但最主要的还是要掌握知识。如果对这个知识体系都不了解的话，怎么可能加以运用呢？学习是无止境的，本科阶段学完以后，再进行更高阶段的学习，将来可以考刘老师的硕士。过去的话，你们要跑到北京，跑到中国社会科学院去跟刘老师读书，现在你们在上海师范大学就可以跟刘老师读书了，我们的同学可以不出校门，直接在学校里面接受更高层次的教育，和大师面对面交流，又何必舍近求远呢？好，我就说这么多。

提问与回答：

提问一：我对于科研比较感兴趣，但是由于专业知识不够扎实，基础知识比较薄弱，如何能够在科研方面快速入门？希望老师指教。

刘作翔教授回答：就科研来讲，这位同学提出的快速入门是否可能。我送同学们六个字：**多读，多思，多写**。虽然只有六个字，但是含义是很丰富的。

第一个是多读。作为法科学生来讲，首先要读书。读什么书呢？读经典，经典阅读了以后，可能受益终身。最近，我看到有一位资深编辑说他上大学的时候，看柏拉图的《理想国》，孟德斯鸠的《论法的精神》，看不懂。好多年之后上博士，又拿出来读，收获很大。首先要读书。从科研这个角度来讲，还要大量地浏览学界在研究什么，关心什么，有些什么观点。虽然对你们本科生来讲要求高了一些，但是，既然你想搞科研，如果不熟悉这个领域的情况，你觉得是个新问题，但是实际上人家早就研究过了，研究价值就打折扣了。多读，还有读社会。什么叫读社会？现在中国的法治实践每天都在发生巨大的变化，不管是立法还是司法，案例都层出不穷，所以我特别强调，你们从大学时期就要养成关注案例的习惯。大量的案例要关注，尤其做法律研究，离开案例没法思考，我可以把这个话说得这么绝对，那种理论推导都是空中楼阁，都是推不出来的，这也是几十年的经验。

第二个是多思。就是可能整天都处在思考状态。对于思考，不是说专门选个题目来思考，当然这也是一种方法，但是好多思考是在阅读中展现出来的。阅读过程中看到它讲得有道理，你就接受，然后就可能成为你的一个积累。大家说，现在有网络，什么都能查到，但那不是你的知识积累。为什么刚才我们强调知识的重要性，只有把它变成你的知识构成，才能成为你的知识。对于学术观点也是这样。比如对于一些学术观点，你没有经过认真地思考，没有经过认真地阅读，那是别人的思考，代替不了你的思考。只有这个问题真正变成你的思考才有价值。所以，虽然说现在查什么都方便了，但是你要切记，那不是你的知识，如果那样的话，我们都没有必要学习了，所以要多思考。我们搞科研，也是一点一点积累的，比如今天有个什么想法，拿个本子拿支笔把它记下来，有时候晚上睡觉，想到一个问题，这个问题很重要，马上把它记下来，积少成多。有的时候就一个点子，有时候就是那么灵光一闪，当然不是那种迷信意义上的，而是你长期积累的结果。这个问题别人还没怎么研究，你突然有个什么想法，写下来，然后再去思考，有时候可能就会成为一篇小文章，或者成为大文章的一部分。我当年研究法律文化，受什么启发呢？1985 年，潘汉典老先生（中国政法大学教授）翻译了一篇文章，发表在《法学译丛》上，题目是《论美国的法律文化》，我读了以后很感兴趣，我就想，既然有一个美国的法律文化，也应该有一个中国的法律文化，于是就开始考虑法律文化问题。当时法律文化这个概念对我们来说耳目一新，我们当时学的知识中没见过这个概念。《法学译丛》发表了潘老的两篇关于法律文化的译文，兴趣就是这样来的，所以，我硕士论文就选了这个题目，后来博士论文继续深化这个题目，一直在做这个，所以要多思。

第三个是多写。要多练。我们整天在那里想，不把它记录下来，就可能遗忘了。有了思考慢慢写，一点一点地锻炼，也就是说你们要热爱科研，要练笔。写作是一个非常漫长的过程，对于科研成果，当然主要看你的内容和思想，但是除这些外，还有些形式要件也很重要，比如文字表达，有思想表达不出来不行，表达得拐弯抹角也不行。过去以至现在，有一股不好的文风，就是把文章写得绕来绕去，让人看不懂。现在对于写作语言，越来越要求精练。还有文章的标题，你要写一篇文章，如果从标题上一看就知道你要研究什么，这样的标题就是成功的，读者一看就知道你要研究什么。一个标题如果大家看不懂，还要再往下看，那就是失败的。还有文章的引注怎么注？规范化怎么做？逻辑关系是什么？一篇文章的结构在思维上要连贯，上面谈一个什么问题，这个问题下来是什么？这就叫逻辑连贯，如果你上面在谈一个问题，下面突然跳到另一个问题，莫名其妙，这样的文章肯定是不行的。因为我过去在《法律科学》做过主编，前几年又做《环球法律评论》的主编，再加上这些年参加博士论文、硕士论文答辩，上百场次都不止了，所以看的东西比较多。如果规范化做不好，人家一看你就没有受过训练，但到现在为止，我们连写作规范化方面的训练都没有，这种训练没有列入我们的课程。所以要多读、多思、多写，这是我送给你们的六个字。

另外，从科研的角度来讲，还是要讲究"新"，对于这个"新"，我有一个解读，是在中国社会科学院法学所给研究人员讲过的，我简单说说，也不想占用太多的时间。从科研来讲，第一要有新的选题。选题太重要了，一个新的选题，会让人眼前一亮，当然这个选题不是从脑子里乱想出来的，它是建立在你的知识积累基础上的，必须建立在这个基础上，要有"新"，就是说，这个题目拿出来一看，别人没怎么研究过，或者即使别人研究过了，但是他的视角可能和你不一样。

第二个是新的观点。同一个问题，别人可能也研究过，但是如果你能提出和他不一样的观点来，有新观点也可以。第三个是新的论证。学术论文，重点在于论证。你只是观点满篇，但是没有论证，这是不行的。提出一个观点相对比较容易，但是这个观点要建立在厚实的论证基础上。第四个"新"，就是新的资料，这个也很重要。资料有两种，有的属于文献型，比如古文里面，或者柏拉图的，这个属于文献型，当然现在要求有最新版本、权威版本，如果资料涉及一些统计数据，这方面的资料要求越新越好，比如今年是 2017 年了，你引用的统计数据还是十几年前的资料，甚至是 20 世纪的资料，那么编辑拿到这个文章以后，首先一看这个资料就有问题。当然资料要和选题结合起来，有些选题有好多新的研究，如果没有看到最新的资料，那么你是否在"炒剩饭"。对于高层次的博士生来说，还有个外文资料的问题。对于研究生和本科生来说，不能提这么高的要求。但是，必须要有新资料，举个简单的例子，中国现在立法有多少部？就这样一个数字问题，很复杂，不是太容易搞清楚。《民法总则》算一个修订的法，还是算一个新法？你们谁能回答这个问题？因为我们好多法律是修订的，修订的不算新立法。无非就是说 1986 年制定的，2017 年修订，它是一个法律的连续。每年我要搜集最新的法律清单，因为修订《法理学》教材的时候我要用，我把每部法律都要在教材里面进行归类，在法律部门里给它们安个位置。所以要有新的资料，但是在讲新资料的过程中，不意味着旧资料写不出东西来。旧的资料，尤其是法制史研究、历史研究，资料可能还是那些资料，但是大家有不同的解读，这也是可以的。

提问二：我们认真拜读过刘老师的《法律文化理论》一书，通过学习《法律文化理论》一书，我们了解了法律文化的相关知识，获益匪浅。刘老师的《权利冲突：案例、理论与解决机制》是我们上课的教材。案例对于我们平常写论文、分析问题非常重要。我们现在用的这本书是打印的，现在在网上买不到。我在图书馆阅读这本书的时候，一位老年大学的老爷爷对这本书赞不绝口。刚才聆听了您关于法律观念这一部分的内容，我想请教您：契约观念是如何促进法治的？我们是否可以以法律观念中的一个观念与法治的关系为视角，写一篇硕士论文？

刘作翔教授回答：契约观念如何促进法治？这个可以讲很多很多。英国著名学者梅因的《古代法》，把契约的地位抬得很高，说人类的进步是由身份向契约的进步。契约观念应该是近代一个非常进步的观念，过去我们讲人与人之间的关系是一种身份关系，所谓身份关系就是指它和血缘有关，不管是中国人还是外国人，都是生活在人群之中，外国也有村庄，也有社会，它是一种身份社会。身份社会是一种等级制社会，费孝通先生在《乡土中国》里面对这方面有很多的阐述，提出了著名的"差序格局"理论，即人都是生活在一种网格之中。进入近代、工业化以后，社会交往和流动增加，打破了这种格局，人与人之间的交往走向了一种契约，契约就是合意，这些观念之间有好多都是交叉的，比如契约就包含了对等、自愿、合意，两个人遇到了什么事情，这是个人与个人之间的契约；从社会的角度来讲，有社会契约理论，这也是非常悠久的理论，典型的如法国著名学者卢梭的社会契约理论。整个十七八世纪的启蒙学者，都在讲社会契约。社会契约理论的基本内容是，人要组成政府，需要人来管理，叫统治也好叫管理也好，要管理就要给他授权，我们大家把权力授予给他。所以，讲到契约，梅因的论述有很多人做了大量的阐述，就是从身份到契约的转变。

法治，简单地讲，就是法律的统治。法律在制定过程中，本身就是一种契约的产物。我们不要把它割裂开来理解，每一种观念都是法治的组成部分，当然法治本身也是一种观念。有人问，这些观念之间有没有什么相互关系？肯定是有的，但是我们还没有太多地展开。最近我看到有学者主编了一套观念读本，现在出了 10 本，我也买了。就是有无数的观念，大概要做几十本吧。我们过去也想做这个。后来我看了已经出版的 10 本，发现并不是我们想要的，实际上是一个语录摘编，我们还是想进入一种研究过程。法治可以做多层解读。我原先写过一篇小文章，说法治既是一种观念，也是一种制度形态，还是一种社会现实状况。如果从观念的角度来讲，法治和其他的观念都是观念，法治就是依法办事，是法律的统治。但是，如果把法治理解成一种制度的话，其他的这些观念，比如平等作为一种观念是可以存在的，但是平等不仅仅停留在观念层面，因为我思考这些观念，都是把它作为一种动态的、立体化的过程。每一种观念都可以成为一种制度的构成。平等有很多制度的表现，平等在现实中怎么来实现？所以，如果讲某种观念与法治的关系，从制度层面来讲，这些观念的制度化，本身就是法治的构成。如果作为观念的话，这些观念在法治这个大概念之下，肯定是要包含其中的。比如，法治与平等的关系，讲法治，肯定要讲平等，如果不平等，就是假法治。但有些关系不是那么简单，比如法治和民主的关系，去年福山（美国政治学家）有本新著，对政治发展排了个序列：第一步，有效率的政府；第二步，进入法治；第三步，进入民主。它是这样三个阶段。我看了他这个论点以后，认为他割裂了法治和民主的关系。我们认为民主是法治的基础，法治是民主的保障，这是我们的老观点了，但这个老观点是有道理的。如果离开民主谈法治，你那个法治是什么样的法治？离开法治的民主又是什么民主呢？就法治与民主来讲，关系是非常复杂的，像福山这位著名学者，他把一个社会的发展说成先是有效率的政府，然后是法治，最后才能实现民主。就是说，他认为法治和民主是可以分开实现的。这样一来，民主与法治的关系就混乱了。所以我也写过一篇小文章，把福山的这个观点批判了一下。我认为他割裂了民主与法治的关系，民主与法治是捆绑在一起的，是根本分离不开的。

提问三：老师好！我想了解一下您对法律本质的一个看法。我们在书本中学到，法律的本质是统治阶级意志的体现，这个如何理解？

刘作翔教授回答：这个问题其实是有很多讨论的。去年（2016年）11月，在中国人民大学法学院召开的"法的概念"的研讨会上，很多专家提出了自己的观点。我当时说，我没有统计过现在的《法理学》教材对法的本质到底是怎么表述的。统治阶级意志，这是被称为正统的马克思主义的法学观。另外，当年苏联的维辛斯基也是这样定位的。在那次会上，还有对维辛斯基的观点进行辩护的。我们现在用人民意志来表达，有的用国家意志。统治阶级是一种政治学的表述，人民意志，我们也可以说得过去。人民代表就是代表人民的，或者说国家意志。我们现在治国理政的基本方略、基本路线是：党的领导、人民当家作主、依法治国三者有机统一。所以从实定法这个角度，至少从理论上讲，它是人民意志的表达，要多数通过，它有投票机制，通过了才能成为立法，不通过就不能成为立法。所以，法律是统治阶级意志的体现，如果把统治阶级再解释，解释成人民，人民作为国家的主人，人民就是统治阶级，所以，我们把它叫人民意志也行，叫国家意志也行。将国家意志的说法稍微折中一下，它既然是一种统治，统治者是谁呢？统治阶级是谁呢？当然，有的专家说，立法者就是统治阶级，如果立法主体是人民的话，人民就是统治阶级。这个观点怎么来的？从马克思、恩格斯那里来的，在《共产党宣言》里面有一句话，"你们的法不过是被奉为法律的你们那个阶级意志的体现"，就这么一句话，有无数的人进行过无数的研究。这是当年马克思、恩格斯在批判资本主义法的本质的时候做的一个分析，但是后来，人们就把这个分析拿来成为所有法的一个模板。有人说，既然有统治阶级，那被统治阶级是谁啊？中国现在哪些是被统治阶级？这个问题自然就产生了。统治阶级、被统治阶级是比较强烈的政治学术语，不是一种法律语言，现在在法律里面有很多非法律的语言，政治学的这种语言比较多。

提问四：刘老师，您那本案例的书有售吧？

刘作翔教授回答：我那本书叫《权利冲突：案例、理论与解决机制》，那是我在中国社会科学院的一个重大项目，不是案例书，他们表达得不准确，是我的一个代表作。我有两本代表作，一本是《法律文化理论》，由商务印书馆 1999 年出版，已经重印了 7 次，印刷 21000 册。另一本就是《权利冲突：案例、理论与解决机制》，是社会科学文献出版社 2014 年出版的，50 多万字。他们那天在网上订，好像说订不到，后来，我跟出版社编辑打电话，说学生买不到书。那位编辑说，书有，但要和他们的客服联系，说是库存里还有。

提问五：前两天，学院进行了一个案例的讨论，就是泸州遗赠案。在这个案子中，不可避免地提到人们的伦理道德和法律的一个冲突问题。道德不可避免地会影响到法律判决。在道德不可避免地和法律有冲突的情况下，我们如何在这样一条路上走下去？

提问六：从知识到观念，再到信仰的这个过程，知识是无穷尽的，观念是外在观念与内心观念的一个融合，信仰上，当法律信仰和法律自身的局限性发生碰撞的时候，应该怎么处理？比如，法律有时候涉及一些调解的问题，但对调解的结果最终发挥作用的，不是法律，而是情理或者常识。

刘作翔教授回答：第一位同学的提问，涉及两个问题。泸州遗赠案，案件本身很复杂，从遗赠的角度来讲，就是这个女的能不能接受这个遗赠？其实是把概念搞错了。我分析这个案件的时候，认为它不应叫遗赠，它是一个赠与关系。从赠与法律制度上来讲，赠与人想给谁就给谁，这个是没有什么法律限制的。如果涉及遗产了，就会有好多限制，如果这个遗产赠与明显违法，该继承的，如果不给的话，那就涉及一个赠与有效或无效的问题。但是，这个案件，其实是一个赠与案件。但这个赠与案件为什么引起这么大的讨论呢？因为所谓的"二奶"，就是男的和他妻子事实上是分居的，然

163

后找了一位保姆来照顾他，最后把自己的一些财产赠与那位保姆。后来把这个弄成遗赠了，首先这个概念就混淆了，这是第一个问题。如果仅仅从赠与的角度，是没有问题的。但是，如果从遗产的角度来考虑的话，这里面还有个夫妻共有财产和公序良俗的问题，法院最后之所以没有判给这个女的，就是因为公序良俗。但是，你说的是另外一个问题，就是在案件审理过程中，社会舆论对于案件判决的影响，就是所谓的民意对司法判决的影响。前两天，有位学生想做这个选题，我就告诉他们，这个选题是很难做的。你怎么证实民意对案件裁判的影响？有些案件属于对法律的认知不一样，包括最高人民法院谈到的首例代孕案，这个首例代孕案就是认识上不一致，一审与二审的认识是不一样的，然后把案件改判了。以上就是社会舆论对司法的影响，大家感觉有这么回事，但是你要把它实证化，非常困难，所以这是一个大问题。

第二位同学的问题，我们还是说观念要建立在知识的基础上，这是我们强调的一个观点。有了知识，你这个观念就牢不可破。一种观念一旦达到一种非常确信的程度，它可能就会成为信仰。比如我们信仰法治，我们认为法治是一种信仰，法治能够推动社会前进。但是你谈到的这个调解是不是按照法律的要求，这就涉及另外一个问题，因为中国的调解，还可进行具体分解，每一个问题有无限分解的可能。你谈的是人民调解、社会调解，还是法院调解？司法本身通过调解方式和裁判方式来解决纠纷。现在，我们强调多元化纠纷解决机制，就是能够在法院之外解决的都在法院之外解决，那叫多元化纠纷解决机制。然后呢，法院内部有两种解决方式，一个是司法调解，另一个是判决。司法调解，严格按照法治来讲，也是要按照法律来调解的，就是调解要符合法律，要有合法性。但是在实践的过程中，个别调解可能会和稀泥，让当事人做让步，原、被告双方作出让步，因为调解的理念是使双方当事人达成合意，这是个前提。但是，这个达成合意的背后，可能是当事人的某种权利得不到实现。但是，判决应该是依法判决。所以，你说的这个问题也很典型，上海以前有个"田黄石案"，我一直喜欢讲田黄石案，就是一个人花了60万元买了一块石头，很高兴，最后让专家一鉴定，是块假的。他就要求卖家退钱，卖家不退，就告到法院。这个案件，如果走调解，可能按照行规走，古玩市场有行规，行规是什么？即卖方不承担货物为真的义务。你没这个眼力你就别玩这个，古玩市场上，你买假货，只能怪你没眼力。有记者在北京的潘家园市场（中国较大的古玩市场）采访了男女老幼四个人，都是这个结论，这就是行规。这个行规如果在法院之外调解，这个人可能就栽了。但是，如果拿到司法调解中，会怎么样呢？我当时分析的结果是，法官可能不完全遵守这个行规，但是可能会做部分让步，那60万元不可能全部拿到。法官可能做做工作，30万元或者40万元就得了。

165

但是，判决必须是依法判决。卖家一开始同意赔 30 万元，说是受朋友委托，但后来，法院判决全部退，法院认为这里面有欺诈。实际情况比我们想象的复杂得多。所以，我们说，信仰是人的一种信念，但在现实生活中，情况要复杂得多。

法律制定时要考虑"但书"的作用

——2017年3月22日国家食药监总局"关于微生物复检专家咨询会"的发言*

刚才听几位专家讲的，我觉得很受教益，很受启发。我谈这么几个观点：

第一，关于微生物复检的问题是一个科学问题和技术问题。科学问题和技术问题要由科学家和技术专家说了算。刚才几位专家都谈了这个问题，我觉得应该尊重科学结论，这是一个总的意见。

第二，这个问题涉及的法律规定。刚才几位专家都谈到

---

* 本文系作者应邀于2017年3月22日参加国家食品药品监督管理总局召开的"关于微生物复检专家咨询会"的发言。由中国社会科学院陈科先博士根据录音整理，特此感谢。

了，目前的法律规定有《食品安全法》第八十八条，这个第八十八条说是可以复检，实际上对我们下一步立法和法律修改提出一个问题，就是法律作为一般规定，但是同时要说一句话，"法律明确规定不得复检的除外"，就是说我们缺少"但书"，《食品安全法》第八十八条缺少一个"但书"规定，问题就出在这里。在《食品安全法》之下，有一个《食品安全法实施条例》(以下简称《实施条例》)，应该是行政法规，属于二级的；总局还有一个《检验管理办法》，应该属于部委规章。《检验管理办法》第三十四条也说可以提出复检申请。还有一个检测标准，检测标准说不能复检。我们的法律依据基本上就是这些。好像是法律不一致了。我们是否从法律上可以这样理解，就是《实施条例》里面的规定，包括那个检测标准，也是构成我们法律的一个内容，因为检测标准是一个具体化的，它可以作为法律中的一个例外条款来理解。就是说，在法律中，有一般规定，一般规定之外还会有个例外条款，我们一般是用"但书"来规定。"但书"就是排除的。以后在修改法律的时候，在《食品安全法》第八十八条里面加一句话，"法律规定不得复检的除外"，这样就留下了余地。

第三，刚才大家谈到的，企业方面提出要把几种安全系数和质量系数分开，我觉得这个意见可以好好地论证论证，是不是在下一步的法律修改过程中，能够明确地把它写进去。但是要做科学论证，哪些属于安全系数，哪些属于产品质量系数，在这些方面可以做一些论证。

问：《食品安全法》刚刚修订完，那现在修改《实施条例》，基于目前《食品安全法》的规定，能否在《实施条例》里面加上"不予复检"的情形。

刘作翔教授回应：《食品安全法》没规定，《实施条例》能否超越？我认为这是个难点，下位法不得逾越上位法，从法律位阶上来讲，不能逾越。当上位法没有明确规定，下位法能不能做一个详细的规定？《立法法》上有一个原则，下位法在制定时不得减损上位法规定的权利，也不得增加义务。还有不能增加自己的职权减少自己的职责。《食品安全法》在修订的时候没有留下"但书"的例外规定。我们可以把整个法律条款好好翻一翻，除第八十八条以外，其他地方有没有留下例外条款的规定，如果没有的话，这就是个很大的麻烦。上位法没有明确，下位法就不好超越它，这是个原则，所以有难度。我给你举个例子，十多年前，有一位被判缓刑的少年犯学生报考武汉大学，成绩也达到了，按照当年教育部的规章，他是不能被录取的；但是《未成年人保护法》又明确规定，判缓刑的青少年的上学和就业不受影响，这就不一致了，最后就遵行上位法，这位学生被录取了。我们现在可能面临的就是这样一个问题。

法律实施的三种途径及其反馈功能

——2017 年 4 月 20 日上海市社科联"东方讲坛——法律的生命在于实施"的评论[*]

主持人王超（上海市静安区国资委团委书记）：今天我们在这里举行"东方讲坛——法学与法治国家的建构"演讲季第五讲，主题是"法律的生命在于实施"。[①] 自党的十五大将依法治国确立为基本方略以来，我国的法治化进程不断向前推进。而实现社会依法治理就要求我们围绕着依法治国、依

---

[*] 2017 年 4 月 20 日由上海市社会科学联合会、上海市法制宣传教育联席会议办公室主办，静安区国有资产监督管理委员会承办，上海市法治研究会、上海社会科学普及研究会协办的上海"东方讲坛——法学与法治国家的建构"演讲季第五讲"法律的生命在于实施"在上海静安海上文化中心举行，由上海交通大学凯原法学院沈国明教授主讲，刘作翔教授为对话嘉宾。此文即作者对沈国明教授演讲后的评论，由主办方根据录音整理。

[①] 参见《关于〈中共中央关于全面推进依法治国若干重大问题的决定〉的说明》。

法执政和依法行政的要求，对党和政府的观念机制、政策方法不断进行改造和革新。我们有幸请来了沈国明教授为我们做报告。沈教授是上海交通大学凯原法学院教授、中国法理学研究会副会长、中国立法学研究会副会长。曾任上海社会科学院法学研究所副所长，上海社会科学院信息研究所所长，上海社会科学院副院长、上海市社会科学界联合会党组书记等，并著有《土地使用权研究》等多部著作，现在让我们以热烈的掌声欢迎沈教授。

沈国明教授（上海交通大学）：在座的同志们，非常有幸能到这儿来跟大家就法律的实施问题做个交流。今天这个讲座的点评专家是刘作翔教授，刘作翔教授是中国社会科学院法学研究所法理研究室的主任，也是《环球法律评论》的主编，这一本杂志在全国非常有影响力。最近，上海师范大学"挖人"，把他从北京"挖"过来。他现在是上海师范大学法治与人权研究所的所长，是上海师范大学引进的引以为傲的人才。由他来给我的讲座点评，我感到很荣幸。

我今天讲的内容是法律的生命在于实施。（以下略）

主持人：非常感谢沈教授为我们做的精彩报告！沈教授在报告中为我们生动诠释了法治的内涵，并从五个体系的目标建设入手，对比了我国法治的现状。为我们解答了如何提高法治的有效性，夯实我国法律有效实施的基础，对全社会提高道德水准和诚信体系的两个要求，再一次点题法律的生命在于实施。接下来做对话点评的嘉宾是上海师范大学法治与人权研究所所长刘作翔教授。刘教授是法学博士，博士生导师、博士后流动站合作导师，也是中国法理学研究会副会长、中国社会学会法律社会学专业委员会副会长。下面让我们掌声有请刘教授。

刘作翔教授：非常感谢、非常高兴，能有这样一个难得的机会，来参加今天关于法治问题的讨论，也非常荣幸能够聆听沈教授的精彩演讲。我和沈教授相识有30年左右了。我有个判断，沈教授是中国法学界转型最早也是最成功的一位著名学者。为什么说他是转型最早也最成功的呢？有两个标志：一个是他的身份标志，他过去是做法学研究的，在上海社会科学研究院法学研究所担任所长，后来担任上海社会科学院的副院长，还是从事学术研究工作。再后来他担任上海市人大常委会法工委主任，处在立法的第一线，在我看来就是一个身份转型，即由学者转为一个立法工作者，其间，他做了大量工作，尤其是立法后评估工作，前几年我负责中国社会科学院的一个创新项目，是关于立法后评估的研究。我们考察了一下，在全国的立法后评估工作做得最早的也是最好的省市，一个是上海，一个是重庆。很巧的就是上海的立法后评估工作恰恰是在沈国明教授做法工委主任期间推动起来的，做了十多年，我们专门邀请沈教授到北京给我们课题组介绍了上海的立法后评估工作的经验，我们课题组还专门到上海做了调研；而在重庆，西南政法大学有一位著名的法律史学者俞荣根教授，他是我们国家研究儒家法思想的权威，他也到重庆市人大常委会法工委做主任，也推动了重庆市的立法后评估工作。后来我跟他聊，他说他们的立法后评估工作是到上海的沈教授这里取的经验，所以这是一个转型。后来沈教授到上海社会科学联合会，从事社会科学管理方面的工作，这也是一个转型，这还不是主要的，他的身份的转型我认为并不是主要的。最主要的是第二个转型的标志，即他的研究趋向的转型。我们相识约30年了，经常在一块参加会议，经常要见面。中国社会科学研究院法学研究所召开的一年一度的依法治国的系列研讨会，他是一个坚定的支持者，基本上每次都来参加。每次参加会议，我的最深印象就是他的发言都是务实的，他不谈那些宏大的理论，他直接谈问题，所以他是转型最早的一位学者，我们都受他的影响。我们发现，做法学研究，仅停留在理论层面是不行的，我们必须对中国的法治实践有一个基本的了解，要对它进行一些研究。所以我后来转向对社会实践的关注，或者对案例的关注，因为案例是社会实践最集中的体现。所以我说沈国明教授不仅在上海，在全中国都是很有名的。这是我认识沈老师多年来的体会。

沈老师今天给我们做的报告，题目是"法律的生命在于实施"，这是一个经典的命题。我们可以把沈老师今天的报告看作一个中国版的法律现实主义。因为他介绍的一些专家，除德国的拉德布鲁赫是自然法学派外，其他的基本上都是现实主义流派的代表人物，比如说霍姆斯、弗兰克，都是美国法律现实主义的代表人物；还有奥地利的埃利希，"活法"理论的代表人物。所以他讲的这些人物，包括他的整个讲座内容，给我们描述了一幅中国版的现实主义的法律图景。此外，沈教授讲座的副标题也很重要，即"制度自信来源于制度的有效性"，这是一个因果关系，我觉得非常重要。怎么样才能够做到制度自信呢？是要建立在制度的有效性上。制度有效，才能自信；制度无效，自信就建立不起来。什么样是有效的呢？这就回到了今天演讲的正标题"法律的生命在于实施"，正副标题都是丝丝相扣的。

沈老师今天主讲的命题是现实主义的一个经典命题。大家知道，在法学领域中大家经常说的一句话，就是"法律的生命不在于立法，不在于逻辑，而在于经验"，这是美国现实主义代表人物霍姆斯大法官提出的经典命题，是学法律的人都朗朗上口的一个命题。而沈教授今天把霍姆斯的这个命题进行了改造，改造成了"法律的生命在于实施"。霍姆斯说"法律的生命不在于立法、不在于逻辑，而在于经验"，那么，沈教授说法律的生命在于实施，发展了霍姆斯的命题。还有另外一个著名的法学家——美国的法学家罗斯科·庞德，他也是美国社会法学派的代表人物和奠基人，他也提出过这样的命题，就是法律的生命在于实施。这个命题的提出是有背景的。沈教授在报告里面给我们也讲了这个命题提出的背景，就是 2011 年 3 月吴邦国委员长在全国人大会议上宣布了中国特色社会主义法律体系形成。那么，法律体系形成以后，中国的法治有没有一个战略转移的问题，我当时也做过一些研究。当然，说法律体系的形成是一个相对意义上的。在法律体系形成后，我们是不是有一个法治战略重点的转移？我当时提出"中国法治的战略重点应该转移到法律实施的领域"这样一个命题。当然，重点转移并不意味着不需要立法了，我们还要继续完善法律体系。党的十八大以及后来的十八届三中全会、四中全会、五中全会、六中全会，每一次全会都提出改革任务，重大改革要于法有据，这些任务都要通过法律来落实，所以法律体系的形成并不意味着终结，它只能是阶段意义的目标的实现。在法律体系形成后，就要向它的实施转移，所以我当时提出中国法治发展战略重点的转移，转移到哪儿去呢？即法律实施的领域。

　　沈教授在他的报告里面给我们讲了法治的原理、法治的内涵，对此做了非常丰富的解读。还介绍了一些专家提出的法治国家的十大标志，还讲了党的十八届四中全会提出的法治体系的五大体系。沈教授还讲到了法律的选项、规则的多样性，在这方面着墨比较多，和我这一两年的研究是比较契合的。近两年，我一直在关注规范体系问题，就是在社会生活里面，除法律规范体系外，还有其他类型的规范存在。我国的规范体系至少由四大体系组成：第一就是法律规范体系，这个是首要的，是最重要的。第二是国家政策体系，我认为国家政策是当代中国规范体系的重要门类。第三就是刚才沈教授讲到的党内法规体系。第四是社会规范体系，沈教授刚才讲的内容中有很多是社会规范体系。社会规范体系需要再细分，如习惯是最重要的一个；还有道德，道德也是一个很重要的体系；还有自制规章，如社团章程，每一个社团都要有章程，这个章程就是我们说的社会规范；还有每一所大学都有大学章程；还有基层组织，如居委会、村委会，有它的居民公约、村规民约。除此之外，还有更大数量的，大家可能没有意识到的叫自制规章，就是每个单位都有大量自己制定出来的规章制度，这些都是规范，都构成规范类型。而且不要小看这些东西，它对我们的权利义务会产生影响。有些案子的发生就是由这些东西引起的。

有的学者误以为，一种规范只要在法律中做了规定，它就成了"法源"了。比如刚通过的《民法总则》第十条规定，处理民事纠纷，应当依照法律；法律没有规定的，可以适用习惯，但是不得违背公序良俗。有人说这样一个规定，习惯就成了法源了，我认为这个理解是不对的。这条规定，是在法律缺位的情况下，提供了另外一种规范类型，叫规范渊源，并不是一个法律渊源。这样一个规定并不意味着改变了习惯的性质，习惯还是习惯；并不意味着法律一规定，习惯就变成法了。这就是法理学，法理学就是要解决这些问题。所以我们现在做的一些工作，在某种程度上是在校正一些错误的、混乱的理论。

沈老师还讲到执法成本的考量，还有社会的道德水准的提高以及诚信体系的建设。这些内容对我们都是一种非常好的启发，尤其讲到制度的重要性。制度带有稳定性、长期性、全面性、全局性。这是我们听了沈老师报告以后的一些感受，这是第一点。

第二点，我想谈一下法律实施的三个途径。法律的生命在于实施，那么，法律通过什么途径去实施呢？首先，就法律实施这个概念来讲，法学界和法律界对它有一些错误的认识。我们经常会看到，有些人将法律实施等同于法律适用，也即司法。法律实施是法理学的一个理论命题，它的简单含义就是法律制定出来以后，怎样在社会中去贯彻落实。因此，法律实施一般来讲，有三种途径：

第一种途径就是公民守法，通过公民守法来实施法律。我们近14亿的公民通过自觉守法，其实是在实施法律，不只是法院判案才是实施法律，所以我这几年在许多演讲中一直在纠正这个错误认识。法理学上也不太讲这个问题，就是公民守法是第一个途径。公民守法很重要。如果我们以主体来算的话，中国现在有将近14亿的人口，每一个公民都是

177

一个守法的主体。党的十八大提出了新"法治十六字方针"，即"科学立法、严格执法、公正司法、全民守法"。"全民守法"的提出把我们前些年一个未解决的问题给解决了。什么问题呢？就是法律到底是治老百姓的还是治当官的？有很多争论。有些人激进一点，说法律是治当官的。我认为这些说法都是不正确和不严谨的。法律是有其适用对象的，法律是全社会一体遵循的行为规范，这是法理学的一个经典命题。除一些特殊主体法比如反贪污法或者反贿赂法，它是针对特殊主体的，但我们不能将法律解读为是针对当官的或者老百姓的，这样的认识都是有问题的。所以"全民守法"这个问题的提出，解决了我们多年在这个问题上的模糊认识。有些学者想讨好大家，经常说法律是治当官的，慷慨激昂，但这样的观点与法理学对法律的理解是不一致的。

第二种途径就是行政机关的行政执法。行政执法承担着大量法律实施的任务。比如我们的食药监系统，他们的执法任务很重。我参加过国家食品药品监督管理总局的一些食品药品执法检查活动，基层的执法是很辛苦的；还有交通执法，每天在中国不管是城市还是农村，有多少交通警察在履行着执法的职能；还有城市管理，这就更多了。我们的工商管理、城市管理，都是在执法。对于执法，不是说抓住了一个违章人员，这才叫执法。只要是执行法律，就是一种执法行为。

第三种途径就是司法。即检察院、法院的司法活动，对案件的审理工作。有行政案件、民事案件、刑事案件，这也是法律实施的很重要的一个途径。

为什么我要讲法律实施的三种途径呢？因为在前几年，学术界在研究转型问题，并提出法治要转型。那么，怎么转型呢？有些学者提出一个命题叫"从立法中心主义转向司法中心主义"。当我听到这个命题时，觉得这个命题是值得推敲的：

第一，我们有没有这个所谓的"立法中心主义"？是否这30多年我们走的都是"立法中心主义"路线？有没有这个"立法中心主义"，是个问号。我们是制定法国家，制定法国家有个特点，必须要规则先行。规则先行，就首先要立法，立法就是立规则。立了规则，执法也好，守法也好，以及司法，才有根据。党的十八大以来，我们提出了立法先导，其实意思都差不多。法治国家首先要有规则，这个规则就是立法。但是立法先行，或者立法先导，并不意味着只有立法才是中心，其他的都不重要。30多年来，我们的执法、司法也是同时在进行。所以有没有"立法中心主义"，是值得怀疑的。

第二，要转到"司法中心主义"可能吗？我举个不恰当的例子，如果法律的实施是通过这三种途径进行的，那么，今年仅全国法院的受案量已达1900多万件，已经创造了历史纪录，但是同行政执法案件比较，可以说是没法比的，行政执法的数字根本就无法统计，每天都有成千上万的执法主体

179

在执行法律。所以要转到"司法中心主义"是不可能的，我主要是为了说明这个问题。

因此，谈法律的实施，我们必须要明确，它是通过多种途径去实施的。我在研究中还发现，一般人们会认为，人大是立法机关，但人大在某种程度也是个执法主体，它执行什么法律呢？立法法、监督法，就是通过人大去实施，去执行。全国人大常委会和地方各级人大常委会监督法就是通过人大去执行。所以人大在某种意义上也承担了执法的功能，首先是监督法，还有立法法，都是通过各级人大去实施的。

归结起来，不管是公民守法，还是行政执法，抑或司法机关的司法，都是对规则的遵守。执法要按照规则走，守法要按照规则走，司法更要按照规则走。规则有实体规则，还有程序规则，刚才沈教授讲了规则的重要性。这是我讲的第二个问题，就是法律实施的三种途径。

第三个问题，我想讲一下法律实施的反馈功能。为什么我们现在高度强调法律实施呢？因为法律实施具有对法律制度的反馈功能。通过这些年的实践，我们可以看到，许多重大的法律变化，与实践中暴露出的问题具有相关性。因为法律制定出来以后，其效果怎么样，要通过实践来检验。所以"实践是检验真理的唯一标准"这句名言在法律实施中也同样适用。只有通过实践，才能暴露出它的问题。虽然我们现在有立法前论证，立法中审议，立法后评估，但是立法前的论证也好、审议也好，都不可能对复杂的实践情况作出一个很周密的预测，许多问题是在进入实践以后才暴露出来的。所以法律实施对立法的完善，对它的改革、修改，甚至废除，都有很大的反馈功能。这里面也有很多的实际案例。

在法律实施中，不论是从公民守法，还是从司法来讲，最重要的还是要培养规则意识。这个规则意识当然可以做很多解释，我前些年专门研究了一个什么问题呢？就是交通规则的问题。2010 年前后，我在北京散步时观察行人优先问题，很不乐观；后来我到深圳，深圳的朋友很自豪地告诉我，他们已经做到行人优先了，我说我不相信，我要观察一下，观察的结果还真是如此，车过斑马线的时候，是要停的。我问怎么做到的？他们说开始是靠重罚，慢慢就变成公民的习惯了。深圳已经做到了行人优先，这很了不起，还有杭州，也提倡行人优先，行人优先在中国是一个相当超前的理念。

另外，我对行人遵守红绿灯的情况也做了观察。前十年在北京是很不理想的，比如观察十拨人，这十拨人只有很少的人遵守红绿灯规则，这两年好一点，至少能有三四拨人遵守红绿灯规则。我到上海有一年了，发现上海的行人规则意识是不错的，闯红灯的现象很少，这和交通设施也有相关性，比如指示灯会告诉行人还有多少秒通过时间，行人是可以计算的。我十多年前到上海，就发现上海的红绿灯有"读秒器"，可以预测能不能通过。这是一个很简单的问题，就是个设施问题，为什么不做呢？其实就是观念问题。交通规则是一个观察窗口，我甚至认为交通规则是一个国家和社会公民规则意识的一个最集中的体现，通过交通规则可以看出一个城市、一个国家的公民守规则的意识，这是一个观察点。

　　以上是围绕法律实施，听了沈教授的报告后产生的一些联想和自己的一些认识，有不对的地方请大家批评，谢谢大家！

深化改革与推动法治的良性互动

——2017 年 8 月 16 日广东省法学会"百名法学家百场报告会"茂名市委理论学习中心组专场暨"南粤法治报告会"实录 *

尊敬的各位领导、各位同志，大家下午好！

首先感谢广东省法学会和茂名市委、市政府的邀请，和各位一起交流"深化改革与推动法治的良性互动"这样一个问题。我是第一次来茂名。各位都是战斗在中国改革和法治

* 此文系作者应邀于 2017 年 8 月 16 日在广东省法学会"百名法学家百场报告会"茂名市委理论学习中心组专场暨"南粤法治报告会"上的演讲，由会议组织者根据演讲录音实录。此文修改稿以《论重大改革于法有据：改革与法治的良性互动——以相关数据与案例为切入点》为题，在《东方法学》2018 年第 1 期发表，被中国人民大学报刊复印资料《法理学、法史学》2018 年第 6 期全文转载。

第一线的实践者，都有着丰富的实践经验，我这次能够荣幸受邀来到茂名，也是向各位领导、同志学习交流的难得机会。

来之前，我认真阅读了广东省法学会提供给我的有关茂名市在政法工作方面所取得的一些成绩和经验，以及对如何推进"法治茂名"制定的规划、措施和方法。昨天和今天，我们又到下面做了一些调研。茂名市在改革与法治方面有一些经验，我认为是值得向全国推广的，比如我们昨天到一个法治村了解纠纷处理的情况，他们讲到村里配备了两名驻村律师，我听了以后非常震惊，也非常欣喜。前些年开座谈会时我就谈了一个看法，我认为从国家最高层一直到最基层都应该设置法律顾问制度，没想到在茂名市连村里都配备了驻村律师，现在是采取政府买单的方式。我们还听到人大代表的联络点设到了村一级，这也是非常了不起的事情。有些事情设想可能比较容易，但是要落实下来不容易，所以像这样一些经验都是非常值得向全国推广的。

今天是南海的开渔节，对茂名市来说是经济生活中的一件大事，尤其对海域城市来说，开渔节意义非凡。我们上午去看了一下，人山人海，市民非常踊跃。由于要赶回来开会，我们没有看到出海的盛况。为什么讲开渔节呢？开渔节和禁渔期有关联。大家一般会把开渔节当作经济生活的一件大事，但是对于我们从事法律研究的人来说，我们把它看作法律实施的一件事。国家实行禁渔期是有法律制度和法律规定的。

我查了一下，1979年2月，国务院颁布了《水产资源繁殖保护条例》，在这个条例里就规定了禁渔期。大家知道，国务院颁布的条例是行政法规，有很高的法律效力，它的效力仅次于全国人大制定的法律。在这个保护条例里，第一次出现了禁渔期的概念。国际上也有许多相关规定，当然这个保护条例将具体的实施措施授权各省、自治区来实施。开渔节、禁渔期等这些问题，它和法律是有密切相关性的，是一个法律问题。目前中国的几大法定传统节日，最早的是春节，后来扩大到清明节、端午节、中秋节这三大传统的法定节日，加上春节，实际上是中国政府从法律上对传统文化的一种确认。关于春节作为法定节假日的存废，有很多资料，前前后后，辛亥革命的时候把它废除了，不要这个节日了。到民国时期，春节也是不放假的，有很多回忆录写到春节这一天还在上班，其中著名作家老舍就写到春节这一天是怎么度过的。这些节假日不仅仅是日常生活中的文化事件，实际上也是有法律属性的，法定假日是有意义的。遇到法定假日加班，企业就要付三倍的工资，不然的话就是违反劳动法，员工就可以起诉企业的，所以法律意义还是很重要的。

开渔节是茂名市的一件大事。经济生活中有很多事情是与法律有相关性的，在政治生活、文化生活以及更广泛的社会生活领域中，和法律的关系是非常非常密切的，只是我们有时候会意识到，有时候会意识不到这是一个法律问题，开渔节本身是实施法律，或者是我们贯彻法治理念的重大活动，所以它不仅仅是一个经济活动，还是一个法治活动。

按照给我的题目，今天主要想和大家探讨一下"深化改革与推动法治的良性互动"，这是一个非常专业的问题。从党的十八大以来，尤其是党的十八届三中全会以来，这个问题成为全国各界共同探讨的一个重要问题。因为改革涉及每一个领域，涉及每一个人，不仅仅是政法界、法律界、法学界的事情，改革是全方位的。法治也不仅仅就是法律人的事情，一般人会觉得法治就是法院、检察院、律师以及你们这些搞法学的人的事情。我们要对法律的本质有一个认识。1845年，马克思、恩格斯在《德意志意识形态》一书里面提出了一个重要的命题，无论是政治的立法或者市民的立法，都只是表明和记载经济关系的要求而已。这个大家都很熟悉，马克思主义法学思想的经典就在这里。我们注意到他们有一句关键的话，就是"不应该忘记，法和宗教一样，是没有自己的历史的"。对这句话，很多搞法学的人不买账，说法律怎么能没有自己的历史呢，我们有那么多的法制史的书、有那么多法制史的教师，怎么能说没有自己的历史呢？我写过一篇小文章，题目是《法律没有自己的历史——马克思恩格斯关于法律的社会本质的深刻揭示》，发表在《甘肃政法学院学报》上，谈了我对这句话的认识。实际上这是马克思、恩格斯对法律的社会本质的一个最透彻的揭示。法律是建立在社会基础上的，离开社会就没

186

有法律。如果要找一个纯粹的法律，比如立法法，它属于立法程序法，但是再往前推一步，它又和社会挂起钩来。再如三大诉讼法，好像是管诉讼程序的，但是要将诉讼从诉权的角度理解，又和人的权利，和实体权利的实现密切相关，离开诉讼权利，实体权利怎么实现？法律是一种世俗化的产物，是解决人世间世俗的问题，法律解决不了信仰问题，法律可以保证人们的信仰自由、思想自由，但是解决的是世俗化的具体事情，这是我对马克思、恩格斯这句话的一个理解，它是对法律本质的揭示，也就是说法律是干什么的。法律起源于社会，法律产生于社会，法律又作用于社会，法律最终又服务于社会，社会是法律产生的基础，离开社会，法律就像空中楼阁一样什么都没有了。所以，法治不仅仅只是法律人的事情，或者仅仅是司法机关这些部门的事情。

改革与法治的良性互动，这是全社会关注的问题。就学科来说，政治学也关注，经济学也关注，甚至哲学也都关注，大家都在关注这个问题，法学就更不用说了。2014 年 6 月 22日，在党的十八届四中全会召开之前，我在中国社会科学院法学研究所组织了一个全国性的会议，会议的主题就是"法治与改革"。会议之后我们出版了一本论文集，书名就是《法治与改革》，这次来的时候专门带了一本，留给茂名市做一个纪念。这本论文集对会议的情况做了全程实录，收录了改革开放以来关于这个问题的一些重量级的研究文章，包括张友渔老先生，他是法学研究所第一任所长，包括陈守一，他是北京大学法律系元老级的教授，还有刘瀚教授，他是全国法理学研究会的会长。这几位老先生都已经去世了。这次会议专门研究法治与改革这个问题。我也观察了一下，在此之前还没有召开过这种专门的会议。今天能够有机会跟大家讨论这样一个重要的问题，我也是非常高兴的。

下面我想讲两个大问题：第一个大问题，党的十八大以来，中国改革的基本情况，主要是想通过一些数据和案例来反映中国改革的一些情况；第二个大问题，主要是围绕今天的主题，即"深化改革与推动法治的良性互动"，这是领导给我提出的问题，我也做了一些研究工作，和大家一块儿交流。

一、党的十八大以来中国改革的基本情况

有关数据，我分了三个内容：

第一个数据：党的十八大以来，以习近平同志为核心的党中央，以高度的政治责任感和强烈的历史使命感，统筹推进"五位一体"总体布局，协调推进"四个全面"战略布局，整体谋划部署党的十八届三中全会、四中全会、五中全会、六中全会确定的改革任务。党的十八大提出的是全面实现小康；十八届三中全会提出的是全面深化改革；四中全会提出的是全面推进依法治国；五中全会主要是以新理念布局"十三五"规划；六中全会主要是全面依法治党，出台实施了

一系列重大改革方案，在一些重要领域和关键环节改革举措取得了重大突破。现在中央也有一个最新的数据，从 2013 年 11 月 12 日十八届三中全会到 2016 年 10 月 27 日六中全会，中央一共提出了 616 项重大改革任务，[①] 这是第一个数据。

第二个数据：2013 年 12 月 30 日，成立了中央全面深化改革领导小组，也就是中央深改组。中央深改组成立以后，根据最近看到的资料以及披露的数据，2014 年中央深改组确定的 80 个重点改革任务已基本完成，各方面共出台了 370 个改革方案；2015 年中央深改组确定的 101 个重点改革任务基本完成，各方面共出台了 415 个改革方案；2016 年中央深改组确定的 97 个重点改革任务已基本完成，各方面共出台 419 个改革方案；2017 年上半年中央深改组已经审议了 60 多个重点改革文件。[②] 大家可能都注意到了，每过一段时间中央深改组就要推出一批改革文件，我做了一个统计，2013 年年底中央深改组成立，2014 年中央深改组开始进入运作，到今年的 6 月，一共出台了 1264 个改革方案。[③] 改革方案涉及的领

[①] 该数据来源：霍小光、张晓松、胡浩、罗争光（新华社记者）：《改革，快马加鞭未下鞍——以习近平同志为核心的党中央 2016 年推进全面深化改革工作述评》，载环球网，https://m.huanqiu.com/article/9CaKrnK0ayB，最后访问日期：2022 年 9 月 20 日。

[②] 该数据来源：中央电视台 2017 年 7 月 17 日开播的大型政论片《将改革进行到底》。

[③] 该数据来源：中央电视台 2017 年 7 月 17 日开播的大型政论片《将改革进行到底》。

域非常广泛，如政治领域、经济领域、文化领域、社会领域、生态文明领域、军事领域等。这是第二个数据，即中央深改组成立以后一共出台了 1264 个改革方案。

第三个数据：党的十八大以来，国务院各部门取消或者下放行政审批事项 618 项。党的十八大以来，就力推下放行政审批，力度最大的就是这一块，政府不该管的就不要管了，每过一段时间就要撤销一些行政审批，再过一段时间又要撤销另一些行政审批，阻力其实是很大的。有两个问题，撤销以后这些权力谁来行使？以前说政府的归政府，社会的归社会，这个话好说，但社会准备好了吗？如果还没有准备好，有些权力放下去会不会形成真空地带？还有一个更尖锐的问题，每砍掉一些权力就有可能砍掉一些人的饭碗。取消和下放行政审批事项 618 项，取消中央指定地方实施行政审批事项 283 项，中央政府层面核准的企业投资项目削减比例累计接近 90%，工商登记前置审批事项中的 87% 改为后置审批或者是取消，在市场体系建设中建立公平竞争审查制度，简政放权、放管结合、优化服务，这样的一个改革得到了有效落实。有一个数据，现在中国每天就有 1.5 万多家企业破土而出，[1] 当然每天也有几百个企业倒闭。

② 该数据来源：中央电视台 2017 年 7 月 17 日开播的大型政论片《将改革进行到底》。

以上是有关三个数据的情况。下面我想讲讲有关改革与法治互动关系的几个具体案例，通过这几个具体案例，我们来看一看改革和法治之间到底是怎样的互动关系。

顺便说说，一般讲案例都指的是诉讼案例，我们讲的案例是社会学意义上的。社会学意义上的案例，将一个制度、一个历史事件，只要在历史上或者现实中存在过的事件都叫案例。我是在社会学的意义上使用案例概念的，包括诉讼案例，但是不限于诉讼案例。

第一个案例，王某军收购玉米案

据新华社报道，2017年2月17日，内蒙古自治区巴彦淖尔市中级人民法院对最高人民法院指令再审的王某军非法经营案公开宣判，依法撤销原审判决，改判王某军无罪。今天法院也来了不少同志，还有检察院的同志。这个案子的案情是这样的：2016年4月15日，王某军因为无证收购玉米，被凌河区人民法院以非法经营罪判处有期徒刑一年、缓刑二年，并处罚金人民币2万元。这个案子宣判之后，被告人王某军没有上诉（因为不懂法，所以普法还是很重要的），检察机关也没有抗诉，上诉期一到这个判决就生效了。但是这样的一个生效判决，到了2016年12月16日，最高人民法院作出了再审决定书，通过审判监督程序（审判监督程序是可以通过各种渠道提起的，当事人可以提起，检察院可以提起，上级法院也可以提起），指令巴彦淖尔市中级人民法院对

191

该市凌河区人民法院一审判决生效被告人王某军非法经营案进行再审。最高人民法院的这个再审决定，在法院系统是不太容易的，因为既没有上诉又没有抗诉，由最高人民法院提出再审。2016年12月16日，最高人民法院发出再审决定书，2017年2月13日巴彦淖尔市中级人民法院依法公开再审此案，庭审在当日结束，法院宣布择期公开宣判。巴彦淖尔市中级人民法院再审认为，原审被告人王某军于2014年11月到2015年1月没有办理粮食收购许可证和工商营业执照买卖玉米的事实清楚，这个行为违反了当时的国家粮食流通管理有关规定，但没有达到严重扰乱市场秩序的危害程度，不具备与《刑法》第二百二十五条规定的非法经营罪相当的社会危害性和刑法处罚的必要性，不构成非法经营罪，原判决认定王某军构成非法经营罪适用法律错误。检察机关、王某军及其辩护人提出王某军的行为不构成犯罪的意见成立（指的是再审时提出的意见），均予以采纳。①

这个案件涉及国家粮食局《粮食流通管理条例》。在案件一审的过程中，按照《粮食流通管理条例》的规定，个人收购玉米，没有许可证是违法的，是构成犯罪的。但是有一个

---

① 《"王某军收购玉米获罪案"再审改判王某军无罪》，载央广网，http://country.cnr.cn/focus/20170218/ t20170218_523607872.shtml?from=timeline，最后访问时间：2022年9月20日。

背景，2016 年 2 月，国家粮食局已经打算修订《粮食流通管理条例》了，对第九条作出修改，原来的规定是经营者需要取得收购资格，但是现在只规定公司经营者才需要取得粮食收购资格，对个人没有硬性要求。到 2016 年 9 月，国家粮食局颁布了《粮食收购资格审核管理办法》，大家知道在法律位阶上，国家部委颁布的叫国务院部门规章，是立法法规定的一种法律形式。新条例第三条明确规定，农民、粮食经纪人、农贸市场粮食交易者等从事粮食收购活动，无须办理粮食收购资格，这已经说得非常明确了，而一审判决王某军有罪的依据就是当时还有效的《粮食流通管理条例》。这个案件充分展示了改革与法治的相互关系，以及国家行政许可制度改革在这个过程中所带来的问题。我们注意一下时间点：一审判决是 2016 年 4 月 15 日，而修订后的《粮食收购资格审核管理办法》是 2016 年 9 月颁布的，最高人民法院指令再审是2016 年 12 月，巴彦淖尔市中级人民法院的再审判决是 2017年 2 月，时间点是环环相扣的。一个条例的变化，一个国务院部门规章的变化，直接决定了一个人的命运，要么是罪犯，要么就是无罪，而且在新闻报道中，他其实还是做了好事的，大多数农户没有能力出售粮食，他通过个人收购解决了一家一户的粮食出售问题和运输问题。

第二个案例，科技人员成果转化补偿机制改革

这也是一个大问题。长期以来由于科技人员的智力成果得不到应有补偿，极大地影响了科技人员的创造性和积极性。我看到最早的是湖北省在这个方面先行试点，制定了一个条例，规定科技人员可以从自己的科研成果转让中得到一定比例的报酬。2015 年 8 月 29 日，修改后的促进科技成果转化法对这个问题作了重大修改，有些条款我看了以后觉得很重要，比如第四十三条讲到国家设立的研究开发机构、高等院校转化科技成果所获得的收入全部留归本单位，在对完成、转化职务科技成果做出重要贡献的人员给予奖励和报酬后，主要用于科学技术研究开发与成果转化等相关工作。第四十四条规定，职务科技成果转化后，由科技成果完成单位对完成、转化该项科技成果做出重要贡献的人员给予奖励和报酬。科技成果完成单位可以规定或者与科技人员约定奖励和报酬的方式、数额和时限。也就是说两种方式，单位自己规定也行，单位与科技人员之间签合同约定也行。同时要求单位制定相关规定，应当充分听取本单位科技人员的意见，并在本单位公开相关规定。第四十五条我觉得更加有意义了，科技成果完成单位未规定、也未与科技人员约定奖励和报酬的方式和数额的，按照下列标准对完成、转化职务科技成果做出重要贡献的人员给予奖励和报酬。一共有这么几项：（1）将该项职务科技成果转让、许可给他人实施的，从该项科技成果转让净收入或者许可净收入中提取不低于 50% 的比例；（2）利用该项职务科技成果作价投资的，从该项科技成

194

果形成的股份或者出资比例中提取不低于 50% 的比例；（3）将该项职务科技成果自行实施或者与他人合作实施的，应当在实施转化成功投产后连续 3 至 5 年，每年从实施该项科技成果的营业利润中提取不低于 5% 的比例。国家设立的研究开发机构、高等院校规定或者与科研人员约定奖励和报酬的方式和数额应当符合前款第一项至第三项规定的标准。最后还规定，国有企业、事业单位依照本法规定对完成、转化职务科技成果做出重要贡献的人员给予奖励和报酬的支出计入当年本单位工资总额，但不受当年本单位工资总额限制、不纳入本单位工资总额基数。其实就是给单位减轻负担，不要因为这个转让获得报酬而增加了单位的工资总额基数。科技人员凭着一种对科技的奉献精神，对国家的热爱来做科研工作，但是奖励机制如果跟不上始终影响着他们的积极性和创造性。当时湖北省在做试点的时候，中央电视台也做了跟踪性的报道，这个报道我也详细看了，激励作用还是非常大的。这样一来，就从法律上确保了科技人员智力成果的补偿机制，极大提高了科技人员的积极性和创造性。

第三个案例，实行"二孩"政策

2015 年党的十八届五中全会通过的"十三五"规划建议稿，提出坚持计划生育的基本国策，完善人口发展战略，实施"二孩"政策。最大的改变就是全面实施一对夫妇可生育两个孩子的政策。中国从 1980 年开始推行了 35 年的城镇人口独生子女政策宣告终结。2015年10月"十三五"规划提出这个建议。"十三五"规划建议是中央的决策，这个决策要通过法律的方式实施。2015年12月21日，十二届全国人大常委会十八次会议审议通过了《人口与计划生育法》修正案，修正案第十八条规定"国家提倡一对夫妻生育两个孩子"，从2016年1月1日起实行。当然实行这个政策，各省还要按照各省的情况决定，基本上现在全国都已经实现了"二孩"政策。

以上是通过一些数据和案例来看一看中国改革和法治的发展。

二、深化改革与推动法治的良性互动

第一个问题，对改革与法治关系的历史回顾

为什么讲这个问题呢？在这个问题上，我们前后经历了不断探索的过程。自1978年我国实行改革开放以来，改革与法治的关系问题一直是法学、政治学、经济学、社会学和各界关注争论的问题，争论的焦点是先改革后立法还是先立法后改革，当时把它叫作"先立后破"还是"先破后立"。这些争论涉及改革的策略以及方式方法，争论的实质就是某些改革决策、改革举措的合法性问题。

面对改革与法治相冲突，以及某些改革突破法律的现象，法学界有些专家提出一个概念，就是"良性违法"，当时热闹

了一阵子，在《法学研究》杂志展开了一场你来我往的争论。所谓的"良性违法"，就是指中央或者地方的一些改革举措，虽然违背了当时的个别法律规定，但是却有利于解放和发展生产力，有利于维护国家和民族的根本利益，所以被认为是有利于社会文明进步的良性行为，因此应当容纳它的存在，但是要加以限制而不能放任自流。这就是良性违法提出者的主要观点。

良性违法在当时虽然争论很激烈，但并不是法学界的主流观点。违法就是违法，怎么还能够戴上"良性"的帽子呢？准确的表述就是改革突破了当时的法律规定。为了处理改革与法治的关系，我们党和国家从国情和实际出发，有针对性地采取了一些行之有效的应对措施，比如全国人大及其常委会加快推进法律的"立、改、废、释"工作，尤其是全国人大在1988年、1993年、1999年、2004年通过了四次宪法修正案，①为许多重大改革提供了重要的宪法和法律依据。再如全国人大开始通过一种授权的方式，向国务院授权立法，涉及国务院关于安置老弱病残干部的暂行办法，企业利改税和改革工商税制过程中可以拟定有关的税收条例，授予国务院对于有关经济体制改革和对外开放方面的问题，必要时，可以根据宪法和法律制定暂行规定或者是条例，这些授权立法

---

① 2018年通过了第五次《宪法修正案》。

为统筹改革与法治的关系提供了有效的立法规范和保障。

到1993年，党的十四届三中全会就开始讨论改革与法治到底怎么互相衔接、怎么进行良性的互动。1993年就已经提出来改革决策要与立法决策紧密结合，立法要体现改革精神，用法律引导、推进和保障改革的顺利进行，从党领导改革和立法的战略高度对协调改革与法治的关系确定了重要的指导原则，提出法律要引导和推进保障改革的顺利进行。我们今天提出的思路，是在当年的基础上发展而来的。全国人大常委会于1995年提出国家立法机关要按照立法决策和改革决策紧密结合的要求，将制定保障和促进改革开放、加快构建社会主义市场经济体制方面的法律作为立法的重点。2004年又进一步指出，立法工作既要注意及时将改革中取得的成功经验用法律形式确定下来，对现有法律中不适应实践发展的规定进行修改，为改革发展提供坚实的法治保障，又要注意为继续深化改革留下空间，要坚持从我国的国情出发，始终将改革开放和现代化建设的伟大事业作为立法的基础。

当时提出的先行先试和今天的先行先试的概念不同，当时提出的先行先试是先不要上升到国家层面的法律，在国务院行政法规、地方性法规中先试，今天我们说的先行先试是暂时不要立法，通过授权先行先试，先行先试的地区和领域相关法律暂时中止实施。

茂名市从2015年《立法法》修改之后已经取得了地方性

法规的立法权，所以立法问题也是我们今后可以高度利用的一个重要的职权和资源。后面我还会讲到一些问题。从以上的回顾我们可以看到，改革开放 30 多年，在改革和法治的关系问题上，我们一直在做探索，怎么来推动改革与法治的良性互动。这是 30 年改革以来关于法治与改革关系的一些探索过程。

第二个问题，新的历史条件下法治与改革的关系

经过新中国 60 年，尤其是改革开放 30 多年的努力，2011 年中国特色社会主义法律体系已经形成（怎么理解这句话？我们可以将它解释为一个阶段性任务的完成，并不意味着立法任务的终结。法律体系的发展是无止境的过程。根据辩证法，只要社会在发展，法律体系也在发展，不可能终结，只能是阶段性任务的完成）。国家经济建设、政治建设、文化建设、社会建设和生态文明建设等各个方面实现了有法可依。我们已经具备了将各项改革全面纳入法治轨道、依法推进的社会条件和法治基础。历史条件发生了变化，法律体系发生了变化，我们已经具备了这样的一个社会条件和法治基础。尤其是党的十八大以及十八届四中全会，将依法治国提到这样的高度，强调依法治国是党领导人民治国理政的基本方略，法治是管理国家、治理社会的基本方式，我们要实现法治，迈向法治国家。如果说党的十五大提出了依法治国、建设法治国家这样一个伟大的战略目标，那么到了党的十八届四中全会，就要通过许多措施把它具体地落实下来，向这个目标迈进。

党的十八届四中全会提出了"重大改革要于法有据"，这是一个非常重要的观点。表明我们在新的历史起点上，把握和处理改革与法治的关系，不仅有较为完备的中国特色社会主义法律体系，作为有法可依、进行改革的法律制度基础，而且也有了中央和地方决策层以及广大公民更加重视运用法治思维和法治方式深化改革的法律理性和法治自觉。现在从中央到地方各级领导，将法治作为一个重要的接口。我印象中四中全会提出了今后考核干部，法治是一个很重要的考核指数，① 有些学法律的人看了以后很高兴。考核法治，主要不是考核法律知识，虽然涉及法律知识，但关键是看在实际工作中是否贯彻了法治的各种要求，这方面的政绩做得怎么样。这些都是我们在宪法框架和法治轨道上处理好改革与法治关系最重要的主客观条件。在我国现阶段，相对于完成"五位一体"的战略任务而言，相对于实现 2020 年全面建成小康社会的战略目标而言，相对于实现国家富强、人民幸福、中华民族伟大复兴这样一个伟大目标而言，改革与法治二者在价

---

① 《四中全会：把法治建设成效纳入政绩考核指标体系》，载中国新闻网，https://www.chinanews.com.cn/gn/2014/10-23/6711307.shtml?utm_source=bshare&utm_，最后访问时间：2022 年 9 月 20 日。

值特征、本质属性和目的追求上都是一致的，没有根本的内在矛盾和冲突。

党的十八大以后，中国的改革事业进入了前所未有的新阶段。从前面数据列举出来的那样繁重的改革任务来看，如何发挥法治的作用，法治如何引领改革，就成了一个重大问题。2014年2月28日，习近平总书记在中央全面深化改革领导小组第二次会议的讲话中明确提出，凡属重大改革都要于法有据。在整个改革过程中，都要高度重视运用法治思维和法治方式，发挥法治的引领和推动作用，加强对相关立法工作的协调，确保在法治轨道上推进改革。[①] 这些话已经说得非常明确了。到了党的十八届四中全会，对于如何处理改革与法治的关系给出了明确的思路。今天我们讨论的主题是"全面深化改革与推动法治的良性互动"，党的十八届四中全会已经明确给出了思路。这个思路是什么呢？就是实现立法与改革决策相衔接，做到重大改革于法有据，立法要主动适应改革与经济社会发展需要，不能被动，这是对传统法学理论的颠覆。法理学在讲法的特点时会讲到，法律有一种滞后性，法律总是赶不上经济社会生活的发展，因为法律是对社会关系的调整，有了社会关系法律才能跟进，在社会关系还

---

① 《凡属重大改革都要于法有据》，载人民网，http://www.people.com.cn/24hour/n/2014/0301/c25408-24498821.html，最后访问时间：2020年11月5日。

不成熟的时候法律还不能跟进，所以法律老是跟在实践的屁股后面跑，国外法学家也在讲这样的道理，法律、司法都是保守的，司法代表了最保守的一面，这是多少年来形成的法律的特点。以前我在讲法的特点时，我说滞后性是法的特点，并不是它的缺点，不能把它当作法的缺点来看待。但是现在立法要主动适应改革和经济社会发展的需要，怎么来主动适应啊？这就涉及改革初期的一个概念，即超前立法。立法能不能超前，这是一个比较复杂的法律理论问题，我们今天不展开谈了。

　　四中全会这一段话我觉得非常重要。实现立法与改革决策相衔接，做到重大改革于法有据，立法主动适应改革与经济社会发展。怎么相衔接？比如我们有一个改革决策，这个改革决策怎么跟立法相衔接，谁先谁后，当然现在要求重大改革于法有据，肯定是法律要先定出来，必须要有法律依据，有法律依据才能进行重大改革。四中全会提出了三条路径，哪三条路径呢？四中全会报告讲得很清楚，我进行了归纳。第一条是实践证明行之有效的要及时上升为法律；第二条是实践条件还不成熟需要先行先试的，要按照法定程序作出授权；第三条是对不适应改革要求的法律法规及时修改和废止。如何理解第一条中的及时上升？那就是立法要加快步伐，不能被动地等待，要主动密切观察社会实践的变化。前几年，我们到上海市人大常委会法工委做立法后评估调研，那里的

202

同志就讲到，他们一直关注中央在做什么，全国人大常委会在立什么法，这个法立到什么程度了，走到哪一步了，他们都在跟踪，所以他们有这样的自觉意识。实践领域不是单一的，而是全方位的，各方面实践的问题、改革的进展都要关注，所以要及时上升为立法。关于第二条，即实践条件还不成熟需要先行先试的，要按照法定程序做出授权。先行先试已有很多实例：自贸区试验，在自贸区试验区，原来施行的法律暂时中止；刑事速裁试点；认罪认罚从宽制度试点；人民陪审员制度试点，原来给了一段期限，后来又延长了期限。关于第三条，对不适应改革要求的法律法规及时修改和废止，从国家层面废止了一些。更下位的如国务院行政法规，国务院部门规章，就清理了很多。法律清理工作这几年做了很多，清理、修改和废止，主要还是立法。

茂名市自 2015 年《立法法》修改之后，成为有地方性法规立法权的市，运用好立法权对我们很重要。立法法对于设区的市的立法范围做了一些限定，主要是三大领域：城乡建设与管理、环境保护、历史文化保护等方面的事项制定地方性法规。我今天还想到一个问题，从 2015 年《立法法》修改以来，学术界将主要的视线集中在地方性法规立法权，而忽略了地方政府规章制定权，设区的市除有地方性法规制定权之外，在《立法法》修改的条款里还同时规定了设区的市的人民政府有地方政府规章制定权，当然范围还是限于这三大类。大家不要小看这三大类，其实它包含的容量是相当大的，可以做的事是相当多的。这就是党的十八届四中全会关于法治与改革指出的三条路径。

为什么强调"重大改革要于法有据"，其实就是要增加改革的权威性，有了法治，改革才有权威性；没有法治，合法性不解决，权威性也解决不了。

第三个问题，实现改革与法治良性互动的路径

怎么实现改革与法治的良性互动呢？法治是治国理政的基本方式，全面深化改革必须在法治的轨道上运行，任性而法外的改革是对法治的践踏，是与全面推进依法治国方略背道而驰的。因此，在全面深化改革的过程中一定要让改革有法治的坚实基础，一切改革行为都要经受是否合乎法治的检验。唯有如此，全面深化改革的宏伟目标才能如期实现。

有以下几个方面的问题：

第一，正确认识与把握改革与法治的关系。改革与法治并非对立，而是必须要统一前行，在法治的框架下推进改革，也要在改革的过程中完善法治。改革有利于法治的发展，改革的实质就是改变那些与经济社会发展不相适应的体制机制弊端，与时俱进，建立新的适应经济社会发展的规则与秩序，不断推进新旧体制的更迭，提升法治国家建设水平，促进经济社会健康有序发展。法治的发展需要改革的动力。我们前面讲了法律的局限性之一就是法律的滞后性，由于经济社会发展的可变性和及时性，导致某些法律规则无法适应经济社会发展的要求，再加上改革本身就是破旧立新，这种破旧立新只有在法治的框架下依照法定的程序，通过"立、改、废、释"调整某些不恰当的法律规范，完备法治体系，促进法治发展，才能最终达到良法善治的目标。这样说容易，但是在实践中也会遇到很多问题。在实践中，我们经常看到不论学者还是当事人说这个判决不对、这个法律不对，我经常跟他们讲这个道理，任何一个公民都有权对法律作出判断，作出评价，但是我们的这个判断只能代表我们个人的意见，我们是代议制的体制，法律的废除和修改必须要经过代议制程序，即人民代表大会的程序，通过民主程序才能修改。今天这个人说这个法律不对，明天那个人说那个法律不对，我们要促进法律的完善，确实要对法律进行分析判断，作出一些充分的论证，但是我们还要维护法律的权威，包括判决的权威。你说它不对，只是代表你个人的意见，只要它没有经过审判监督程序改判，就要维护它的权威。就像前面说到的王某军非法经营的案件，最后的裁决说适用法律错误，改变了前面的判决。一审是审判程序的一环，我经常讲，为什么要确立两审终审制，就意味着允许一审出错，如果不确定这个理念，将一审被二审改判的案件都认为错案，这是对错案的一种扭曲，不能这么来认定错案。审判体制就决定了允许一审出错。只有通过法定的程序才能对一个案件作出改变，即使终审判决，我们还有再审程序、审判监督程序、申诉程序。国际条约也规定得很清楚，除非经过法律程序，否则任何人不得对已经发生效力的裁决作出改变，我们是遵守国际条约的。

在中国的法律体系中，法律冲突的现象也是很多的。解决法律冲突也要按照程序进行。其他国家有一个公民不服从理论，即一个公民可以对他不认同的法律不服从，但是后面一句话很重要，你得接受这个法律的管辖和制裁，这是公民不服从理论中的核心观点。

立法要及时作出调整，调整不恰当的法律规范，完备法治体系。改革过程就是对政治、经济、社会关系的调整过程，这些关系的优化发展为法治建设提供了先决条件。一个国家的政治文明程度、经济社会发展水平决定了它的法治发展状况。我是研究法律文化的，一个国家的法律制度的发展、人民的法律意识状况，代表了一个国家的文明状况。前些年，我研究规则意识，研究交通规则，交通规则反映了一个国家人民对规则意识遵守的程度，也反映了一个国家公民的文明状态。这是关于改革有利于法治的建设。

法治是增进改革活力的重要保证。社会主义市场经济是法治经济，于法有据是改革的基本前提。对改革来说，法治的功能和作用主要体现在法治为改革提供了可遵循的规则，任何改革都应该坚守法治的底线，让改革始终在法治轨道上前进，这样的改革才能有序健康推进，才能经受住历史和实践的检验。重大改革于法有据主要是解决改革的合法性问题，因为法律程序是比较复杂的，为什么复杂呢？因为要经过大量的论证，一部法律中有多少条款，每个条款里涉及的内容都要经过大量的论证，交全国人民讨论，找专家论证，找相关部门研究和论证，所以它是经过严格论证、理性化的产物，不是一拍脑袋就出来的东西。法治为改革提供了合法性基础，因为合法性解决了人民意志问题，过去说法律是统治阶级意志的体现，现在可以说法律是人民意志的体现，或者是国家意志的体现。国家是什么呢？在中国，国家就是人民，人民就是国家，所以法律是国家意志、人民意志的体现。有了这样扎实广泛的民意基础，凝聚改革共识，为改革提供源源不断的动力。法治确保改革成果定型化。法治在巩固改革成果方面具有得天独厚的优势，也是其基本的功能和机制所在，改革的成果需要法治巩固、定型化，并以实现社会公平、正义为己任，使改革发展成果更多、更公平地惠及全体人民。这是我们讲的良性互动第一点，正确认识和把握改革与法治的关系，主要解决认识问题。

第二，充分发挥立法的引领和推动作用。重大改革于法有据，在整个改革的过程中都要高度重视法治，运用法治思维和法治方式，发挥法治的引领和推动作用，加强对相关立法工作的协调，确保在法治轨道上推进改革。于法有据是改革的基本前提，改革攻坚与法治要协同推进，以法治先行为重大改革铺平道路。改革初期，有关于到底是先改革后立法还是先立法后改革的争论，这个争论今天不再存在了，改革于法有据，这是坚定不移的法治理念。

要确立依法行权的法治思维，任何改革都必须以法治的方式推进，因为改革方案都是掌权者提出来的，所以依法行权其实也是对公权力的法治原则。1996年我在《法学研究》上发表过一篇文章，题目是《法治社会中的权力和权利定位》，提出对于公权力，法无明文规定不得为，现在这已经成为大家的通识，但是当时研究这个问题，还要研究一些很细节性的问题；对于私权利，法律没有规定的不得惩罚。有人说法不禁止就可为，但是这里面的问题很复杂，法律没有规定的东西很多，很多团体性的规定并不是法律的规定，难道就可以违反吗？所以法不禁止就可为，我认为是有缺陷的，我将这条原则改造为法律没有规定的，不得进行法律惩罚，我们只能做到这一点，而不能禁止其他的规范对这样一种行为的调整，因为法律不可能周全所有的社会生活，如果说法无禁止便可为这个命题成立的话，其前提必须建立在法律能够将所有的社会生活概括，但这是做不到的，不光是我们做不到，就是法治发达国家也做不到。另外，除法律不禁止的行为，还有其他规范禁止的行为，比如道德行为，社会中的规范体系是个多元体系，这几年我一直都在研究多元规范问题，规范种类中不只是有法律，法律是重要的，但是也不可能将所有的领域都管到，还得给其他的规范留有余地，所以能够做到的就是法律不惩罚。

对于我提出的"公权力，法无明文规定的不得行之"，有一位教授说这是保守主义的观点，他认为如果照这个观点，行政权力全被束缚住手脚了。现在我们讲的"将权力关进笼子"是什么意思？就是权力的行使要有法律依据，现在搞权力清单了。我现在还兼任国家食品药品监督管理总局的法律顾问，同他们到海南、江西调研食品药品监督管理执法情况，第一次见到权力清单，也是感觉到很兴奋，可能你们这里各部门都有，权力清单厚厚的一大本，还有义务清单、责任清单，都是很细的，能不能落实当然也是一个问题。我们的规定很多、要求很多，但是怎么落实也是很重要的。公权力如果不在法治框架内行使，在改革的进程中无视法律的规定，以践踏法治来强制推行某个改革方案，势必危及改革本身的合法性，也会影响改革的健康发展。

所以，要坚持在法治框架内推进改革。任何改革只有在法治轨道中运行，才能经受住法治的检验。一方面，要积极作为，主动适应改革发展的需要，充分利用宪法和法律预留的改革空间和制度条件，勇于探索创新；另一方面，要增强立法的前瞻性、及时性、系统性、针对性和有效性，实现改革决策与立法决策相统一，做到重大改革都要于法有据。这两天我在思考一个问题，重大改革于法有据是不是仅仅对中央提出来的？我觉得不可以做这样的理解。重大改革于法有据，既适用于中央层面，也应该适用于地方层面。这两天因为要讲课，脑子老是在思考这些问题。比如茂名市现在有了地方立法权，有了立法权以后，茂名市如果要搞一些重大的改革，可能就要考虑怎么样在法律上衔接。由于对设区市的立法范围有限定，只能在城乡建设与管理、环境保护、历史文化保护这三大领域内立法，但是即使这三大领域，应该说可做的事情还是相当多的。我们是不是要充分考虑利用这样的立法权。

这两天我们在茂名市做了一些调研，我了解到茂名市的名称是古代道士命名的，①这是全国少有的。还有被周恩来同志称为中华巾帼英雄第一人的冼夫人。我们得知，茂名市关于冼夫人的历史文化保护条例的地方性法规现在也在制定过程中。可以从不同的侧面，比如既可以挂靠在历史文化保护范畴，也可以把它作为城市建设与管理的角度提出来，能不能从政府规章的角度或者上升到地方性法规，我们做一个东西出来，这在全国应该能产生很大的影响。这个问题其实在国外也有争论，好心人做好事不能得到恶报。我一直在研究这个问题，它不是一个法律原则，而是伦理原则。美国有一

---

① 见《茂名的由来》，载梧桐子网，http://www.wutongzi.com/a/110696.html，最后访问时间：2022 年 9 月 20 日。

个著名案例，有一个人为了得到他祖父的遗产，将自己的祖父杀死了，因为他的祖父新娶了一个太太，他害怕祖父改变遗嘱，杀死祖父，遗嘱就改变不了了，他就可以得到遗产了。这个案件发生之后，他接受刑事处罚没有问题，但是围绕着他的民事权利，即遗产能不能继续继承，在纽约州最高法院展开激烈争论，法官和法官之间争论很厉害，律师和律师之间的观点也不一致。最后，主审法官苦思冥想想出一个原则，一个人不能从错误行为中受益，或者说一个人不能从犯罪行为中获益，犯罪行为和受益行为相互密切关联，然后用这个原则来说服合议庭，最后以5∶4的微弱优势判定这个案子，这个原则就确立了：一个人不能从错误行为中受益，与此相对应，一个人也不能因为善行而受罚。我后来分析的结果是，这仅仅是一个伦理原则，不能是法律原则。我们知道好心做坏事的事例太多了，最典型的例子，假如我们坐飞机，有一个老太太行李提不动，请一个小伙子帮忙提了一下，如果帮了，要知道这个行为已经严重违背法律了，因为你不知道她那个行李里有没有爆炸物或者是毒品。国际航空托运过程中严禁替他人携带行李。虽然这是做好事，但是这可能是违法行为，甚至可能导致犯罪。伦理学这方面的例子是很多的。

这几年我们老是在说不能让英雄"流血又流泪"，能不能将伦理原则上升到法律原则？当然我们要做大量的论证，国外有先例，也可以参考一下，国外有好心人法。也有一些证据证明被救的人反而讹别人，这里面的法律关系非常复杂。前几年发洪水，有一个人驾了一只船，免费将另外一家人救起来，船往岸上走，走的过程中船翻了，那一家人死了两个人，结果他们就将船主起诉了，最后法院判决承担赔偿责任，因为有连带关系。虽然船主可以辩称，我是无报酬，我是见义勇为，是帮助他们脱离困境，但是在民法上有连带关系，一旦上了船，就在法律上产生了连带关系，就要对他们负责，导致死亡就要承担责任。还有农村中修房子互相请帮工，有些人义务来帮你修房，你也没有请他，他主动帮忙，结果过程中受伤了，要求你赔偿，你说我没有请你来，这说不过去，因为有连带义务，他一旦来就产生了连带义务。这样的一些事件容易导致大家都不敢做好事，怎样在法律上既要考虑伦理上的问题，又要从民法理论等各个方面将这些问题周全地考虑进去？

要充分发挥权力机关的监督作用。党的十八届四中全会决定明确指出，必须加快形成严密的法治监督体系，人大监督是法治监督体系的重要内容。为了确保改革在法治的轨道上运行，就必须加强权力机关的有效监督，推动各项改革举措的贯彻落实，发挥权力机关的监督作用，监督的重点是改革有没有得到法律授权，有没有违反法律规定的情况，从而保证改革不会偏离法治轨道，一经发现改革与法治不相统一，改革措施与法律规定存在冲突的情况，必须建议或者采取相关措施予以依法纠正。

要强化法律实施。我们前面谈立法多一些，因为我国是一个制定法传统国家，现在明确提出立法先导，是因为在制定法国家，必须先有规则，有了规则才能有依据，执法部门也才能有依据，立法是提供规则体系的，有了规则，其他才能跟上来，包括公民守法，得有一个依据。法律实施很重要，党的十八大提出新"法治十六字方针"，即"科学立法、严格执法、公正司法、全民守法"，这里面每一个问题都很重要。就执法来说，要严格执法、文明执法，执法领域的问题也是很多的。例如，食品卫生领域的执法，有时候产品翻译只要出现一点小小的瑕疵，都算到不合格的产品中，像这样的情况，大家都在讨论，这就涉及如何文明执法的问题。

全民守法，守法是建立在普法的基础上，现在我国已经进入第七个五年普法计划，从数据来看，我们的普法涉及的人群已经很普遍了。我们说检验普法的效果要看实践的状况，要看守法的状况。关于普法，这两天和一些同志交谈，我们要增强普法的针对性和有效性。有专家提出一个很现实的案例，前一段轰动全国的抓了几只鸟的小孩，他不知道那是国家珍稀动物，最后被判了十多年。还有某人抓了十几只属于保护动物的蛙类，也被判刑了。我们的普法要有针对性，比如说针对特定地区，像在林区，哪些属于国家保护物种，植物或者是动物，要有针对性地宣传。我们可以做一些彩图，或者是图标，让老百姓熟知，每一个村挂一挂，有针对性地进行普法教育，避免由于无知而造成严重后果。法律不因为你不知道而不判刑，甚至连从轻处理都不考虑，而是以结果判定，只要侵害了国家保护动物，就要承担责任。由此可以看出，中国普法任务还是非常艰巨的。

由于时间关系，我就给大家讲这么多，希望能够听到大家的一些问题，我们做一些讨论。有不对的地方，请大家批评。谢谢大家！

讨论阶段：

现场提问：刘教授您好！新的《立法法》赋予设区的市在城乡建设与管理、环境保护、历史文化保护方面的立法权，茂名市已经制定了《高州水库水源水质保护条例》，也制定了《冼夫人历史文化保护条例》。请问您对地方如何充分利用好立法权推进地方经济社会改革发展有什么好的意见和建议？谢谢！

刘作翔教授回答：谢谢你的问题！刚才我也谈到了关于新的《立法法》修改最大的亮点就是赋予了设区的市地方性法规立法权，我还要强调一下，地方政府规章制定权，这一点不要忘记了，因为从整个学界来说，对第二点不太重视，这在《立法法》里面有相应的法律依据。

你刚才也说到，茂名市在得到授权之后已经制定了《高

214

州水库水源水质保护条例》，许多设区的市在自然环境方面做得比较多一些，因为这有固定的对象，比如某一个自然的生态需要保护，这方面立法就比较多，还有刚才了解到的正在制定的《冼夫人历史文化保护条例》。设区的市地方立法权给了限定，限定在这三个方面，有人认为这三个方面的限定范围有一点小，能不能扩大？我个人认为这可以作为下一步立法讨论的问题，也可以不限于这三个方面。全国各地情况不一样，政治、经济、文化发展的情况都不一样，如果进行限定的话，有些地方可能在别的方面有特殊性，但是得不到授权就无法立法。目前就城乡建设与管理方面可以做的工作比较多，大家可以注意，这里有"与"字，是城乡建设与城乡管理，这是两个概念，这里面的空间很大。因为时间关系，最后一个问题我没有展开，关于党的十八届四中全会提出的对规范性文件纳入备案审查机制的问题。四中全会提出所有规范性文件都要纳入审查机制，今年1月，广东省法学会召开了全国法治与社会首届论坛，在这次论坛上我有一个发言，我发言的主要意思就是说社会规范虽然属于自治领域，但是也要有一个合法性、合理性的审查。对民间的协会，地方肯定有大量的协会，尤其是经济类的，一方面要充分发挥社会规范、社团章程的作用。还有各个单位都有自己的规范性文件，这些都是自制规范，不属于法律性的，归不到法律里面，上至中央国家机关，下至一个村委会、居委会都有大量的自制规范，茂名市肯定也有很多。要充分发挥社会规范的作用，因为社会规范是社会组织自我管理的规范体系，同时又要对社会规范进行合理性、合法性的指导，首先在制定的时候就要指导。

最近有人在研究违章建筑，现在北京、上海在着力解决违章建筑问题，凡是穿墙打洞的都拆，拆的都是违建，但是在这个过程中也有一个法治问题，最近我看《人民法院报》也有相关文章的讨论。我到黑龙江省高级人民法院，有的法官专门在研究这个问题，即违法建筑有没有权属？有的是私人和私人之间的，有的是村委会和村民之间的，有的是拆迁过程中将不属于违建的财产损害了，最后法院判也得赔。环境保护就更加重要了。这几个方面我们都得好好做一些论证，要认真论证一下在这些方面我们能够做些什么，现在职能部门对情况的掌握比我们熟悉得多，我有时候也是看看材料得知一些情况，你们是在第一线，知道的情况比我们多得多，从自己的工作实际可以提出一些立法的需求。

运用法治思维和法治方式化解基层矛盾

——2017 年 8 月 17 日广东省法学会"百名法学家百场报告会"湛江市委理论学习中心组专场暨"南粤法治报告会"实录 *

尊敬的各位领导、各位同志，大家上午好！

很高兴今天有机会同各位领导和同志一起交流运用法治思维和法治方式化解基层矛盾问题。我是第一次来湛江，很高兴。来之前，我认真阅读了广东省法学会提供给我的有关湛江的一些材料，湛江在新一届市委市政府的领导下，制定了宏伟的发展蓝图和规划，并已经付诸实施。我看到材料后，

---

* 此文系作者应邀于 2017 年 8 月 17 日在广东省湛江市"百名法学家百场报告会"湛江市委理论学习中心组专场暨"南粤法治报告会"上的演讲，由会议组织者根据演讲录音实录。此文修改稿以《法治思维如何形成？——以几个典型案例为分析对象》为题，在《甘肃政法学院学报》2018 年第 1 期发表。

感到是大手笔，令人振奋。另外，材料中也介绍了湛江市在维持社会稳定和化解基层矛盾方面进行了有益的探索，取得了有效的成绩。各位都是奋斗在中国改革开放和法治工作第一线的领导者、实践者，都有着丰富的实践经验，我这次来，也是一次向各位学习的难得机会。

今天，主要是和大家探讨一下"运用法治思维和法治方式化解基层矛盾"。这个问题对我来讲也是个新问题。

如何运用法治思维和法治方式化解基层矛盾，我想来想去，还是想以一些案例为切入点，来谈这个问题。通过这几个案例，来解读今天这个主题。什么叫作法治思维，什么叫作法治方式，以及如何通过法治思维和法治方式来化解基层矛盾。

一、几个与法治思维有关的典型案例

第一个案例：某市关于商住房整治的案例。大家知道，商住房可能各地都有，湛江市也有商住房。今年初，某市对商住房进行整治，出台了一些政策。其实，商住房这个概念严格地讲不是一个很规范的概念。本来，商铺就是商铺，就是用于商业经营的，和住宅的用途不一样。这些年，因为一些城市实行住宅房屋限购政策，针对没有该市户籍的人口，要缴纳一定年限的社保才能购房，有的城市是五年，有的城市是两年或三年。在这个限购政策之下，商住房成为一个空

218

白，不在限购范围，这样有些人想解决住房问题，就购买商住房，也不排除有些人炒房。这样一来，就许多人买了商住房。此前，商住房是可以住的，至少在新政策出台之前可以住。今年年初，该市对商住房进行整治，要恢复商业用房的性质，不能作为住宅来用，颁行了一系列政策。由于新政策的实施，商住房的价值大跌，价格也大降，引起了一些商住房住户的不满。

我为什么讲这个案例呢？法律上有一个原则，叫法不溯及既往原则，就是一个法律在制定和颁布之后，不能对此前的行为产生效力，只能对这个法律颁布生效之后的行为有效力，这就是著名的法不溯及既往的法治原则。那么政策的制定是不是也要遵循这个原则呢？从刑法角度讲，法不溯及既往是一个一般原则，和它相对应的还有一个"从旧兼从轻原则"，什么意思呢？就是说，对一个犯罪行为进行刑法处罚时，在新法律发布之前发生的犯罪行为，如果旧法律对犯罪嫌疑人有利，那么就采用从旧兼从轻原则，就是说，采用有利于被告的原则，这是一个重要的法治原则。那么，这个法治原则是不是也适合我们的政策的制定呢？我们在制定政策的时候是不是也要考虑这个原则？我想也应该适用。比如，在商住房整治之前，并没有关于商住房的一些限制性要求，现在一道命令下来，对此前的商住房购买者就产生了作用，并引起一系列连锁反应。

关于这个问题，我们在制定政策的时候，也应该遵循法治原则。政策制定中的有关规定要不要涉及以前的行为和事件，这个问题比较复杂，我们也不可一概而论，但这样一个原则我们要考虑。因为一般政策的制定带来的矛盾不只是涉及一两个人，而可能是一个阶层、一个群体的问题。中央三令五申、发文件要求各级部门配备法律顾问，这是一个相当重要的问题。有时候有些事情把握不住，可以请教法律顾问。这次来广东，我很欣喜地了解到广东省在全省推行驻村律师制度，在村一级设立法律顾问，大大超出了我之前的预想。十多年前，国务院要求县级以上都要配备法律顾问，去年又发了一个文件，要求行政部门、企事业单位，包括一些社会组织，都要配备法律顾问，当出台一个政策、决策的时候，或者签订一个合同的时候，我们要考虑在法律上是否合适。当我们不确定的时候，就可以让法律顾问来做这个事情。

第二个案例：浙江岱山胚胎移植案。这个案例说简单也简单，说复杂也复杂。杨慧（化名）是浙江省岱山县人，婚后一直无法怀孕，经医院检查，是输卵管堵塞，在医生的建议下，夫妇俩决定做试管婴儿。按照医院的要求，杨慧进行了前期各项检查，并成功完成了试管胚胎，本来可以马上移植，但是她的身体条件还不允许，需要治疗几个月以后再来移植胚胎。在这个过程中，男方出海打鱼，结果失踪了。过了几个月，在杨慧身体恢复得差不多、满怀期待准备接受胚胎移植手术，距离手术还有一个月的一天，杨慧却被医院告知不能继续手术了。出了什么问题呢？医院说，按照卫生部的有关条例，你现在已经成了单身女性，不能移植胚胎（其实我们知道，在法律上，如果没有宣告死亡，不能判定这个男方死亡）。卫生部有一个《人类辅助生殖技术管理办法》，还有一个《人类辅助生殖技术规范》，其中第三条第十三项规定"禁止给不符合国家人口和计划生育法规和条例规定的夫妇和单身妇女实施人类辅助生殖技术"。医院说我们不能违背这个条例。事情僵到这儿没法解决。丈夫不在了，整个家庭把希望寄托在这个胚胎上，希望能生下一个孩子。于是，杨慧到法院起诉，审理的结果还是令人比较欣慰的，法院判决医院继续履行先前的合同，因为此前双方签署的合同都是合法的，该交的费用也交了。最后这个问题得到了解决。①

这个案例从法律上来讲涉及好多问题。一个就是女方这个状况能不能判定她是单身女性。这个女的就想不通：我是结过婚的人了，丈夫出海失踪了，就把我变成单身女性，我又不是一个没有结过婚的单身女性。还有一个法律问题，即上位法和下位法的关系问题。我国在生育问题上的法律就是《人口与计划生育法》，该法第十七条规定："公民有生育的权利，也有依法实行计划生育的义务，夫妻双方在实行计划生

① 案例来源：中央电视台 2017 年 8 月 5 日《今日说法》栏目：《"遗腹子"之困》。

育中负有共同的责任。""公民有生育的权利",它用了一个"公民"的概念,没有用"夫妇"或"夫妻"的概念,这就有其中的意蕴了。

我们在立法上有个原则,叫上位法高于下位法。在这个案例中,上位法就是《人口与计划生育法》,这个法律是由全国人大常委会制定的;卫生部颁布的《人类辅助生殖技术管理办法》是一个国务院部门规章,在法律位阶上是下位法,《人类辅助生殖技术规范》应该是一个技术规范,其法律效力要低于国家制定的《人口与计划生育法》。在《人口与计划生育法》没有明确禁止性条款的情况下,能否适用下位阶的技术规范,还是一个可以讨论的问题。当然,不能说这个技术规范就违背了上位法,而是在这个案件中,能否使用这个条款,这涉及对这个案子的判断,即能不能把这个女的定性为单身女性;此外,还涉及她和丈夫同医院方面签订的合同的有效性,以及是否继续履行合同的问题。

讲这个案子想说明什么问题呢?就是在处理这种具体的事件过程中,如果判断不准确,可能就会造成矛盾。医院有医院的理由,既然法律做了这样的规定,医院就不能违反。有时候,当问题出现僵局解决不了时,可以走诉讼渠道。这也给我们提供了一条思路:我们在化解社会矛盾的时候,有时候在有些问题纠结不下、双方在理解上存在差异的情况下,怎么办呢,就去找法院,法院是一个裁决机构,由法院来对这个事件作出一个判断，作出一个裁决，这就充分发挥了司法对于化解和解决社会基层矛盾的作用。要充分利用这样一种司法的方式。

第三个案例：北京的一个丈夫拒绝签字致孕妇胎儿死亡案例。这是十年前发生在北京的一个很典型的案子。2007年11月21日下午4点左右，北京某医院，一名孕妇因难产生命垂危被其丈夫送进医院，面对身无分文的孕妇，医院决定免费入院治疗，而其同来的丈夫竟然拒绝在医院的剖腹产手术同意单上面签字，医院几十名医生、护士束手无策，在抢救了3个小时后（当日19点20分），医生宣布孕妇经抢救无效死亡。①

这个案件发生以后，展开了全国性的讨论，到底是谁的责任？大多数人认为是这个丈夫的责任，有很多谴责，我们就不展开讨论了，但对这个案件的讨论和议论中不乏有误导性的观点。误导在什么地方呢？很多人没仔细去看法律条款怎么规定的。后来我指导的一位博士生专门研究了这个问题，写了一篇文章，指出了该案讨论中法律适用的误区。②法律在这个问题上其实有明确的规定，《医疗机构管理条例》第

---

① 参见《丈夫拒绝签字 孕妇难产死亡事件调查》，载央广网，http://news.cctv.com/society/20071127/108212.shtml，最后访问时间：2022年9月20日。

② 戈含锋：《法律运用的误区与分析——拒签导致孕妇死亡事件再反思》，载《法治研究》2010年第1期。

三十三条规定，医疗机构施行手术、特殊检查或者特殊治疗时，必须征得患者同意，并应当取得其家属或者关系人同意并签字；无法取得患者意见时，应当取得家属或者关系人同意并签字；无法取得患者意见又无家属或者关系人在场，或者遇到其他特殊情况时，经治医师应当提出医疗处置方案，在取得医疗机构负责人或者被授权负责人员的批准后实施。这不是讲得非常清楚吗？就是说经治医师可以拿出医疗处置方案，在没人签字的情况下，医疗机构负责人完全可以做一个决定，是不是要做这个手术。为什么法律要规定由医疗机构的负责人批准呢？因为我们知道一般情况下，医院的院长应该都是内行（有没有不是医生的当院长，中国这么大也不排除，但一般来讲，医疗机构的负责人应该是医生出身），专业人士可以作出判断。

我们回到法律上，这个医院的负责人和医生有责任。法律为什么赋予他们权利（力）——在紧急状况下的处置权，就是因为他们会作出职业上的判断，才赋予他们这样的权利（力）。一旦出现问题，法律是有免责的，不能因为你当时签了字而导致死亡的后果，签字的人就要负责任，不是这样的。法律赋予医生和医院负责人在紧急状况下作出决定，如果一旦出现不利后果，从法律上是可以免责的，并不是让你来承担这个责任，这是由医疗事业的特殊性所决定的。所以，像这样一个孕妇死亡案件就反映出，也许这所医院的院长、医生对法律规定不熟悉，也许是怕承担责任。所以我想说我们讲法治思维也好，讲法治方式也好，首先要建立在对相关法律条款熟悉的基础上，对法律规定熟悉的基础上。如果我们不熟悉这些法律规定，我们在遇到问题的时候就不知道怎么办。这是我要讲的第三个案例。

第四个案例：交警执法导致孕妇胎儿死亡案例。一个孕妇要生产了，找了一辆车，司机驾车飞快地向医院驶去，由于超速被交警拦住了，一查，这个司机还没有驾照，严重违章。在这个过程中，互相纠缠，交警说不能放你走，你超速，又没有驾照，严重违章。由于耽误了时间，最后导致了孕妇和胎儿的双双死亡。①案件发生以后，也引起了全国性的讨论。在讨论中都说这个交警不对，但交警认为他是在严格执法。

我在看到这个案例的时候就觉得，这位交警同志不懂得有一个法律制度，什么制度呢，就是紧急避险制度。他如果掌握了这样一个知识点，知道法律上有这样一个制度，完全可以避免这样一场悲剧的发生。在法律上，当出现大的利益和小的利益冲突的时候，为了保护大的利益，可以牺牲小的利益。其实交警可以采取很多种方式来妥善地解决此事。比

---

① 《"遇运政稽查 临盆孕妇惨死"追踪》，载《华西都市报》2000 年 8 月 7 日报道，https://news.sina.com.cn/society/2000-08-07/115054.html，最后访问时间：2022 年 9 月 20 日。

如，可以叫一辆出租车，让出租车送孕妇去医院；或者实在不行就先放行，好像没有做到严格执法，但是这是紧急情况，为了维护孕妇和胎儿的生命安全，可以放行，如果组织上追究你为什么不严格执法，你可以用紧急避险来抗辩；或者交警自己驾车，亲自送孕妇到医院去，表面上擅离职守，但它是紧急情况。这个案例告诉我们一个经验教训，我们在处理这种紧急事务的时候由于缺乏相关的法律知识从而导致悲剧性的后果发生。后来我又看到一个同类的案件，也是一个孕妇生产，也是违章，那位交警发现这个情况，亲自驾车把孕妇送到医院去，如果是这样处理，上面案例的悲剧就可以完全避免了。这个紧急避险的知识，在我们这个职业队伍里面，在领导干部里面，在民众里面，普及率还不是很高。当出现紧急状态，两种利益都是法律保护的权益，需要作出抉择时，我们就要保护大的利益，牺牲小的利益。[①]

刑事案件里面也有很多紧急避险的案例。我这几年一直在研究权利冲突问题。有一个案例是赤脚医生李某救命伤人案。李某出身于农民家庭，年轻时当过一段时间的"赤脚医生"，粗通一点医学知识。近几年由于年老体弱，难以从事农村体力活了，于是便操起了"赤脚医生"的老本行。因此，

---

① 刘作翔：《紧急避险：解决权利冲突的制度设计及刑民案例》，载《河北法学》2014 年第 1 期。

对其非法行医行为，区卫生行政部门分别在 2006 年 10 月和 2008 年 7 月两次对其给予行政处罚。此后，李某下决心不干了，也曾有几个乡亲找到他要求给打针配药都被他回绝了。2008 年 10 月 19 日 18 时许，同村农民田某突然跑到家来找李某，说是他 12 岁的儿子不知道吃什么东西卡住了气管，眼看人就要不行了，求李某想办法救一救。李某说自己也没有什么办法，没有医生资格也不能随便想什么办法。但由于想到救人要紧还是去了。来到现场后，李某见孩子呼吸、心跳已经停止，他知道县医院的救护车赶到至少也要 50 分钟，孩子肯定性命不保了。在孩子父母等亲人的哀求下，李某果断地为孩子实施了简易的气管切开手术。很快，手术见效了，孩子有了心跳和呼吸。果然 50 分钟之后，救护车也赶到了。孩子的性命保住了，但却半身瘫痪。医院的诊断结果认为是最初实施的气管切开手术不当导致的。县卫生行政部门知道这一情况后，将情况报告给公安机关，公安机关以李某涉嫌非法行医罪立案侦查后向检察机关移送起诉。检察院以李某涉嫌非法行医罪向法院提起公诉。法院受理后，依法组成合议庭公开开庭进行了审理，检察院指派检察员出庭支持公诉，被告人李某及其辩护人到庭参加诉讼。经过合议庭评议及审委会讨论决定后，法院判决被告人李某无罪。

在法院审理过程中，经过合议庭评议，形成以下两种截然相反的观点：一种观点认为被告人李某没有取得医生执业资格非法行医且发生了严重后果，并且是在被两次行政处罚后又非法行医的，是属于非法行医情节严重的行为，已构成非法行医罪；另一种观点则认为，被告人李某在被害人的生命危急关头，不得已为其进行简易的气管切开手术，其行为是一种紧急避险行为，而非行医行为，更不是非法行医行为，其行为不构成犯罪。最后法院采纳了第二种观点。[①] 如果当时这位李某不去采取这个措施，小孩可能就死了，虽然也导致了瘫痪这种不幸的事情，但总比当时死亡了要好一些。这个案件，法院适用了紧急避险，作出这样一个判断。

紧急避险在民事领域、刑事领域包括行政执法领域会经常遇到，如果我们能够更多地掌握一些有关知识，在紧急情况下做出判断，会避免一些损失。

第五个案例：北京大学撤销于某茹博士学位案件。这个案件已经有一两年了，于某茹发表的一篇文章涉嫌抄袭，北京大学撤销了她的博士学位，她起诉了北京大学。最近法院作出判决，北京大学败诉。北京大学认为，你存在抄袭，我撤销你的学位怎么能够败诉呢。这个判决书里面反复讲的一个裁判理由，就是正当程序原则。说北京大学在作出这个决

---

① 付建国、赵春玲：《本案赤脚医生救命伤人如何定性？》，载中国法院网，https://www.chinacourt.org/article/detail/2009/03/id/348433.shtml，最后访问时间：2023 年 4 月 17 日。

定的过程中，没有履行正当程序，不能说找她谈了一次话就可以，学校要告知她可能将面临什么样的后果。对方也没有料到会撤销她的博士学位，也就没有那么当回事，说应该告知她相关的事实，以及学校可能要取消你的学位。这个判决的前前后后，强调了一个正当程序原则。就是说我们在做任何事情的时候，正当程序原则不仅仅是司法过程诉讼程序中的一个重要的原则，在我们整个工作过程中，正当程序都是很重要的原则。我们现在提出依法行政，依法行政也要履行正当程序，在有关条例里面都规定得很清楚。所以，行政工作、司法工作等都要贯彻正当程序原则，立法可能有更严格的程序要求。我们每一个环节都不能少。

二、关于法治思维和法治方式的论述

党的十八大以来，关于法治思维、法治方式，中央文献中有很多次讲到。较早的是在 2012 年 11 月召开的党的十八大会议上提出了"提高领导干部运用法治思维和法治方式深化改革、推动发展、化解矛盾、维护稳定能力"。党的十八大还提出了一个重大命题，即新"法治十六字方针"。这个十六字方针就是大家熟悉的"科学立法、严格执法、公正司法、全民守法"。在这里我想强调的就是湛江市是有地方立法权的市，2015 年修订后的《立法法》赋予了设区的市的地方立法权，但是有三个范围的限定，第一就是城市建设与管理，第二是环境保护，第三是历史文化保护。在赋予地方性法规制定权的同时，也赋予了地方政府有规章制定权，这一点大家比较容易忽略。所以我们应该充分运用好立法法赋予我们的这个立法权，在城市建设与管理、环境保护、历史文化保护这三个方面，其实有很多可以做的工作。新"法治十六字方针"的提出是有针对性的，就是针对我们改革开放之初提出的原有的"法制建设十六字方针"，即"有法可依、有法必依、执法必严、违法必究"。如果说原来的"法制建设十六字方针"是一个形式法治观的表述，那么，党的十八大提出的新"法治十六字方针"就是一个实质法治观的表达，它在法治的每一个环节里都加入了一个价值要求，而实质法治的实现也离不开形式法治。

2013年11月12日召开的党的十八届三中全会，对如何运用法治思维和法治方式作了系统性阐述，其中体现在第13个大问题里面，就是关于创新社会治理体制。这里面的内容我认为都是非常重要的。其中第47个问题是关于"改进社会治理方式"，这与我们今天的主题密切相关，提出了"运用法治思维和法治方式化解社会矛盾"。对于如何化解基层矛盾，提出了很多有建设性的意见，比如，坚持系统治理，发挥政府主导作用，鼓励和支持社会各方面参与，实现政府治理和社会自我调节、居民自治良性互动。坚持依法治理，加强法治保障，运用法治思维和法治方式化解社会矛盾。坚持综合治理，强化道德约束，规范社会行为，调节利益关系，协调社会关系，解决社会问题。坚持源头治理，标本兼治、重在治本，以网格化管理、社会化服务为方向，健全基层综合服务管理平台，及时反映和协调人民群众各方面各层次利益诉求。第48个问题是"激发社会组织活力"，其中，关于如何处理政府和社会的关系有很多具体的论述。比如，正确处理政府和社会关系，加快实施政社分开，推进社会组织明确权责、依法自治、发挥作用。适合由社会组织提供的公共服务和解决的事项，交由社会组织承担。支持和发展志愿服务组织。限期实现行业协会商会与行政机关真正脱钩，重点培育和优先发展行业协会商会类、科技类、公益慈善类、城乡社区服务类社会组织，成立时直接依法申请登记。加强对社会组织和在华境外非政府组织的管理，引导它们依法开展活动。这些和我们今天这个主题关系是很密切的。第49个问题是"创新有效预防和化解社会矛盾体制"，跟今天的主题最密切，提出了健全重大决策社会稳定风险评估机制。建立畅通有序的诉求表达、心理干预、矛盾调处、权益保障机制，使群众问题能反映、矛盾能化解、权益有保障。改革行政复议体制，健全行政复议案件审理机制，纠正违法或不当行政行为。完善人民调解、行政调解、司法调解联动工作体系，建立调处化解矛盾纠纷综合机制。

此后的党的十八届四中全会、五中全会都强调了运用法治思维法治方式化解基层矛盾。党中央强调坚持运用法治思维和法治方式解决矛盾和问题。所以，自党的十八大以来，中央召开的每次全会都在强调运用法治思维和法治方式解决矛盾，这是一个我们在实现法治国家和法治社会中非常重要的问题。

三、什么是法治思维和法治方式

要做到运用法治思维和法治方式化解基层矛盾，首先，我们要了解什么是法治思维和法治方式，这是一个重要的前提。如果我们不了解这个前提的话，我们就无法化解基层矛盾。我为什么前面讲那些案例呢，就是在这些案例里面都渗透着一些相关的法律知识、法律原则、法律制度。因此，我们首先要知道什么是法治思维，什么是法治方式，这是个前提，了解了这个前提，我们才能解决后面的问题。下面我想就这么几个问题和大家交流。

（一）什么是法治

关于法治，中外有无数的解读著作，可谓汗牛充栋。

法治包含着多重内涵。

首先，法治是一种观念，一种意识，一种视法为社会最高权威的理念和文化。这种观念、意识、理念和文化尊崇以社会集体成员的意志为内容而形成的规则体系。它重视个人在社会中的价值和尊严，但排斥个人在社会运行机制中的权威地位。

其次，法治是一种价值的体现。法治不但要求一个社会遵从具有普遍性特征的法，而且还要求这种被普遍遵从的法必须是好法、良法、善法。亦即法治之法包含着民主、自由、平等、公平、正义等人类价值要素，因而，法治之法使人类对法律提出了更高的要求，它使立法者在法律制定之后必须接受价值的评判和检验。

最后，法治是一种以"法的统治"为特征的社会统治方式和治理方式，它并不排斥社会道德等对人们内心的影响和外在行为的自我约束，但它排斥以人为轴心的统治方式，它奉行"人变道不变"的哲学原则。法治社会中评判人们外在行为的标准是法律，从表面上看它似乎低于道德标准，但它更有利于社会文明的进展，从最终目标上看是向道德准则的接近和迈进。

总之，法治是一个能够统摄社会全部法律价值和政治价值内容的综合性概念。实现法治，也即实现这些价值；法治的实现，也标志着这些价值的实现。[①]

（二）什么是法治思维和法治方式

有学者对法治思维和法治方式作出如下界定，法治思维

---

① 刘作翔：《实现法治：我们的理想和追求》，载《政治与法律》1996 年第 5 期。

是指按照法治的理念、原则、精神对所遇到的各种问题进行分析的思想认识活动或思想认识过程；法治方式是指在法治思维的基础上，按照法律规定和法律程序处理和解决问题的实践过程和工作方式。①

（三）法治思维和法治方式的关系

这位学者对法治思维和法治方式的相互关系也作了如下界定，法治思维和法治方式既各有侧重又紧密相连。法治思维强调思维方式要符合法治的理念、精神、原则和逻辑，着眼于思想；法治方式强调各种措施、方式、方法和行为要符合法的规定性，着眼于行动。法治思维决定和支配法治方式，具备了法治思维，就会主动运用法治方式认识和解决问题。法治方式是法治思维的具体体现，法治思维只有外化为法治行为、体现为法治方式，才能真正发挥作用。法治思维和法治方式既相互作用又相互促进。善用法治思维和法治方式会促进法治实践，法治实践又会激发人们主动自觉地运用法治思维和法治方式。②法治思维和法治方式的关系其实是一个基本的认识论问题。大家都学过哲学，人的行动是受人的思

---

② 吴汉民：《提高运用法治思维和法治方式的能力》，载《人民日报》2013年12月24日。

③ 吴汉民：《提高运用法治思维和法治方式的能力》，载《人民日报》2013年12月24日。

想支配的，一个人的思想达到什么样的境界，这个人的行动就可以达到什么境界。法治思维和法治方式就是这么一个辩证的关系。

（四）法治思维如何确立

我们讲法治精神、法治原则、法治理念等，首先，我们要知道法治思维和法律知识的关系。要确立法治思维，首先必须具备一定的法治观念。而法治观念的确立又与法律知识的学习、了解、通达分不开。因此，我们要确立法治思维，需要学习、了解、熟悉相关的法律知识，所以在领导干部中进行法律学习的重要性就体现出来了。前面所讲的案例很多都跟法律知识相关联，比如那个交警执法案例，在处置这样一个紧急情况时，都与一些法律知识有关联。因此有相关的法律知识就能很好地处理这些问题，不具备这些相关的法律知识就意味着可能无法处理好。法治思维指导着人的行动，有什么样的法治思维，就会采取什么样的法治方式。法治思维如何建立呢？它是建立在一系列的法治观念基础上，法治观念从何而来呢？法治观念来源于大量法律知识的积累。这里有个矛盾点，普通老百姓很难做到掌握那么多的法律知识。在"一五""二五"普法阶段，我们提倡老百姓找专业的法律人员，有纠纷找法院。经过多年的反思，我个人认为，老百姓如果连自己的基本权利都不知道，怎么会去主张权利？包括我们在工作中也存在这个问题，我们出台一项政策的时候，不知道法律怎么规定的，是否和法律相冲突。因此，我们自己还是需要学习法律，在工作中要学习法律，至少要学习和自己工作密切相关的法律，比如医院院长，必须要熟悉医疗机构管理相关的法律知识。

四、如何积极运用法治思维和法治方式深化改革、推动发展、化解矛盾、维护稳定

党的十八大以来，党的十八届三中全会、四中全会、五中全会、六中全会，对党和国家事务作出了全面和整体的安排，提出了统筹推进"五位一体"的总体布局和协调推进"四个全面"的战略布局。我国正处于全面建成小康社会的决定性阶段，改革发展稳定任务繁重艰巨，新情况新问题层出不穷，利益关系更加复杂，各种矛盾日益凸显。在这种情况下，大力提高领导干部运用法治思维和法治方式深化改革、推动发展、化解矛盾、维护稳定能力，既是全面推进依法治国、加快建设社会主义法治国家的客观需要，也是加强党的执政能力建设、提高党的执政水平和领导水平的重要内容。我前面强调的党的十八届三中全会决定中第十三部分的内容是非常重要的，提出了很多具体的措施。下面根据学习体会，谈谈如何积极运用法治思维和法治方式深化改革、推动发展、化解矛盾、维护稳定。

（一）运用法治思维和法治方式来深化改革

法是全社会共同遵守的行为准则，是社会关系的调解器。随着经济体制深刻变化，社会结构深刻变动，利益格局深刻调整，思想观念深刻变化，要更好地凝聚改革共识，确保改革不断推进，就必须在发挥国家政策、党的政策作用的同时更加注重发挥法治的作用。在全面深化改革的过程中，领导干部应善于将党的改革主张和人民的改革意愿通过法定程序转化为代表国家意志的法律制度，以促进和保证改革措施贯彻落实，把改革经验和成果得以巩固，善于将改革实践纳入制度化、法治化轨道，通过发挥法治的作用和维护法治的权威，提高领导改革和依法执政的水平。

（二）运用法治思维和法治方式推动发展

法治具有普遍性、稳定性、预期性的特点，与科学发展有内在联系，坚持运用法治思维和法治方式解决发展中的问题有利于推动科学发展。法治不仅是治国理政的基本方式，也是实现经济社会全面协调可持续发展的重要法宝。昨天我在茂名市讲到，开渔节不仅仅是经济生活的一件大事，也是具有法治意义的一件大事，在 1979 年国务院关于《水产资源繁殖保护条例》里面第一次提出了禁渔期，在《渔业法》里面又规定了很多禁渔期条款，这是一个法治行为，是我们守法执法、实施法律的一个行动。法治渗透在人们生活的各个领域，它对经济发展、可持续发展也是一个很重要的法宝，特别是在经济社会转型时期，领导干部要更多、更自觉地用法治眼光审视发展问题，用法治思维谋划发展思路，用法治手段破解发展难题。

（三）积极运用法治思维和法治方式化解矛盾、维护稳定

法治是利益协调、权利保障的根本依据，也是化解矛盾、维护稳定的有效手段，面对各种社会矛盾多发、频发的现实，领导干部应更加注重运用法治思维和法治方式妥善协调利益关系，有效化解矛盾纠纷，不断促进社会公平正义，努力实现好、维护好、发展好最广大人民的根本利益。特别是在应对人民各种诉求，处理各种突发事件时，既要注意运用经济、政策、行政等手段，又要注重运用法治手段，确保解决办法和处理结果经得起实践的检验，从而更好地维护社会和谐稳定。

谢谢大家！

探索跨行政区划立法的新路径

——2017 年 10 月 23 日河北经贸大学"京津冀协同发展立法高层论坛"的评论*

感谢会议的邀请！非常高兴能够参加这样一个高层论坛。刚才主持人说时间很紧了，我就直奔主题。我想先就大家的发言谈几个问题，然后我再谈两点感想。

我们这个单元一共有五位专家做了精彩的发言。刚才有专家又针对一些问题谈了一些意见，我觉得她谈的两个问题很有意思，其中一个是"一家立法、三家共享"，我刚才也想到这一点，就是在行政格局不变的情况下，三家能不能同时

* 此文系作者应邀于 2017 年 10 月 23 日参加由中国法学会立法学研究会主办，河北经贸大学法学院、河北经贸大学地方法治建设研究中心承办的"京津冀协同发展立法高层论坛"上的评论。由中国社会科学院陈科先博士根据录音整理，特此感谢。

通过？还有关于雄安立法，我觉得虽然是国家大事，但是从目前的立法格局来看，可能还是属于地方立法或特区立法的问题。

这五位专家，有三位长期在省级人大法制机构工作，他们对地方立法尤其是省一级地方法制工作有着非常丰富的经验，这个是我们学术研究者所不具备的。刚才从他们三位的报告中，给我们介绍了这些年从提出京津冀这个问题以后，三地在协同发展方面立法的一些情况，使我们获得了一些非常宝贵的信息，了解了一些情况。另外，有专家对长三角的介绍，从一些很小的事情，可以知道协同的重要性，罚则不一样，就会引起问题，比如说水权问题，环境污染问题，这都是大问题。还有专家给我们描述了城市化过程中的法律问题，也谈到了京津冀的问题、雄安的问题。综合起来，我想就刚才几位报告人在发言中提出的一些问题，谈一谈看法。

第一，刚才有专家谈到，我们一般是先政策后立法，这个是毫无疑问的。还有专家提出政策实行的时间不宜过长，这就涉及先行先试的问题。我最近在研究重大改革于法有据时想到这个问题，先行先试目前在国家层面，就是通过授权先行先试，我最近去广东讲课，突然想到一个问题，地方能不能先行先试？目前，从党的十八届四中全会的报告中是没有授这个权的，先行先试只是局限在国家层面，那么地方有没有先行先试的可能性？这个目前是不明确的，先行先试就涉及政策的时间，到底多长时间是合适的？这是一个问题，我提出来供大家一起探讨。

第二，刚才有专家谈到的纵向横向问题。京津冀协同发展，不管地方立法怎么讲，还是要保持国家立法体制这个基本的格局，要在这个基本格局内进行。从我们目前的立法格局看，我们不可能让京津冀三省市共同行使立法权来制定一部法律，这是我们目前的格局，未来会是一个什么发展？从未来的角度看，我们会不会有一个新的立法格局产生，这个都是未知数，这个是改革发展中都可能出现的问题。但是就目前的格局来讲，我们不能打破目前的行政区划以及各省独自行使立法权的可能。

第三，刚才有专家谈到，地方性法规和地方政府规章这两者的调整领域一直是不清楚的。这个问题，我觉得在京津冀，包括我们研究地方立法以及立法学研究会，都是应该攻克的一个难点。因为权限不清楚会导致一个什么结果呢？就是应该由法规立的，它是通过规章的方式走的；应该由规章走的，又把它上升到法规。重要的问题就是，我们的立法权限是不清楚的，所以就导致这样一个问题，这个问题是一个难点。这是报告中提出的几个问题，我提出来大家一起讨论。

另外，我有两点感想：

第一，通过刚才五位专家的发言，我们就感觉到，在中国，立法机制可能发生变化。这个立法机制包括立法主体、立法方式。我们现在受行政区划的限制，目前很难打破这种行政区划，那么京津冀协同发展在立法上我们能做到的是什么呢，就是通过联席会议的方式、协商的方式、协调的方式，我们还不可能迈向一个更高层次、实质性的跨行政区划立法，我们现在还没有这个机制。在司法领域里面，中央提出建立跨行政区划法院的司法体制；那么未来的格局会不会有一种跨行政区划立法呢？我说的这个立法不是一省立法、三省共享，而是真正的跨行政区划立法，有没有可能出现？这个立法模式出现的话，就打破了目前我们国家立法和地方立法这样一个格局。那么在这个立法格局中，可能就加了一个东西，就是跨行政区划立法，如果这个格局出现的话，立什么？谁来立？这就是个问题了，这是第一个感想。

第二，我们的立法内容可能发生变化。目前是一种"一省一市一地"的立法格局，未来立法的内容可能就要关照到跨区域的问题。这样一来，就带来一个我们需要考虑的问题，哪些是跨区域的普遍性问题？交通、环保、教育、医疗、社保、文化、体育，哪些是跨行政区域的普遍性问题？哪些是特殊性问题？还有一个问题，就是哪些属于需要跨区域解决的，哪些属于内部解决的？而且内部解决又有不同的层次，在内部里面，有省有市，现在设区的市的立法权也获得了，就是内部的一个分工和调整领域。还有一个问题，我觉得应该引起重视的，就是我们今天的主题讨论的跨行政划立法，和这个主题相呼应的有一个"跨行政区划的法治协同发展问题",就是我们不仅仅是一个立法,立法仅仅是立规矩,还有一个执法、司法、法律监督、社会管理、社会治理等问题,所以我提出一个问题,我们在考虑跨行政区划立法这个问题的时候,可能还要注重在执法和司法中对立法的一个反馈机制。因为大量的问题在立法的时候可能发现不了,反而会在执法过程中,在司法过程中暴露出来,所以我们要注重反馈机制,把这个跨行政区域立法问题纳入整个跨行政区划的京津冀三地的法治协同发展中,这样就形成了一个整体性的思考。

以上是一些不成熟的想法。谢谢大家!

全球法可能吗

——2017 年 11 月 4 日广西大学"第九届全国部门法哲学研讨会"的演讲[*]

主持人杜宴林教授（吉林大学）：下面有请刘作翔老师！刘老师的演讲题目是"全球法可能吗"，这个问题我记得康德曾经说过，但是没有进行系统的论述，今天请刘老师来为我们回答。

刘作翔教授：谢谢杜宴林教授！谢谢会议的邀请！刚才杜宴林教授回顾了部门法哲学研讨会的历程，通过他的回顾，

我也回顾了一下：今年是第九届会议，我可能参加了七届，除了第一届由中国政法大学诉讼法学研究中心举办的"部门法哲学研讨会"和 2013 年温州大学组织的以"生态文明与环境司法"为主题的第五届会议没有参加，其他的都参加了。我参加部门法哲学研讨会有很大的收获，每次通过与部门法学者的交流，都可以增加我们对很多问题的认识。这一次很荣幸有机会能够来到广西大学参加关于国际法哲学的研讨。以前有几次收到广西大学的邀请，但是都没有成行，这一次等于圆了一个来广西大学的愿望。

我想跟大家汇报的题目是"全球法可能吗"，这个问题对我来讲，已经追问了 15 年。为什么说追问了 15 年呢？2002年中国人民大学法律全球化研究中心和香港世贸组织研究中心在中国人民大学法学院组织了一个会议，会议主题是"法律与全球化：实践背后的理论"。会后出了一本书，把会议全程的观点都作了整理和展示。那次会议围绕以下四个问题进行了研讨：第一是法律与全球化的一般理论；第二是全球化与国家主权；第三是国际人权与国内法；第四是世贸组织与中国法治。我为什么谈这次会议呢？因为这次会议给我印象最深刻的是第一位发言人，即已经过世的沈宗灵教授，他多年来身体一直不好，基本上不参加学术会议，但是那一次他来了，做了第一个发言，他的发言又令我们大吃一惊，他对"法律全球化"这个命题进行了尖锐的批判。为了保证不误读沈教授的观点，我来之前把那次会议的文集专门找出来，把沈教授的发言复制了一下，我想给大家复述一下他的主要观点：

沈宗灵教授的发言题目是"评西方国家的所谓'法律全球化理论'"。他说，法律全球化，就我所接触到的来看，一种是西方国家讲的"法律全球化"，还有一种是中国法学家讲的法律全球化。我要评的是前者。我认为西方法学家讲的法律全球化的观点总的讲起来，是一个不切实际的幻想。为什么说法律全球化是一个不切实际的幻想呢？首先，我觉得这种观点忽视了当今世界上不仅存在着经济全球化的趋势，还存在着政治多元化的趋势。世界上有两百多个国家和地区，社会制度、价值观念、发展程度、文化传统等存在着很大差异，各国人民有权根据自己的国情选择社会制度和发展道路。而法律全球化否认世界政治多极化趋势，企图建立一个清一色的法律王国。其次，法律与经济有密切联系，两者是相互作用的。但法律不同于经济，法律一般来说是国家意志的体现。①

这次会议我也发表了观点。我的主要观点是：主权国家的存在，就不可能有一个作为全称判断的法律全球化的可能。

---

① 载朱景文主编：《法律与全球化：实践背后的理论》，法律出版社2004年版，第576~577页。

当时对于这个会议的主题我是认可的，讨论的是"法律与全球化"的关系。经济全球化是一个发展趋势，但是"法律全球化"又是另外一个命题。所以，从2002年以来，虽然我没有专门研究这个问题，但是一直在追问这个问题。利用这次会议的机会来求教于大家，因为参加这次会议的主要是国际法的一些专家，还有法理学的专家，以及其他部门法的专家。关于这个问题，既有法哲学的一些问题在里面，也有和国际法密切相关的一些问题在里面。所以我的题目是"全球法可能吗"，我想从以下几个方面来谈一谈我的想法，没有做具体的论证，求教于大家：

第一，为什么要讨论"全球法"呢？这个问题首先是从法律全球化说起的。法律全球化虽然与全球法不是一个命题，但是两者存在着内在的联系。如果法律全球化命题能够成立，它会导向一个全球法命题的成立，它们之间有一个内在的联系。

第二，从古到今，关于建立一个世界政府、全球政府、大同世界的理想和呼吁不绝于耳。一些思想家提出过很多的蓝图，比如奥地利的凯尔森就提出过世界政府的理念，中国的康有为在《大同书》中提出了大同世界的设想。其实空想主义者的很多著作都有这样的一个追求。但是我个人认为这些都是作为一种学说和理想提出来的，它并不是一种现实意义上的存在。如果说有世界政府、全球政府的存在，就会有相应的世界法、全球法。这涉及如何看待一些思想家提出的世界政府、全球政府、大同世界这些理念。世界政府的提出，一定有一个和此相联系的世界法，或者叫全球法。

第三，为什么要提出"全球法可能吗"这个问题呢？主权国家的存在，并且在一个相当长时间内的存在，在客观上就不可能有一个全球政府和与它配套的全球法。民族国家在相当长的时间内仍然是一个不容置疑的客观存在。主权国家的法律是主导性的。在民族国家、主权国家存在的前提下，法律怎么全球化？全球法由谁来制定？怎么来实行？如果认可全球法这个理念，并将这种理念变为一种可能，或者变成一种现实的话，最后极有可能导致一种霸权法。

第四，国际法（不论是国际公法、国际私法还是国际经济法）存在的本身就是对全球法的否定。国际法的主体是国家以及国际组织、非政府组织。此外，我认为可能还包含个人，比如国际刑事法庭经常会追究个人的犯罪，在国际私法上个人也是一个主体。那么，只要主权国家存在，就不可能有一个全球法。国际法或者国际规则的趋同化，并不能为全球法的出现提供一个证明。有人提出"法律全球化"和"全球法"这个命题，是看到出现了国际规则的趋同化，但国际规则的趋同化能不能导致一种法律全球化，我是持怀疑态度的。"法律全球化"在逻辑上是一个全称判断，"全球法"更是一个全称判断。国际法或者国际规则的趋同化并不能为全球法的出现提供一个证明，相反它恰恰证明了全球法的不可能。因为国际法需要由主权国家或者有关的组织签署或者同意加入才能有效，国际规则的执行也要依赖于主权国家及相关主体的遵守。还有一个问题就是：国际法和国际规则的执行机制是不是一个强机制？因为国际规则有时候得不到遵守，得不到遵守怎么办？惩罚措施有时候很难延及违约方或者不遵守方。现在违反国际法的行为太多了，有时候追究不到，或无法追究。所以我们这一次会议讨论国际法哲学，国际法哲学恰恰证明了全球法的不可能，恰恰对这个概念提出了一个反证。

第五，从一种理想的乌托邦式的全球法回到国际法来，才是一个理性的思维。比如我们今天讨论的"一带一路"问题，国际区域合作问题，都是在现有国际法的框架内的讨论。

这是我就"全球法可能吗"的几点看法。

最后还有一点时间，我想谈谈刚才杜宴林教授谈到的学科沟通的重要性。我们上周刚好在加拿大温哥华参加了世界华人法哲学大会。我在会上发言时讲到，《民法总则》颁布以后，习惯被列入第十条，有民法学者说习惯成了新的法源，我就这个问题发表了一点评论，我认为这是一个误导。习惯被列入《民法总则》第十条，只能说在法律缺位的情况下，可以用习惯作为裁决依据和行为依据，但是并不意味着习惯就变成了法源。我的发言题目是关于社会规范体系的问题，实际上涉及了如何认识法源的问题，即什么叫法源，什么叫法律渊源。我就在想，我们的《法理学》教材中关于什么是法律渊源已经写得非常清楚了。在我主编的中国社会科学院的法律硕士教材《法理学》中，法律渊源这一章是我写的。法律渊源就是有效力的法律表现形式。法律渊源到哪里去找呢？要到立法法中去找。中国是个制定法国家，这个事实不能够被忽视，如果忽视了这个事实的话，那什么都成了法了。去年在中国人民大学讨论法的概念时，我就发表了看法，现在什么都成了法了，还有界限没有？《民法总则》现在已经讲了，习惯在特定条件下可以作为裁决依据，但是作为裁决依据是不是就是法？甚至司法解释虽然得到了一种合法性授权，但是并不意味着它就是法律渊源。在法律渊源里面是没有给它位置的，指导性案例也不是。所以，这里面就有一个重大的问题：中国的法律体制到底是什么？在一个制定法的传统中，要确认一个规范类型是法，必须有法律根据，由此才能说它是法。

最后，感谢有这次机会能和大家交流。对于国际法我是个门外汉，今天这个发言是很不自信的，也是没有底气的，是向大家来求教的，希望得到大家的批评，谢谢大家！

法治原理是否具有普适性：主权国家的法治原理和国际法的法治原理是不是相通的

——2017年11月4日广西大学"第九届全国部门法哲学研讨会"的评论*

刘作翔教授：这个单元五位专家的发言，有三位的发言是国际法问题，有两位的发言法理的色彩浓一些。但是这五个报告都是很重要的，我就谈一下自己的理解。

斜晓东教授（宁波大学）的发言题目是"'一带一路'倡议下的环境合作法律机制研究"。他抓住了一个和合文化，

---

* 此文系作者应邀于2017年11月4日在广西壮族自治区南宁市参加由司法文明协同创新中心、吉林大学理论法学研究中心、广西大学主办，广西大学法学院承办的第九届全国部门法哲学研讨会"国际法治与国际法哲学——以'一带一路'倡议为背景"上对五位教授发言的点评。由中国政法大学朱乾乾博士根据录音整理，特此感谢。

抓住了"和"这样一个中国传统文化中的经典性概念，把这样一个概念运用到"一带一路"环境合作法律机制里，并做了非常仔细的研究。一个是对"和"这个概念做了丰富的概括和提炼，另外在报告中，重点对如何开展"一带一路"环境合作法律机制做了非常具体的规划。刚才大家也都看了他的PPT，也都听了他的报告，我就不再展开了。我总的感觉就是他的这个报告有两个特点：第一就是把"和"这个概念运用到"一带一路"环境合作法律机制里面，并且运用得相当精深；第二就是对"一带一路"环境合作法律机制做了一个非常细化的规划。

赵树坤教授（西南政法大学）的这个报告法理的色彩非常浓，她提出的问题很重要，就是主权国家的法治原理能不能运用到"一带一路"这样一个问题中去，即国内的法治原理在跨国跨区域法治面前，面临的挑战和如何应对的问题。她提出的这个问题我觉得非常重要。过去我们可能还没有太仔细考虑这个问题，就是法治原理是不是普适的，如果说法治原理是普适的，那么主权国家的法治原理和逻辑，同跨区域跨国的国际范围内的法治原理是不是相通的？这个问题此前可能没有太多人来考虑，她提出这个问题对我们是有启发的。我们需要考虑主权国家内的法治原理，法治的产生机制、运行机制、适用机制，尤其是执行机制，能不能运用到跨国跨区域的领域，这是第一个问题。

第二个问题，她提出这个问题包含着她的看法，这个看法是不是妥当，我们可以讨论。对于"一带一路"，她提出了人类的视角、天下的视角，这里面我觉得她没有言明，但是我个人在领会的时候，觉得"一带一路"就是要合作、共赢、共建、共享，等等。

我们回到党的十九大报告的规范表述上来，党的十九大报告关于"一带一路"的表述是放在国际关系中，它的文字表述是"中国坚持对外开放的基本国策，坚持打开国门搞建设，积极促进'一带一路'国际合作（注意它定位为一个国际合作的问题），努力实现政策沟通、设施联通、贸易畅通、资金融通、民心相通，打造国际合作新平台，增添共同发展新动力"。从这个文字解读来说，"一带一路"是在一个国际合作的基础上来理解它。这样一来，相关的问题可能就来了，国内法意义上的法律不能适用于"一带一路"，那么，到哪里去找相关的法律呢？我觉得那就是国际法。国际法应该适用"一带一路"的所有领域，比如金融领域、贸易领域、文化交流、政治交流，等等。

但是这里面有些什么问题呢？就是刚才最后一位报告人李春林教授的报告中提出的问题，"一带一路"运行过程中原有国际法的一套手段可能不行，我们能不能找到国际法治或者跨国跨区域法治的一些不足，如果能找到这些缺陷，我们再来完善它。但是从法治原理来讲，主权国家的法治不能适用于"一带一路"，能适用的就是国际法。还有赵树坤教授谈到"一带一路"的法治不能理解为一国法，这个是毫无疑问的，那怎么理解呢？我想应是多国法。在国际法领域里面，习惯法本身就是国际法的一部分，这和下面几个问题有相关性。

最后，赵教授提出多元规范这个建议，我觉得非常有建设性，肯定是一种多元规范。实际上就是涉及的相关领域都要应对，那么在合作过程中是采取一种程序下的形式主义进路，还是要回到国际法的一套处理机制上去？因为合作本身就是协议的产物，从国际合作这个角度，应该以相互得益作为一个主要的考虑因素。这是对赵树坤教授报告的看法，我觉得提出这个问题的重点在于如何理解"一带一路"倡议以及它在实施机制中的属性，这个我觉得是前提。

曲波教授（宁波大学）关于"《联合国海洋法公约》与一般接受的国际规章"的报告，我觉得和上午何志鹏教授（吉林大学）提出的问题有相同点，也就是说我们如何来建立一个国际法的规范体系，是不是这样一个问题，当然这个概念到底怎么表述？这几年我一直在研究规范体系，但是我研究的规范体系主要还是一个国内法的视角。我提出的四大规范体系，简单说就是法律规范体系、国家政策体系、党内法规体系、社会规范体系。这四大规范体系在制定主体、效力范围、实施机制和方式、位阶关系等方面都不同，主要是它们的属性不同，但是它们之间又有一个非常复杂的相互关系，很难理清楚，我在慢慢做。我在一些大学和学术会议上也就规范体系做过一些交流，有些学者，尤其是国际法的学者提出，你这个规范体系应该包括国际法的内容，但也有学者替我做了辩解（如中国社会科学院国际研究所的赵建文教授），说我这个体系本身就包含着国际法的一些要素。到底怎么来看国际法的规范体系，这里面非常复杂，因为国际法的构成和国内法不一样。当我们讲到国内法的时候，它是有一个明确的法律形式的，有些规范类型，比如习惯，在我们的规范体系中属于社会规范的一种，但是在国际法中它可能就是国际习惯法，就构成国际法的内容，我们很多法律的条款里对国际惯例做了确认。所以我想说，上午何教授谈到国际规则和国际法是什么关系，曲教授谈到的这个问题就是《联合国海洋法公约》与一般接受的国际规章的关系。因为国际法是由条约、规则组成的，但公法和私法不一样，国际公法和国际私法又不一样，怎样来建立一个国际法的规范体系，可能是一个任务。

许多奇教授（上海交通大学）所做的关于"国际税收情报交换中纳税人信息权保护研究"的报告，这是一个很重要的选题，把我们现有的这个合作机制的缺陷做了一个非常认真的分析，这些分析都是很有价值的，提出的一些保护对策对我们都是很有用的。总之，这篇文章既有理论性又有对实践的指导意义。公民信息的保护，以及公民正当权利的保护，始终是中国法治进程中要关注的一个问题，但这个问题现在面临着非常严峻的挑战。

李春林教授（福州大学）的报告是"从'一带一路'倡议看国际贸易法治的局限性"，这篇报告有非常浓烈的国际法哲学的色彩。法的局限性本身就是一个法哲学的命题，我也做过一些探讨，早年我在吉林大学的《法制与社会发展》上发表过一篇讨论法的局限性的文章，但是整体来讲，这方面的讨论不是太多。这篇文章从"一带一路"倡议来看国际贸易法治的局限性，是很有意义的。为什么我说这个讨论重要呢？尽管我们说"一带一路"适用国际法的原理和套路，但是通过对原有国际法的一些内容的检讨发现它的缺陷，而且这个检讨和缺陷可能是在运行中才能发现的。发现问题之后，回过头来思考怎么样完善它、建设它。我经常讲法律问题是在实践中才能发现的，不论是国内法还是国际法都是一个道理。所以我觉得他提出的一些命题，包括从前到后的整个思路，都是国际法哲学的色彩比较浓厚的一个报告。

讲得不对的地方，请大家批评！谢谢！

价值共识如何形成

——2017 年 11 月 12 日浙江工商大学"第二届法学基本范畴研讨会"的评论 *

刚才听了四位报告人的报告，在有些问题的研究上有所进展。

舒国滢教授（中国政法大学）回顾了他所了解的价值问题在法学上的起源以及发展过程。这个发展过程就是了解价值问题现在在法学上处于一个怎样的状况。他主要是做了一个学术介绍和梳理，并谈到了他个人对法律价值的认识。通俗来说，就是法律价值作为一种评价标准的根据。这个问题

---

* 此文系作者于 2017 年 11 月 12 日在杭州参加由中国人民大学、浙江工商大学联合召开的"第二届法学基本范畴——法的价值研讨会"上对四位报告人报告的评论。由会议组织者根据录音整理。

涉及当我们评价某一个事物的时候需要某一个标准，这个标准的建立可能是重要的，我们今天讨论法律价值同样也涉及一个标准问题，这个标准是主观还是客观的，抑或像某些学者谈的每个人都有自己的认识，是个体化的，这确实是一个难点。同样一个概念可能有很多种解释，但有没有共识是个很重要的问题。所以舒教授的这个定义是作为评价标准还是一个描述性的界定，没有给出一个具体的标准。

葛洪义教授（浙江大学）认为法的价值与法的本质是相关的，是主体建构出来的，不是客观的，每个人都有关于法律价值的一套认识。这样一来，它就只能作为形式标准而不能作为实质标准。这样就存在一个问题，强调它是主观性的，是主体建构的，是个人的一种认识，可能存在个体性、多元性、多样性、不统一性和多层次性，那么，最后的共识如何产生？如果我们走向相对主义的话就什么事都做不了，我们现在立法在进行，司法也在进行，如果在大量的立法过程中没有一个立法目的，那么这个立法目的和我们的价值有什么关系？共识如何产生？是不是还要通过程序化的问题来解决？不然每个人都说他个人的。当然有统治者的国家统治者说了算，现代国家应该是政党政治、人民主权的一种国家形式，这样一个共识只能通过代议制的方式，在多元化、多样化、个体化，各种价值观念不能统一的情况下，民主是形成共识的一种渠道。但我这些年一直对民主有个看法，民主能解决形式问题不能解决实质问题，但也不能得出一个完全相反的结论，说通过民主不一定能得出好东西，专制独裁可以得出好东西，我称之为归谬法。但我们要认识到民主的局限性，在多元化、不统一的情况下，包括舒教授强调的这个标准，首先这个标准怎么建立，价值共识怎么形成。他们两人有一个共同之处就是都提到了标准，不管是用于评价的标准还是建构出来的形式标准，都有标准的概念，这是两位报告人的共同之处。

史彤彪教授（中国人民大学）谈到了自然法。他给我们详细地讲了自然法在现代的可能性。对于自然法的一整套理论，我们学法律的相对比较熟悉。自然法是一种学说，还是一种思想，不是一种实在法意义上的法。自然法学说我们都很喜欢，但是我们要认识到它的一些虚幻性。梅因在《古代法》里有一章"现代自然法的批判"，把自然法的虚幻揭露得淋漓尽致。这几年自然法在中国有复兴之势。自然状态、自然权利、自然法，好像有一个东西天生存在，有人类社会甚至没有人类社会它都存在。我想如果把自然法看作一种确实存在的东西，那么谁又来对自然法作出一种判断？这是一个难点。我们过去说评价善法、恶法就是根据自然法，符合自然法就是善法，不符合就是恶法。那自然法又是什么？谁来对自然法作出判断？自然法又怎么界定？尤其是现在价值多元认识的基础上，会出现非常多样化的认识。史彤彪教授提到的男女平等问题，男女平等是符合一种自然正义，那么男女不平等就是违背自然法，包括刚才提到的奴隶制、种族歧视问题，所有的观念都是源于人的认识，对这些认识存在一个再评判、谁来评判的问题。

劳东燕教授（清华大学）的报告，重点谈到了刑罚如何适应社会的变化，不仅停留在实体法的层面、制度层面，还要考虑社会的发展所带来的变化，包括价值观的变化，制度、技术、结构的变化，怎么来适应它，怎么来同高级法对接等，这些观点都是有新意的。

好，谢谢！

幸福是法律的最高价值目标：重新思考法律的价值

——2017年11月12日浙江工商大学"第二届法学基本范畴研讨会"的演讲 *

感谢会议的邀请和安排！我发言的题目是"幸福是法律的最高价值目标：重新思考法律的价值"。本来想直奔主题，但因为今天的讨论，我觉得还需要对法律的价值谈一下个人的看法。

第一，大家注意到，我用的是"法律的价值"，因为很多

＊ 此文系作者应邀于2017年11月12日在杭州参加由中国人民大学、浙江工商大学联合召开的"第二届法学基本范畴——法的价值研讨会"上的演讲。由会议组织者根据录音整理。演讲的主体内容以《幸福是法律的最高价值目标》为题在《法学杂志》2017年第11期发表。

人用的是"法的价值"。去年在讨论法的概念的时候,有教授提到说马克思、恩格斯有一个"法和法律"二分的命题,恰恰是马克思的这个命题,更加坚定了我对"法就是法律"这个观念的确信。马克思、恩格斯讲,"你们的法不过是被奉为法律的你们那个阶级意志的体现",这句话说得太明白了,"被奉为法律",意即法就是法律,法律就是法。我用"法律的价值"这个概念,表明了我是从实在法意义上来讨论这个问题的。

第二,法律是人造物,这一点是必须认识到的,过去有"人定法"之说。作为人造物,它肯定带有浓厚的主观色彩,无论是判例法还是制定法,都是无可避免的。我们不要以为判例法没有主观性,判例法也是通过法官来创立的。当然,人造物不是说人想造什么就造什么,它还要有客观的社会基础、经验等一些客观条件,这是第二点需要说明的。

第三,价值、价值观、价值体系。我们从上午到下午都在讨论价值概念,大家说哲学的价值概念和法学的价值概念不是一回事,还有社会学、经济学的价值概念。我就在想,作为价值这个概念,不管是哪个学科,从经济学的角度、法学的角度、社会学的角度谈到价值的时候,它应该是和我们日常生活语言沟通的,不能法学有一套价值概念,经济学也有一套价值概念。我们平常说这篇文章有价值,或者说这个东西有价值,什么意思呢,实际上表达了有用性。我们是否把价值的概念搞得太复杂了。对于价值，我用"有用性"来理解，谈到有用性，应该具有客观性，价值应当是具有客观性的东西，这是第一个概念。第二个概念是价值观。价值观是一种认识，是人的认识和认知，是人主观的认识，这是对价值观的理解。与这个相关联，我上午也谈到价值目标、价值追求，价值目标和价值追求具有统一性；还有就是价值体系，价值有没有体系，在法学这个层次上有没有体系，根据我们多年的实践，我认为是有的。在这个体系里，什么是法律的最高价值或者最终价值？既然大家承认有体系，有层次，那么在这个体系里它就有位阶，就有一个在逻辑上的涵盖关系。

第四，法律价值、法律作用。围绕这个问题，1994年前后，我当时特别感兴趣于"法律的理想"这一问题。在研究法律的理想时涉及了相关观念，虽然不是今天的主题，我觉得有必要谈一下我个人对法律价值的理解。法律的价值是指体现在、蕴含在法律中的价值要素和价值需求。法律创制者基于对法律功能的认识，把符合自己意志、利益、愿望、需求的那些价值要素用法律的形式确定下来，以期实现其意志，这就是我对法律价值的理解。至于说价值要素、价值需求是什么，这是下一步讨论的问题。当时我研究了一些相关概念，比如与法律价值最密切的概念还有法律的作用，它们之间可能有关联性。我对法律作用的理解是：法律在社会中的适用从而对社会各个方面产生的影响和效果，这种影响和效果可能是直接或间接的，但总是有一定效益和效果表现出来，因此，法律的作用是指由法律实践活动引起的变化和结果，更多的是一个过程，一种手段。

第五，现在回到我的发言主题：什么是法律的最高和最终的价值和价值目标？价值和价值目标，就是立法者所期望达到的目的和追求。多年来我们一致认为，如果要在法律中寻找一个最高价值目标，就是正义。对不对呢？有一定的道理。20 世纪 90 年代我在研究法律理想的时候，在一些中国和西方思想家著作中发现他们提出了比正义更高的一个概念就是幸福，幸福这个概念是所有法律价值目标的最终价值目标。我们以前看到的都是正义、公正、秩序、民主、自由等这些概念。当我们看到功利主义法学派提出的幸福这个概念，它可以把上述所有概念都涵盖进去。从逻辑上谁能涵盖谁，谁是一个最高的概念？就是幸福。在幸福这个最高概念下，其他概念都成了次级概念，不是终极性概念。正义为了什么，正义是为了达到某种幸福。发现了这个问题后，我就把追求人类生活的幸福作为法律的价值、理想和目标之一，幸福是所有法律价值最高的和最终的目标，也是最后的归宿和归结，我们所有的目标都可以归结到这个价值目标上去。我也不是今天才想到这个问题，20 世纪 90 年代就有这个想法，但当时还未把它作为重要问题提出来。功利主义法学派关于幸福的价值是讲得最充分的，它的代表人物是英国的边沁。边沁在他的《道德与立法原理导论》一书里面将幸福作为一切法律的总目标，边沁认为，人类生活的总原则是追求社会的幸福，他对幸福有一些具体的论述和具体的指向。他讲到：避苦求乐、避恶求善已成为人类社会的两大目标和人类行为的两大选择。作为政府，其职责便是通过避苦求乐来增进社会幸福；而立法者要想保证社会幸福，就必须努力达到四个目标——保证公民的生计（口粮）、富裕、平等和安全。在这四个目标中，安全是主要的和基本的目标。安全可以给予一个人的人身、名誉、财产和地位以保护，并且使人的期望——法律本身所引起的期望——得到维护。仅次于安全的目标，便是平等。平等并不是一种条件的平等，而只是一种机会的平等。允许每个人寻求幸福、追求财富、享受人生便是平等。法律当然不能直接为公民提供这些，但法律可以创造条件，以刺激和奖励人们去实现上述追求。所以功利主义法学派是对幸福强调得最多，看得也是最高的。

党的十九大提出一个问题，人民美好生活需要日益广泛，这是关于社会主要矛盾的变化，不仅对物质生活提出了更多要求，而且在民主、法治、公平、正义、安全、法治等方面的要求日益增长，这实际上就是一种需求。人民美好生活实际上是人民的需求，这种需求同边沁的四大目标比较，应当说是超越了四大目标。功利主义法学派追求多数人的最大幸福，这是他们的经典命题。接下来是关于司法工作，也是应该将其作为最高追求。有一年最高人民法院在福州召开大法官论坛，让我去做点评，时任福建省高级人民法院院长马新岚大法官做报告时把幸福作为司法工作的重要目标提出来，我就很感慨。过去幸福这个词在司法领域鲜有提及，通常把它同奢靡享受联系起来。现在大法官能把幸福作为一个问题提出来，是一个很大的进步，我在作点评时对此作了高度评价。司法工作把幸福也作为一个最高目标。这就是我想跟大家汇报的一些观点。

中华优秀传统法律文化的继承和发展

——2018 年 5 月 12 日山东师范大学"儒学法文化的继承与反思学术研讨会"的评论*

感谢徐永康会长（华东政法大学教授，中国儒学与法律文化研究会会长）！徐会长这些年还没有忘记我，谢谢他的邀请！这次来参加研讨会有很多感慨。我昨天见到徐会长还在讲，第一届中国儒学与法律文化研究会应该是 1991 年在无锡的华东疗养院召开的，我连续参加过五届，后来参加的少了，这次受邀参会，感到很荣幸。本次到会的代表中参加过第一届年会的大概就我们三个（还有清华大学的苏亦工教

---

* 此文系作者应邀于 2018 年 5 月 12 日参加山东师范大学召开的"儒学法文化的继承与反思学术研讨会暨中国儒学与法律文化研究会 2018 年年会"上的评论。由中国社会科学院魏书音博士根据录音整理，特此感谢。

授）。昨天我问徐会长这次是多少届了，他说大约第十六届。最开始是两年开一次，现在力量壮大了。最大的感慨就是一代一代的代际传承，老同志慢慢都要退出历史舞台，现在一大批新生代力量成长起来，原来参加会议时我们还是年轻人，现在成老年人了。这也是历史规律。

这次会议的主题非常有意义：儒家法文化的传承与反思。大家知道新儒学搞了几十年创造性转化，但是对这个创造性转化的问题一直争论不断。起初林毓生提出这个命题，觉得是一个很好的切入点，是新儒学为了挽救儒学的没落想重振儒学提出的一个命题，但是对这个命题在儒学界内部也是有很大争论的。我们这次会议的主题"儒家法文化的传承与反思"选得非常好。昨天有教授还问到国学热，说儒学法文化怎么没有热，我说这个国学热其实是炒作。儒学法文化研究的情况我也关注了，但不是十分了解，至少在早年召开的会议质量是非常高的，学术含量也相当高，它的高表现在大家都是带着问题来的，认真准备来的。还有一个我觉得最重要的就是每次年会结束以后，徐永康教授亲自操刀写一篇长达一万字的综述，我当时在《法律科学》工作，这个综述基本上被全文刊登，而且差不多每一次的会议综述都会被人大复印资料转载。徐永康教授写会议综述比他写自己的论文都认真，这真是一种敬业的精神，很难得。

言归正传。在这个阶段有三位专家发表了他们的演讲，我也翻阅了一下他们的论文。龙大轩教授（西南政法大学）的文章内容非常鲜明，"新时代德法结合思想"，讨论了历史的情况，提出在新的时代道德法律结合的情况，有意义的是，龙教授提出新时代德法结合思想的现实意义，把它分解了，比如在家庭层面，以道德建设引领法治建设，在国家社会层面，以道德建设滋养法治建设，促进法治社会、法治国家的形成，其中谈到忠信观念的融入，礼义廉耻观念的融入，等等。梁健老师（西南政法大学）讨论了古代立法体系构建的价值追求，这是专业性非常强的研究，尤其是如何看待中国古代的社会结构，是长期讨论的问题。石文龙教授（上海师范大学）结合我们会议的主题反思儒家，讨论了中国法治建设何以艰难，当然他的这个命题是有鲜明观点的，就是礼治与法——中国制度文明的起源与变迁，还有德主刑辅，法律的附属地位，决定了中国法治的基本轨迹，最后对传统社会法治心理的三大现象做了分析，恶讼、忍讼、厌讼，还有中国社会追求的无讼。三篇文章虽然各有主题，其实我觉得讨论的都是中国社会的秩序结构问题。

下面，我想围绕会议主题"传承与反思"提几个问题向大家请教。

第一个问题，儒家法文化传承什么？我的研究不多，这些年因为各种各样的原因没有参加会议。还有一个更重要的原因，一谈儒学我觉得我们都没有发言权，对法律史研究的学者我是非常敬佩的，觉得能研究法律史的人是不得了，因为要坐冷板凳，要钻研大量古文，我们缺乏这方面的知识积累。根据对儒学粗浅的理解，我过去也讲过，儒学可不可以归为十字箴言"仁义礼智信、温良恭俭让"。

第二个问题，这个单元讨论了德治、礼治、礼法关系，法治有没有建立等问题，其中就包括龙教授文章里面谈到的法律与道德的关系问题，还有德治与法治。前两天我们学校硕士生的开题报告里面也涉及这个问题。我有这样一个看法：法律和道德的关系是一个法理学的命题，有很多不同的法学流派和观点，如自然法的观点、实证法的观点、社会法学的观点等，刚才陈金钊教授讲到中国有没有法理学？前些年在研究中国法理学发展变化的时候，偶然翻到一本《中国法理学史》，这本书还是在20世纪初出版的，实际上讲的是中国法律思想史，儒家、道家、法家这些东西，其实就是以中国法律思想史作为一个线索的，作者把这个叫作"中国法理学史"。法律和道德的关系是一个法理学经典命题，这个命题在西方已经讨论过无数次了，在中国其实也有很多讨论。与这个相关的就是我们现在大家所关注的法治和德治的关系。我觉得这两个问题是有关联但不是一个层面的问题。如果讨论法律和道德的关系，我们会问一个问题，法律中有没有道德？这是绕不开的，自然法当然说法律离开道德不称其为法，实证法就否认道德的介入，否认道德的因素。当然我们不管自然法观点和实证法观点怎样看，我们去看法律中有没有道德？实际上法律中是有大量的道德的，我们常常会把法律和道德作为两个不同的命题。作为两个概念，它们肯定是有区别的；但是在讨论它们之间关系的时候，我们要注意到法律中有没有道德，如果这个问题回答不清楚的话，我们会一直把道德作为法律之外的东西，或者把法律作为道德之外的东西，其实它们两个是分不开的，当然在西方社会会谈到与道德有涉，与道德无涉。实证法有些绝对的观点，主张把道德从法律中驱逐出去，包括在司法审判中把所有的道德因素都要驱逐出去，他们这个命题非常激烈。但现在反过头来，我们观照一下中国现行的法律体系，其实里面是有大量涉及道德的条款，有的道德内容可以看见，有的是看不见的，它是隐藏在法律条款背后的。而谈到法治与德治，回答的是治国手段、方略，尤其在近年来国家提出"法治和德治结合"这个命题后，成为一个热点。我们要回到一个问题上，我们为什么要搞法治？我同时想到了前几年有学者写的一本书——《道德理想国的覆灭》，这其实都是有深入研究的。这是我想说的第二个问题，道德和法律的问题，法治和德治的问题，它们有关联，但不是一个层面的问题。

第三个问题，如何看待传统中国的社会秩序？在刚才三位报告人的发言里面其实已经反映出一些不同的观点。过去我们把中国社会叫作"德主刑辅"，现在按照龙教授的观点，是一种"德法结合"，历史上有过德法结合的实践。还有一些学者包括费孝通先生认为，中国传统社会是礼治社会，这是一种大的判断。其实在这些判断之间还是有差异的，这里面就涉及我们如何来给中国传统的社会结构做一个判断，到底是一种德法结合的体制，是一种德主刑辅的体制，还是礼法结合的体制？或者按费孝通说的是一种礼治社会的结构？这是一个问题。

第四个问题，如何看待中国社会秩序结构？现在德治也好，法治也好，德法结合也好，都有各种说法。我最近看到张晋藩教授在《中国法学》上面发表了一篇文章，题目大约是《论中国古代的德法共治》，其中也涉及如何看待当代中国社会秩序结构。多年前我曾经思考过这一个问题，写过一篇文章，题目是《转型时期的中国社会秩序结构及其模式选择——兼对当代中国社会秩序结构论点的介评》，发表在《法学评论》1998年第5期，《新华文摘》1999年第2期全文转载。回过头来看，这个问题仍然存在，这里面有些基本概念，我觉得不管我们是搞法律史的，还是搞儒学的，抑或搞法理学的，都需要把它理清楚。涉及哪些概念呢？法治、德治、礼治、人治，尤其是人治和礼治、德治之间到底是什么关系，除这些比较显性的社会治理方式外，有没有宗族家法之治？现在关于乡村社会建设，有些地方提出要恢复乡贤的治理模式。我过去做过一个判断，这个判断现在除在结构、比例上有所变化，但是从整体上，我认为还是适用的，中国社会仍是一个"多元混合秩序结构"，是一种多元秩序杂交状态，找什么因素都能找到，找法治也能找到，找德治也能找到，找礼治也能找到，找人治也能找到。面对这样一个多元混合秩序结构，我们作出什么选择？刚才也讲了很多结合，其中，有和我们相关的德治和法治的问题，那有没有礼治的问题？现在对乡村治理提出自治，自治更多的是一种手段意义上的、治理方式意义上的，而德治和法治是有鲜明的规范要素的。自治也需要规范，但是自治侧重于治理方式，德治和法治首先确定的是先于治理方式的规范模式，而这种规范模式有强烈的价值要素，我想提出这些问题来，回到我们会议的主题就是"传承与反思"，传承什么？反思什么？这又是一个问号。这一系列的问题都需要我们反思。

这是我今天针对三位专家的评议，结合会议主题，谈一点自己的感想，谢谢！

自治、法治、德治各有其不同侧重点

——2018 年 5 月 26 日杭州师范大学"枫桥经验与基层治理现代化学术研讨会"的评论*

感谢会议的邀请！很高兴能参加"枫桥经验"的研讨会。杭州来过很多次，但是到杭州师范大学还是第一次，深感荣幸。更使我感到高兴的是，我们这个单元，在主席台就座的四位，除我之外，有郝铁川教授（上海市文史馆），我们是近 30 年的老朋友了；黄兴瑞副院长（浙江警察学院）也是我多年的老朋友，今年 3 月受黄院长邀请，我们还到枫桥做了一

---

* 此文系作者应邀于 2018 年 5 月 26 日参加由杭州师范大学枫桥经验与法治建设研究中心、西北政法大学中华法系与法治文明研究院、中国人民大学法律文化研究中心中华法系研究所联合召开的"枫桥经验与基层治理现代化学术研讨会"大会第一单元的评论。由中国社会科学院魏书音博士根据录音整理，特此感谢。

些调研，对枫桥经验有了初步的认识；聂洪勇博士（最高人民法院）是当年我们西北政法学院的刑法学硕士，我调离西安的时候到学校财务处办手续，碰到了他也在办理到中国人民大学读博士的手续，那时我是到中国社会科学院工作。

言归正传。我们三位点评人做了一个分工。我们这个单元有七位专家，我点评前两位专家，后面两位点评其他五位专家的发言，这样可能会集中一些。我点评的两位专家一位是严存生教授（西北政法大学），另一位是徐汉明教授（中南政法大学）。大家也都听了，我们大家都在关注"枫桥经验"在解决社会基层矛盾的层面，严老师的报告把"枫桥经验"提升到民主的层次来谈，我觉得已经是一个升华了。严老师讲到一些观点我觉得很有意思，比如基层民主是原生态民主；还有对"枫桥经验"中所透露出的民主的一些问题、具体表现，比如在基层选举问题上，在观念形态上，均做了很详细的描述。另外，对"枫桥经验"在民主问题上的意义也做了一些挖掘，我觉得都是很有意义的讨论。徐汉明教授对"枫桥经验"做了全方位的展示，有历史回溯，有对其特点的总结，把它总结为"本土性、时代性、实践性"，还有对它的核心要义和时代价值做了全面的分析，提出一个非常响亮的标题"构建共建、共治、共享的社会治理格局的东方模式"。

下面我针对两位报告人以及其他人的报告谈一点个人的认识：

275

第一，郝铁川教授在刚才简短的点评中提到一个问题，说严老师讲的是民主，徐老师讲的是社会治理模式，同样一个"枫桥经验"有两种不同的解读。实际上提出了一个理论问题，就是民主是不是一种社会治理模式？这个问题比较复杂，后面我会讲一点。我个人认为，我们过去所讲的民主，将民主主要理解为政治权威的产生机制，这是我们对民主最主要的理解。但是现在，也可以将民主同时理解为一种社会治理模式。比如我们现在讲社会治理，首先要立法，立法就是民主的产物。其他是不是民主很难说，比如说行政执法，或者行政机关的运作，有民主集中制或者首长负责制，司法机关的司法行为，能不能用民主解释？不管怎样，立法是民主的产物这是确认的，这是第一个问题。

　　第二，"枫桥经验"中涉及很多重要概念，比如自治，党的十九大提出要"健全自治、法治、德治相结合的乡村治理体系"。这些概念之间其实有不同侧重点。我认为自治主要强调的是一种治理方式，自治过程中有没有一种治理规范、治理规则的选择？自治和他治是一种多元化治理方式。但讲自治时，还要考虑自治靠什么规范去实现，就以调解来讲，调解也需要相应的规范。但是当我们讲到德治和法治时，就不仅仅是一种治理方式，这种概念本身就包含着一种治理规范和治理规则的选择，比如我们讲到法治，就是选择法律作为治理规范，而德治就是以道德作为一种治理规范，但是谁的道德呢？是你的道德？还是我的道德？还是社会道德或其他？这个可以再说，所以，这几个概念之间有不同的侧重点。自治通过什么规范来进行？自治过程中对于规范的选择是一种多元化的路径，遇到了和法律有关的就要去找法律，遇到了和习惯相关的就去找习惯。虽然是自治，但是当调解过程中遇到法律问题时还得找法律。我们在枫桥到"老杨调解中心"访谈，只要搞"枫桥经验"的人都知道老杨调解室，我们和老杨谈了两三个小时，我们问到的一些问题是涉及法律的问题，他的法律知识相当丰富，他说只要涉及法律问题，全是靠法律调解的，不是靠其他的。所以涉及法律的要用法律，如果涉及乡规民约，涉及民间风俗习惯，且这个民间风俗习惯和法律不冲突，是可以用的，这说明适用法律和习俗都是有前提的。因此，关于自治的理解不只是一种自我管理、自我治理的解决问题的方式，解决问题的过程中也有规范的遵循问题。这样一来，严老师谈到对法治化的理解，我非常赞同，就是法治化不能理解为只靠国家法律来治理社会，这个观点实际上是很有意义的。我理解的法治化，就是我们办事情要有规则，要遵循规则，不管是依照民间习惯也好，法律也好，道德也好，都是有规则可循的，这种规则可以是成文的，也可以是非成文的，可以是显性的，也可以是隐性的。在"老杨调解中心"座谈的时候，他就特别强调法律，包括遇到工伤问题、邻里纠纷问题，法律有规定就按法律来调解，而且按照法律调解合法合理，村民也能接受。这是一个问题，关于自治、德治、法治的侧重点不同。

第三，关于民主，民主除了是一种价值目标和理想目标以外，主要的还是一种手段。这几年我对民主的思考就是，民主只是解决多数决问题，民主并不能导致或保证一个好的决策。民主就是一个程序问题，就是一个多数决问题，少数服从多数，但是谁能保证多数人是正确的呢？谁也保证不了。有人会提问，那是不是专制和独裁就好啊？这样的提问是一种归谬法。我们说，民主主要是一个程序化问题，通过民主并不能导致或保证一个好的决策，但通过民主是可以导向一个好的决策的途径。这是关于民主问题的一个观点。

第四，"枫桥经验"的核心是什么？根据大家刚才的发言，我觉得，可以总结为，穷尽一切自我治理手段，把矛盾解决在基层。使用的手段是什么呢？主要是依靠调解。我们到枫桥了解到，在枫桥仅民间组织就有 40 多个，按照不同的领域组成各种各样的调解组织，还有民间自我解决纠纷的组织，这个材料里面都有很详细的介绍，主要是穷尽自我治理手段，把矛盾解决在基层，主要通过调解。能不能把调解说成民主呢？这不好说。调解中采用的规范可能是民主的产物，但是调解过程其实并不是采取少数服从多数，很难说是民主的方式（法院还有合议庭机制）。

最后一个问题，根据我们所了解到的，一个是调解中群众参与度低的问题；另一个是在材料上看不出来，即群众组织内部出现的个别争权夺利的现象，这个已经出现苗头，因为群众组织多，这个也是需要警惕的。

　　谢谢大家！

后现代是一种文化和社会思潮，不是一种社会秩序状态

——2018 年 9 月 28 日西北政法大学"转型期的中国社会秩序结构"演讲后的问答 *

主持人李其瑞教授（西北政法大学）：今天给我们做讲座的，是上海师范大学光启学者特聘教授，博士生导师，也是我们学校的客座教授刘作翔老师。刘老师每年都要回到我们学校来给同学们上课，之前的每一届研究生同学都聆听过刘老师的教诲。今天来给大家做一个讲座，讲座的题目是"转型期的中国社会秩序结构"。让我们以热烈的掌声欢迎刘老师。

---

* 此文系作者于 2018 年 9 月 28 日下午在西北政法大学为法理学研究生做的讲座"转型期的中国社会秩序结构"后的提问与回答。由讲座组织者根据录音整理。

（讲座主体部分略）

提问与回答：

提问一：刘教授好！我不太理解您刚才提到的，费孝通先生所说的礼治与人治的关系，它们到底是一种交叉关系还是种属关系？

刘作翔教授回答：按照费孝通先生的说法，礼治和人治在表现形式上有接近之处。费先生是不太认可人治这个提法的，他说所谓人治好像就是人不依靠什么规范，单凭人就能统治，他认为这是不存在的，统治肯定要依一个什么东西，法治是人依法而治，而所谓礼治就是人依礼而治，依礼而治不需要依靠外力。至于二者究竟是交叉关系还是种属关系，这属于逻辑上的判断，而费先生基本上是不认可人治的概念，这是他的看法。而我们认为，同法治对立的就是人治。具体而言，中国封建社会的统治模式就是一个君主专制统治的模式，这就比较复杂，人治是不是完全就不依照法呢？我刚才讲了，在中国封建社会，中华法系是很发达的，皇帝也得制定法，比如秦律、隋律、唐律等，但这个问题主要指的是国家的最高统治形式是什么。法治就是法律的统治，它是共同意志，人民意志的产物，而人治主要是指人是最高统治者，虽然皇帝制定了那么多法，但是法是在人之下的，是可以随意修改的，更重要的是言出法随，比如圣旨，皇帝的圣旨就是法律。这是人治与法治的一个重要区别。

提问二：老师您讲到，费孝通先生讲过现代社会是一个法理社会，那么在这个社会中到底是只有法律的一元社会秩序，还是一种德、法二元社会秩序，或者说会不会出现一种新的多元混合的社会秩序？

刘作翔教授回答：这是一个好问题。费孝通先生提出法理社会，是把它作为现代社会的一种社会形态，与这种社会形态相配套的就是法治秩序。所谓法治秩序是在一个社会里，社会关系和社会结构靠法律来进行调整。你的问题是说，如果一个社会是靠法律来调整的，是否还存在其他的社会秩序状态，这个问题需要回归到一个根本问题上去，就是我们所说的社会的调整，用法律调整人与人之间的社会关系，调整社会结构，它主要指的是社会主体方面，我们并不排除在民间社会生活中，老百姓还有一些其他的规范，这也是我最近几年在思考的问题，就是在社会当中有一个多元规范状态，但其间还是有主次之分的，我们不能忽略了里面的主次关系。比如法治秩序，它指的是国家结构，社会结构，权力结构，人与人之间的关系，主要还是依靠法律来调整，这是最终的归宿，仅靠乡土社会的规则解决不了问题，最终还是要回到法律轨道上来。我们现在说多元社会秩序结构，是指现存的社会秩序结构。你想问的是这样的社会结构是不是合理的，还是法理社会就是一元社会秩序结构。我认为，法理社会是一种主要社会秩序状态，它有主次之分，而且各种规范调整的领域是不一样的，在不同的领域里面，有不同的调整手段，其间还存在相互服从关系。这是研究多元社会秩序状态和多元社会规范要注意的。其他的规范，比如习惯，习惯有很多，有的习惯和法律不冲突，那当然可以适用，但当习惯与法律冲突时，习惯就应当被排除，这个规范体系之间有着复杂的关系。权利冲突也是这样，法律权利是一个判断标准，其他权利，比如习惯权利等，当它们和法律权利发生冲突的时候，就必须服从法律权利。对于你的问题，现在究竟是一元的社会秩序还是多元的社会秩序，我们不去臆测，现实社会是一种多元的社会秩序状态。至于未来我们发展了，是不是会转向另一种结构，发生主体社会秩序的转化，是另一个研究问题。

提问三：转型社会中的社会秩序结构，如果单纯讲从传统向现代社会转型的话，是否足以概括我们当代的社会秩序结构？我认为除从传统向现代社会的转型外，中国可能还处于从现代化向高级现代化，或者说从现代向后现代社会的转型。这个转型不仅发生在一线城市，而且可能是发生在全国的一个普遍情况。那么，这种情况下就不仅是传统和现代的二元转型，而是一种传统、现代和后现代的三体互动。如果考虑后一种模型的话，是不是今天您讲的社会结构会发生一些变化呢？

刘作翔教授回答：传统向现代的转型是一个很通俗化的说法。你的意思是说这个转型，不仅仅是向现代转型，它可能是向后现代、向高级社会转型，当然这个高级社会还不太好区分，必须得做一个概括才能讨论。后现代是不是一种社会状态，这是值得商榷的问题。它到底是一种文化思潮还是一种社会状态，这个要先搞清楚。我认为后现代和我们所说的传统社会及现代社会不是一个概念，后现代是一种文化形态而非社会状态。现在的社会中确实存在大量的后现代现象，如反本质主义等，这些观念是存在的，更多地表现为一种社会思潮。现代社会也是一种文化判断，我们强调它的文化性，但是它的确是一种社会状态。传统社会和现代社会都是有特征的。后现代是不是一种社会状态呢，还要考虑一下。你说的西方是否已经进入后现代了，我们需要做研究。但在中国，后现代更多地表现为一种社会思潮，这个思潮有它独有的特征。十多年前我们就有很多关于后现代的研究。所以关于你的问题，我们先不要急着讨论同时多种社会转型，先完成第一步，就是传统向现代的转型。现代社会这个概念里有制度的构造，有文化的构造，还有其他一些标志，这就要回到我们关于现代化理论的研究上去，判断一个社会是不是现代社会，有一套指标体系，甚至对人的现代化都有一套判断标准。我们谈社会转型，是指中国作为一个主权国家，一个民族国家，它的主体形态的变化，并不是拿一些发达地方或者一些相对落后的地方举例。主体社会形态的转型，既有制度方面，制度构造其实是一个标志，还有经济方面，社会的发展状态及人的发展状态等，其实是一种全方位的判断。但主体社会形态应该有一些指标性的东西，现代社会和现代化，在政治结构、经济发展、人均产值等方面包括人本身，都要用很多数据来衡量，不然我们就无法比较了。先进表现在什么地方，转型的标志是什么，都需要有一些标尺性的东西，比如说，法治的要素等，这些就能体现出来。这是我的理解。

李其瑞教授：我同意刘老师说的，现代社会是一种社会秩序，也是一种社会文化形态，后现代的本质是反现代的，它与现代的区别在于，它只是一种文化而不是现实的秩序。西方也不存在后现代社会，这不是一种社会形态。后现代思潮的出现就是反现代的，它包含多元化、相对主义这样的一些东西，它仅仅是一种文化而不是现存的社会状态或者社会秩序。所以你不能说我们一脚跨入了后现代社会。后现代，比如说它尊重自然，反对现代这种一体化的建筑，其实它本身就是发端于欧洲的建筑学，按照后现代理论，我们应当回到树上住或者是回到山洞里住，你能说这是一种比现代化更现代化的社会形态吗？正如刘老师所说，后现代是一种社会思潮，一种社会文化，甚至是一种哲学观、世界观，是对现代性的一种反叛，它反本质、反方法、反主体、反科学、去中心，等等。你不能说我们现在已经一脚踏入后现代社会中去了，这是一种理解错误，不存在这样一个问题。从文化来讲是这样的，因为刘老师对法律文化的研究可以说是中国最具有代表性的了，他二十年前就成为中国法律文化研究的旗手。从文化的角度来解释后现代，可能更好理解，它就是一种文化，而不是一种秩序，而现代化是一种现存的社会秩序，当然同时也是一种文化。

宋海彬教授（西北政法大学）：后现代是处在现代社会当中的一部分人，对待现代社会的态度，是一种反思和批判。

李其瑞教授：对，后现代思潮还需要进一步的思考，更深入地理解一下后现代到底在讲些什么。今天是在座的同学在研究生期间听的第一场讲座。我们再次以热烈的掌声感谢刘老师。

中国法律体系的两大研究进路

——2018 年 10 月 28 日海南大学"改革开放 40 年立法的回顾与展望学术沙龙"的演讲与问答 *

感谢海南大学的邀请！应该是第三次来海南大学了。第一次是法学期刊界的一些同人来海南大学开研讨会；第二次是应邀参加"南海法律论坛"，那是海南大学一个很有影响力的论坛。这一次参加立法学年会，有幸能够第三次来到海南大学。

我想了一下，还是讲讲"法律体系"。因为全国统编教

---

* 此文系作者应邀于 2018 年 10 月 28 日在海南大学法学院"改革开放 40 年立法的回顾与展望学术沙龙"上的演讲与问答。由中国社会科学院陈科先博士根据录音整理，特此感谢。

材《法理学》(红皮本)现在是第五版了，在座的各位老师可能参与了。《法律体系》这一章一直是我写的，从第一版到第五版，所以一直也比较关注。实际上法律体系就是立法问题，它是立法的一个集中体现。我觉得法律体系在中国有两个研究进路，但是现在在我们教材里面还是不够周全。教材里面所能看到的法律体系只是七大部门。最近两三年我一直在想这个问题，就是法律体系从法律部门入手是一个进路，但是法律部门里面所罗列的只是全国人大和全国人大常委会的立法。现在我们说 40 年立法，那我们的立法成果是什么？最近法律不断更新，这一次全国人大常委会又通过了几部法律，原来我统计的是 264 部，现在是 270 部了。每一次修改教材，我都要拿到最新的清单，把最新清单里的每一部法律都划分到相应的法律部门中。所以法律体系在我们教材里呈现的是这样一个进路，但是这个进路，我越来越认为它是有缺陷的，为什么呢？因为这个法律体系只讲全国人大及其常委会制定的法律，其他的没有了。

所以，还应该有第二个进路，就叫法律渊源体系的进路，少了这个进路，法律体系是讲不全的。这次立法学年会上有的专家也讲到了这个问题，这些年，法律体系白皮书，讲法律体系只讲三个，即法律、行政法规和地方性法规，其他没有了，规章没有了，自治条例、单行条例也没有了。我早就发现了这个问题。所以应该是两个进路。而这两个进路目前可能都需要进一步的研究。

还有一个问题，我觉得我们首先要厘清一个概念，有些命题是一个法学命题，比如"法律部门"概念，法律部门不是一个实在法问题，而是一个法学问题。为什么这样讲？我下面要讲，在七大法律部门产生之前，法学界关于法律部门的划分是五花八门的，有五部门划分，有七部门划分，有八部门划分，有十大部门划分，还有三大类划分，即公法、私法、社会法。法律部门的划分是一个学理问题。立法机关立了那么一堆法，然后我们怎么给它划分一下？划分的标准是什么呢？每个人按照不同的标准有不同的划分，这类命题我们叫作法学命题。

我先讲第一个进路，就是七大法律部门的进路。七大法律部门是怎么来的？在座的老师们可能都比较清楚。1997 年前后，当时的全国人大法律委员会主任王维澄带领一众法学专家、立法学专家做了一个关于法律体系的重大课题。课题结束之后，得出了一些结论，当然这个课题涉及很多问题，在法律部门这个问题上，得出了七大部门。到 1999 年 3 月全国人大开会时，在常委会的报告里面就把七大部门列入了报告内容。我们以前写教材，曾经写过十大部门的划分，但是这个时候国家立法机关已经确定了七大部门，我们就要和它保持一致，不能自己再另外造一套。从 1999 年一直到现在，运作了 20 年。到目前为止，七大部门在全国人大层面上没有变化，虽然讨论很多，但到现在为止，还是七大部门。

另一个进路就是法律渊源体系的进路。法律体系只讲七大部门行不行？是不行的。因为七大部门仅仅是作为国家立法中的全国人大及其常委会的立法这一部分，还缺少行政法规和国务院部门规章。全国人大的立法是我们法律体系的主体，但我们讲法律体系，它还有别的东西，这就是另外一个进路，就是我说的法律渊源体系，我们还得有一个法律渊源体系的进路，不然的话，法律体系是讲不全的。这一次我听朱景文老师（中国人民大学）在立法学年会上讲 40 年立法回顾的内容中提出法律渊源体系这个概念，我也很高兴。但法律渊源体系到现在仍在认识上存在不一致。我有这样一个认识：十八届四中全会提出法律规范体系，当时很多人对法律体系和法律规范体系这两个概念的关系并不是很清楚。到现在为止，可能有些人还是不清楚，我们一直用的是法律体系。十八届四中全会出现的法律规范体系，我认为就是法律体系。谈法律规范体系，还是原来法律体系的那一套理论，加了规范两个字，但我认为并不增加内容。那么，如果再细究，法律规范体系到底包含哪些内容呢？除了原有的法律部门，还可以加上法律渊源体系。法律渊源是我们可以捕捉的，也是一个学理概念。法律体系、法律规范体系、法律渊源体系，法律渊源本身是学理概念，有很多解释。那么，什么是法律渊源？我们解释为"有效力的法律表现形式"，而有效力的法律表现形式到哪里去找，各个国家是不一样的。在判例法国家，判例就是一个有效力的法律表现形式。在制定法国家，由于每个国家的法律规定不一样，它的法律渊源体系即有效力的法律表现形式是不一样的。

那么，在中国，这种有效力的法律表现形式到哪里去找？就是到《宪法》和《立法法》中去找。离开了《宪法》和《立法法》来谈论有效力的法律表现形式，会越走越远。现在很多理论的争论是和这个问题有关的。在中国，有效力的法律表现形式有哪些？大家都知道，有八个种类。这次立法学年会上有一位专家讲到了十大种类，说第十大种类是地方政府各部门，但是地方政府各部门是没有立法权的，地方政府规章是地方政府这一级的，所以它是八个层次。宪法可以作为一个层次，法律首先分为全国人大的和常委会的，但是都把它放在法律这个概念里面，然后是国务院行政法规，最后是部门规章。地方立法也是作为四个层次：地方性法规、地方政府规章、自治条例和单行条例。自治条例、单行条例是专门适用于民族自治地方的。这八个层次就是我们的法律渊源体系。如果这些基本问题搞不清楚，那么我们在理论上就越搞越糊涂。这几年理论上的混乱和我们对基本问题理不清是有关系的，包括什么是法律渊源。我讲一个小问题，也算是一个大问题，最近我有一篇文章，就是关于"法源"这个概念的。去年的《民法总则》通过以后，一些民法学者在一些演讲中，说《民法总则》第十条赋予了习惯以新的法源地位。我听到这个观点后，认为这个说法是不正确的，是有问题的，为什么呢？《民法总则》第十条说，处理民事纠纷，有法律依法律，没有法律，可以适用习惯，但是不得违背公序良俗。一些民法学家就说是赋予了习惯以"新的法源地位"。"新的法源地位"是什么意思呢？就是说习惯成了新的法律渊源，或者成为新的法律表现形式。按照我刚才讲的，我们在《立法法》中只能找出来这八种，习惯在里面是找不到的。问题出在什么地方？我想应该是他们把规范渊源当成了法律渊源。《民法总则》第十条并不改变习惯的性质，习惯还是习惯，习惯不能成为法源，习惯是一种规范渊源，而且这种规范渊源的适用是有前提的，就是当法律缺位的时候，才派上用场。如果法律规定得很清楚，习惯靠边站；没有法律的时候，只有相关的问题和习惯有关，才可以用，这是第一个限制条件。第二个限制条件就是适用习惯的时候，不得违背公序良俗。哪种情况下违背，哪种情况下不违背，这是个再判断的问题。在具体的司法案件过程中，法官是要做判断的，怎么判断？那是一套复杂的理论。所以，我认为这不是一个简单的问题，《立法法》讲得很清楚，但是在具体问题上，我们的理论大家都会出现这样的问题，所以这个问题需要讲一讲。

关于法律体系，仅仅从法律部门的进路是解释不清中国的法律体系现状的。要把中国的法律体系现状讲清楚，必须还要从法律渊源体系的这个角度，包括规章、自治条例和单行条例，把它们全部包进去，这才形成一个完整的中国法律体系的面貌和框架。不然的话，只讲270部法律，那其他的都是干什么的？再一个问题就是规章，《行政诉讼法》对它的定位是可以参照，但对参照的理解也存在偏差。所以我想跟大家来讲一讲自己思考的一些问题。讲得不对的，请各位老师和同学指正，谢谢！

讨论阶段：

提问一：关于我们研究会的名字，如何理解？有没有立法法的研究会？

提问二：研究生阶段，我们如何把思维从单纯的法律适用的立场转到一个科学性的研究上？就像今天大会上所讲的那样，如何让我们从一个司法技能人才转变成科学性人才？

提问三：各位老师好！第一个问题，我想请教刘作翔老师。刘老师讲了一个观点，认为中国应当是制定法体系，而不是大陆法体系，我不大能理解，想请刘老师展开一下。第二个问题，刘老师在后面提出关于判例的效力，这是我最近比较困惑的问题，最高人民法院关于判例的效力，规定的是应当参照，那么它具体的效力应该是怎么样的？如果最高人民法院的指导性案例与最高人民法院的司法解释或法律相冲

293

突，我们应该如何适用？省市一级的判例效力又是如何呢？

刘作翔教授回应一：我觉得大家的思想很活跃，提出的问题很有意思。我先说一下韩立收老师提出的关于我们立法学研究会的名字如何理解这一问题。其实昨天我也在想这个问题。昨天晚上我说了一句话，我说中国法学会立法学研究会现在也有几百人了，仅参会的就有几百人，还有更多的老师、研究人员。这个研究群体是两大块：一块是学术的，另一块是实务的，实务部门的更多。这个研究会具体研究什么？无非就是两块：一块是理论，另一块是实践。但是它们之间有什么关系呢？就是说立法学研究会的研究水平并不代表中国立法的实际状况，这一点要明白。这两个问题是分开的。但是另外，中国的立法实际状况要通过研究会（当然不限于研究会，研究会之外的人也在研究）的研究展示出来，客观世界不会自然展示，这是一个简单道理，要通过文字，通过其他的方式把它展示出来，我觉得是这样一个问题。还有，你刚才提到有没有立法法的研究会，据我了解，没有，但是我国有一个人民代表大会制度研究会，它是由全国人大直接组织的，经常开一些会。这类研究会全国有，地方也有，我参加过北京市人民代表大会制度研究会的一些会议。他们研究的面更广，包括立法问题、立法状况的研究。你所说的立法实践的情况，咱们在研究，他们也在研究。

回应二：这位同学关心的问题可能是一些学术问题。怎么选题？法律变化了怎么办？我做个简单的回应。作为一位学习者，我们要打好基础。所谓打好基础，还是要按部就班地进行一个课程系列的学习。但是作为研究问题，现在已经不是学科导向，而是问题导向，不在乎你是做什么的，谁对一个问题谈得透彻，谁就是这方面的"王"。但是话说回来，如果对那个学科没有一个深入的学习和研究，也不可能做出很好的东西来，即使以问题为导向也做不出很好的东西来。问题导向有什么好处呢？就是可以打通各个学科。所以我们一直主张同学们从一进大学就应该把基础打好，就是这个道理。

回应三：我们是制定法体系，为什么不能叫大陆法体系？我认为，英美法系、大陆法系是特指的。大陆法系就是从罗马法传承下来，并延续到现在，像德国和法国这样的以法典化作为法律传统的国家。中国为什么不能叫大陆法系？表面上看我们和它们在法律的形式结构上是有相似之处，都是以法典化为主，也都是以制定法作为法律的传统和法律表现方式。但是中国不是大陆法系的组成成员，大陆法系是有确指的，英美法系也是有确指的。我们中华法系有自己的一个传统，对中华法系的研究也很多，但是我一直认为中华法系是以法典为核心的、为主干的法律传统。在比较法上，中华法系一直都是一个独立的体系。清末变法以来，中国就进入了制定法体系。虽然沈家本当时也借鉴了大陆法系的一些东西，但是我们不是大陆法体系，不属于大陆法系这个概念中的成员。这是学术上的一种严谨，我想是这样。

第二个问题是关于判例的效力应该怎么适用？我首先纠正一个概念，我在《法学评论》上发表过一篇文章，专门讲过这个问题。2010 年最高人民法院发布了文件，自 2011 年公布指导性案例以来，中国使用的是指导性案例这个概念，所以我不主张用判例这个概念。为什么不能用判例？就跟我们刚才讨论的一些问题一样，判例是一个具有强烈制度化色彩的概念，它同判例法、判例法系、判例制度等一些概念紧密地联系起来。所以我们用的是案例。你提出的问题是如果指导性案例和司法解释、法律相冲突，如何来解决，首先，你提这个问题忘记了一个前提，中国的指导性案例是有前提的。我们说的指导性案例，现在（2018 年 10 月）发布了 17 批 92 个，每一个指导性案例的制定都是有法律做前提的。其次，指导性案例也不应该违背司法解释的规定，司法解释也是制定指导性案例的一个前提条件。所以从理论上讲，不应该出现一个指导性案例和司法解释相冲突的情况。但是在实践中会不会出现这种情况，我不敢断言。如果出现了这种情况，指导性案例即使被最高人民法院发布了，也是要被废除的，除非和它相冲突的司法解释不再被适用，但是司法解释的废除是要有个程序的，所以理论上不存在这种情况。我们在考虑一些法律问题、司法问题时，必须把它的前提考虑清楚，才能提出相应的问题。另外，你提出省、市一级的案例效力问题，指导性案例只能由最高人民法院发布，对省、市一级法院公布的案例，叫参考性案例，案例效力只作为参考，我也看到过，像北京市高级人民法院发布的一些参考性案例。参考性案例和指导性案例是完全不一样的。指导性案例是可以进入裁判文书的。关于指导性案例的"应当参照"，引起很多误解，但是你没看到《最高人民法院〈关于案例指导工作的规定〉实施细则》，你要是看一下该规定，这个问题其实已经解决了。2011 年公布案例以后，针对"应当参照"的理解存在歧义，2015 年 10 月最高人民法院又颁布了一个《最高人民法院〈关于案例指导工作的规定〉实施细则》。该规定里面有几个条款非常重要，其中第九条、第十条、第十一条就明确规定，如果当事人、案件代理人或者辩护人以指导性案例作为抗辩理由的，主审法官必须作出回应，不作出回应是不行的，采纳了要回应，不采纳也要回应。以前是应当参照，有的人就认为可参照可不参照，其实不是这样理解的。必须作出回应，这个其实是给法官提出了要求。

法治如何规制新技术

——2018 年 11 月 11 日湖南师范大学"中国法
学会法理学研究会第八次全国代表大会"
的评论 *

听了四位报告人的报告，谈一下看了他们的简要文本和听了发言的感受。

杨贝副教授（对外经贸大学）的文章，题目是案件事实的层次与建构，我看了她的文本，听了她刚才的报告，她将案件事实划分为一般事实、证据事实、裁判事实，这个三层次的划分深化了对案件事实的认识。不仅是一个划分，还在

* 　此文系作者于 2018 年 11 月 11 日在长沙参加由中国法学会法理学研究会、湖
　　南师范大学主办，湖南师范大学法学院承办的"中国法学会法理学研究会第
　　八次全国代表大会"上对四位报告人报告的评论。由中国社会科学院魏书音
　　博士根据录音整理，特此感谢。

划分的基础上，分别对一般事实、证据事实、裁判事实不同的证据特征、功能作用，都做了细化的分析，这样一种分析对我们在司法中如何把握事实问题，我认为是有深化的。

周世中教授（广西师范大学）谈的是"枫桥经验"。关于"枫桥经验"，今年在浙江杭州和其他地方召开了很多研讨会。周教授对"枫桥经验"的地位和作用做了研究，我想结合他文章中讲到的"枫桥经验"主要方法"推进自治、法治和德治相融合"谈一点看法。"三治"结合是党的十九大提出的一个命题，在乡村治理中实现自治、德治、法治。我在杭州师范大学召开的"枫桥经验"学术研讨会上也谈了一个看法，就是"三治"成为研究的核心点，"枫桥经验"最后就成为"三治"的问题。但是我们仔细考虑一下，"三治"在含义上是不一样的。当我们说自治的时候，主要是指一种治理方式和方法，并没有指出治理依据。德治和法治不一样，德治和法治既是一种治理方式，同时也是一种有规范要求的治理方式，它的规范要求非常鲜明，德治就是用道德来治理社会，法治就是用法律来治理社会，它里面包含着一种规范要求，不仅是规范要求，还有整个治理结构的安排，比如法治是一整套的治理体系和结构，而自治什么都没说，我们从自治里只可以捕捉到它是一种自我治理的方式，我们的自治制度的几大类型，即民族区域自治、居民委员会自治，还有村民委员会自治，治理方式靠什么呢？这是一个问题。所以我觉得自治作为一种治理方式，在自治过程中其实包含了多元要求，自治中好多规范要放进来。另外，从关于"枫桥经验"的研究过程中，包括周教授在研究过程中也提到，党的一些规范可能要起作用，村规民约可能要起作用，法律规范在自治过程中仍然要起作用。我在枫桥的时候去了老杨调解室调研，他从事调解工作30年，调解了几千个案件，摆了两大柜子调解笔录，那是一笔丰富的财富，我们在交谈过程中，我有一个强烈的感受就是他对法律特别重视，而且对法律特别熟悉，在他调解案件过程中，比如工伤案件、邻里纠纷，有法律规定的就按照法律调解，没有法律规定的就按照习惯、乡规民约，因为按照法律调解会得到一个很好的结果，如果不按法律调解最后还会出问题。事情能否了结，不是仅仅靠我们理解的村规民约，自治过程中需要很多规范进入其中。这是我对"三治"的一个看法，它们不是一个层面。大家现在喜欢讲自治、德治、法治，但是仔细推敲，后两者有强烈的规范导向、规范内涵、规范结构，但是在自治这个里面，它可能包含一种多元的，甚至法治的规范要求、德治的规范要求都包含其中。自治过程可能是一个多元规范介入其中。

张建文教授（西南政法大学）这篇文章给我们开拓了一个很有意思的话题。文章介绍了艾萨克·阿西莫夫的小说《双百人》和电影，我都没看过，尽管看过很多美国关于机器人的片子。对这篇文章我讲三点意见：第一点，文本的虚构性。作者在一开始就用柏拉图的《理想国》《法律篇》作了辩解，但是文本的虚构性是不可辩驳的事实。第二点，虽然文本是虚构的，但提出的问题是存在一种潜在性和现实性的。我们知道，一个国家赋予机器人法律地位，作者在42年前所说的在今天已经变为事实。我注意到在他的摘要里面提出了对我们来说是一个很重要的警示性的东西，就是潜在的立法者对普遍赋予机器人法律主体资格法定性和必要性的否定性倾向，就是作者对这种倾向持一种否定性态度，但是可能现在这是人类的一种现实。第三点，它对人类的警示作用，更多地强调对人类的威胁性，但是怎么看这个问题，我想肯定有很多不同的看法。

陆宇峰副教授（华东政法大学）的文章。他的题目有创新性，他提到信息社会技术的反噬效应，用了这样一个概念，这个概念是有创新的。可能我孤陋寡闻，看得不多。陆教授这些年做有关公共舆论的年度报告，一直关注公共舆论的问题，包括网络问题，他对这方面是非常熟悉的，他讲了四个事件，通过四个事件提出法治困境，这都是很有警示意义的。他提到了"反身法"，但没有充分展开。他的焦点在于：政府、国家在多大程度上对信息技术这种新现象进行规制，规制哪些，不规制哪些，哪些应该由互联网管理，哪些应该交给政府，我觉得这方面应该是最后的落脚点。

以上是对四篇文章和报告做的一个点评，谢谢大家！

立法决策是最关键的

——2018 年 12 月 1 日华东政法大学"立法过程与法治中国建设研讨会"的评论 *

　　刚才听了刘风景教授（华东政法大学）关于"审慎立法"的报告，我想谈几点意见：

　　第一，我刚看到这个标题的时候，以为是国家提出的一个立法概念。后来看了一下文章，才发现这是刘教授的一个创新。这个创新表现在什么地方呢？我们知道，从党的十八大到党的十九大，关于立法的提法总在变。党的十八大提出的新"法治十六字方针"里的表述是"科学立法"，我当时还

---

*　此文系作者应邀于 2018 年 12 月 1 日参加由中国法学会立法学研究会主办，华东政法大学政治学与公共管理学院、华东政法大学立法与政治发展研究中心、华东政法大学学科建设办公室协办的"立法过程与法治中国建设研讨会"上所做的评论。由中国社会科学院陈科先博士根据录音整理，特此感谢。

专门写了篇小文章，讲了为什么不提民主立法，而要提科学立法，这里面确实有很大的文章可作，我的理解是，科学立法更具有概括性，科学立法可以把民主立法涵盖进来，但是民主不一定达到科学，因为民主就是个多数决问题。后来在党的十八届四中全会中，又讲到科学立法和民主立法要同步考虑，新"法治十六字方针"提出的科学立法仍然没有变，变的是民主立法和科学立法要配合起来，因为民主立法毕竟要讲究程序。之后，党的十九大又提出一个"依法立法"。实际上，在我的研究中，我把它们叫作立法的指导思想，不好说是立法的宗旨，也不好概括为立法的原则，它是立法的指导思想，这个指导思想是最高位的，比原则的层次要高。今天又看到刘风景教授提出一个"审慎立法"，其实是提出了一个立法的指导思想，而不仅仅是一个立法制度、立法原则的层次。所以我说，这是刘风景教授一个很大的创新。如果这个"审慎立法"能够被决策者采纳的话，就是第四个立法指导思想。

但是这里面有个问题，"审慎立法"能否作为一个新的立法指导思想？这是要认真考虑的。因为不是简单提出这个概念，我觉得刘风景教授可能把这个问题看得小了点，他实际上是提出了一个立法指导思想，尤其在中国现阶段的转型期社会，能不能作为一个指导思想？这里面就要考虑几个问题：

1. 科学立法里面有没有"审慎立法"的含义？按照您对审慎立法的一些解释，科学立法能不能将此包括进去？

2. 民主立法，你讲的立法过程、立法程序，民主立法里面有没有可以包括进去的东西？比如说程序的问题，民主立法要求一个程序化的过程，而程序化是不是就把你那个关于立法过程中的审慎要求都包括进去？

3. 依法立法，依法立法是更细化了，但实际上立法肯定要依法，现在强调依法立法是有针对性的，就是在我们立法过程中有不依法的现象，一个是有没有超越立法权限，再一个是否严格遵循了立法的过程和立法程序的要求，包括刘风景教授刚才介绍的一些案例，就是立法过程中出现的一些错误。靠依法立法、程序性的要求能否把这些问题纠正过来？这个我觉得是要考虑的。

实际上，我所说的立法指导思想就是立法政策。立法指导思想在我的研究里面，把它看作立法政策的一个表现。当然立法政策不限于这个指导思想，还包括立法规划。这是我下面要谈的刘风景教授思路里所强调的重点。所以，这是我谈的第一个问题："审慎立法"是一个创新，但是这个创新要处理好现有的三大立法政策或者立法指导思想的关系。能不能涵盖进去？如果在这个定位上来理解"审慎立法"和三大立法指导思想，"审慎立法"能否起到作为高位阶的立法政策或立法指导思想的功能？一个重要概念的提出，先要给它定位，是一个什么性质的问题。定位以后我们才能把握这个问题的重要程度，一个问题是有它的重要程度的，处在哪个研究层次上。这是第一个问题。

第二，如果"审慎立法"能够作为立法指导思想，那如何来应对转型期的中国社会对立法的大量需求？因为"审慎立法"虽然再怎么解释（刚才刘教授有个解释，"审慎立法"并不是不作为，而是一种谨慎的态度），但是，从本质上，"审慎立法"是一个保守主义的思维，是一种"收"的姿态，而不是一种"放"的姿态，这一点，我想刘风景教授应该还是承认的。"审慎立法"总的基调是"收"，而不是"放"。但是现在，转型期的中国社会提出了那么多的改革任务，都要通过立法来体现。现在已经不能像改革初期那样在没有法治的情况下改革。党的十八大和党的十九大已经确定，我们现在已经不是改革初期了，我们要在法治的轨道上进行改革。重大改革要于法有据。法治的重要性，首先就表现在立法，就是法律规范的这个层面，就是对立法的需求很大。那么，在技术和制度层面如何处理？刘风景教授也做了探讨。但是，我觉得最重要的一点，不知道你注意到没有，实际上它是有制度安排的，这个制度安排就是先行先试。十八届四中全会提出了处理改革和法治关系的三种办法：第一个就是要及时立法，对重大改革要及时立法，"及时"这两个字是相当重要的。一个是及时，一个是主动，就是你不能被动地等待，立法部门要主动出击。过去我们说立法要适用社会关系的需求，现在不行了，就是要主动。主要是第二个，就是对还不成熟

305

的要先行先试。但是，先行先试要解决授权问题，就是解决合法性问题。因为过去我们说良性违法这些命题，就是合法性问题没有得到解决。十八届四中全会规定，凡是需先行先试的，要先授权，授权以后，法律效力暂时中止。试验成功的，就立法；试验不成功的，就淘汰。第三个就是废除过时的立法。如果讲"审慎立法"，我觉得经过授权的先行先试，这是一个重要的制度安排，这恰恰体现了审慎。

第三，如果"审慎立法"的命题成立，那应该是有重点的。这个重点我认为主要体现在立法决策，立法决策是最关键的。那么，立法决策具体体现在哪些方面呢？就是体现在立法规划或者立法计划的及时调整上。因为立法规划确定以后，就要进入立法的实践环节，当然这个过程中可以不断地修正出现的问题，但是立法规划一旦确定了，一般是往前走的，收回来的有没有呢，当然是在发现重大问题的时候才可能收回来。如果没有重大问题就会一直到这个法律的出台。所以，立法规划和立法决策是"审慎立法"最重要的一个关口。在这个过程中，我们不仅是做立法工作，做任何工作都要审慎，这应该是我们做任何工作的一个基本的要求。在立法过程中，最主要的可能还是在立法规划的选择上。这是我对刘教授这篇带有创新性文章的建议，一个创新命题提出来不容易，但我觉得应该带有批判性地对刘教授提出一些需要思考的问题，这只是一孔之见，不见得对。

立法的科学性与科学立法的侧重点不同

——2018 年 12 月 1 日华东政法大学"立法过程与法治中国建设研讨会"的评论 *

　　黄建武教授（中山大学）的这篇文章，我们从文章标题看是两个命题：一个是立法的科学性，另一个是科学立法，这两个命题有紧密的联系。我一直在推敲立法的科学性要回答什么问题。立法的科学性好像应该回答立法的实体问题，也就是立法的内容，但科学性里面也包含着程序性的问题。科学立法到底要表达什么呢？表面上看，科学立法好像是一个过程的概念，但实际上，如果仔细分析科学立法，就会发

＊　此文系作者应邀于 2018 年 12 月 1 日参加由中国法学会立法学研究会主办，华东政法大学政治学与公共管理学院、华东政法大学立法与政治发展研究中心、华东政法大学学科建设办公室协办的"立法过程与法治中国建设研讨会"上所做的评论。由中国社会科学院陈科先博士据据录音整理，特此感谢。

现其不仅仅表达一个过程，也包含着立法内容的要求。我上午讲了党的十八大提出的新"法治十六字方针"，每一个都还是有讲究的，科学立法不能仅仅理解成一个过程。如果理解成过程，内容怎么办？这实际上是对立法的一个全方位的要求。立出来的法要达到科学性，立法的过程就要体现科学性，我是这样理解的。黄教授的文章首先要回答立法科学性的含义，我觉得这个含义从《立法法》第六条是推不出来的。《立法法》第六条实际上还是用文字的方式表达了科学立法，但并没有回答科学性是什么。要回答科学性，黄建武教授也做了很多努力，我认同他的观点，从我们目前的认知水平和认知程度来讲，科学性离不开规律性的问题。我们现在对科学性有很多解释，什么是科学的？比如说主观与客观相符合，怎么样符合，这也是有要求的。怎么样叫符合规律性，规律是什么，如果把科学性解释成规律性，那么我们要追问规律性是什么，我觉得黄建武教授基本上沿着这样一个思路在走。就我们目前的认知水平来讲，也还超不出这样一个思路。有没有更好的思路？在讨论规律性问题的时候，我们说科学性指的是规律性，那么科学的立法就要遵循这个规律性，黄教授的思路，从逻辑上看还是很严谨的。这就回到问题的焦点了：什么是规律？遵循什么样的规律？这就是一个很重大的问题。

我觉得有这样两个问题：第一，我们一般认为法律只涉及社会规律，但是可能不尽然。当前法律调整的范围和领域是非常广的，不限于社会规律这个问题。黄建武教授讲了五个方面：因果律，特殊社会的具体规律，社会发展的基本规律，人类作为自然部分的自然规律，法律体系本身构成的规律，从这五个方面来讨论科学立法里面包含的规律性和指向。我觉得大体上可以归纳为两个，一个是自然规律，另一个是社会规律。自然本身是有规律的，人类怎么样来尊重自然规律，实际上是这样一个命题。过去我们说，法律只调整人与人之间的关系，那自然规律怎么办呢？自然规律也是通过人去发挥作用的。比如说，对自然界的保护，环保问题等。比如法律里面有"禁猎期""禁渔期"。"禁猎期"和"禁渔期"实际上就是对自然规律的尊重，这种尊重是人通过立法的方式去实现的，调整的还是人的行为，但是调整的对象就不是社会规律的问题，而是在对自然规律认识的基础上来调整的。所以，这个规律大体上还是自然规律和社会规律，这样就可以从法律调整的一个广度和领域去思考这个问题。第二，社会规律是怎么调整的？自然规律是怎么调整的？社会规律通过建立社会体制，比如立法体制、司法体制来作出调整。自然规律就是通过保护、禁止的方式作出调整。前几年我到广东茂名讲课，正好赶上"开渔节"，我们去参观了一下，声势浩大，下午我给茂名市作了一个报告，就讲了"开渔节"的意义。"开渔节"实际上就是一项法律活动，是对自然规律的尊重。我也看过相关的文章，古人早就有这样的认识，但那个时候没有说用法律进行调整，而是一种自我调节。所以我们过去受到法律调整社会关系的这种教育，一直认为法律是调整人与人之间的关系。有人说，法律也调整人与自然的关系，但这样说就太笼统了。调整自然关系还是要通过调整人的行为来实现，离开人的行为这个中介，是无法调节的，法律是直接调整人的行为的，这点是变不了的。比如说，"禁猎期""禁渔期"，调整的是人的行为，但目标是对自然的尊重。这个建立在对自然规律认知和探索的基础上。所以，理解立法的科学性和科学立法，这两个命题的重点不一样。立法的科学性，回答的是立法的科学性是什么。科学立法就要进入一个具体的操作过程，在这个过程中如何实现科学立法，黄建武教授从过程这个角度提出了很多建议。但是，我发现有一种现象，从理论命题一下跨入实践领域，理论命题和实践命题好像是一个落点，但实际上有点割裂。有这种感觉，到底对不对，大家考虑。

好，谢谢！

立法权限是立法学亟待解决的问题

——2019年3月30日山西财经大学"新时代地方立法的特征与实践创新学术研讨会"的评论 *

感谢大会的邀请！我们这个单元共有六位专家的发言。我听完以后，觉得这六位专家的报告，每一篇都很新颖，都做了充分的准备。下面为了节省时间，我就直接进入点评。

朱力宇教授（中国人民大学）这篇文章的议题是非常宏大的，他结合地方立法权，讨论了我们国家的立法体制，讨

---

* 此文系作者应邀于2019年3月30日参加由中国法学会立法学研究会、彭真民主法制思想研究与教育基金、中国人民大学法学院、山西财经大学法学院主办的"山西省法学会地方立法研究会成立大会暨新时代地方立法的特征与实践创新学术研讨会"第一单元对六位报告人的报告发表的评论。由会议主办单位根据录音整理。

论了地方立法与城镇化问题、与脱贫攻坚问题，还有少数民族的权利义务保障问题，以及立法规划问题。听完以后觉得文章所涉及的领域非常大，所涉及的问题也很广。给我留下深刻印象的是关于立法主体的一个新的计算方式。在此之前，我们听到的是《立法法》修订之后，我国有300多个立法主体，经朱老师这么一算，一下子就增加了一倍。我觉得这个计算是有道理的。因为我们常常讲立法的时候，只想到我们的地方性法规，把地方政府规章这么重要的一方面忘记了。我上次在一次会议上还专门强调，在我们讲设区的市立法的时候，只想到地方性法规不行，还有同级人民政府的地方政府规章也是非常重要的一块。我觉得朱老师的这种计算方式应该很好地宣传出去。但我觉得你还漏了一点，就是自治县的自治条例和单行条例，这个也应该算进去。朱老师的文章和报告内容是很丰富的，提出了很多的问题，他注意到了立法问题与经济社会发展的关联度，就是说注意到了立法与经济社会发展的关系。我们一般讲立法很少注意到这一点，把脱贫攻坚以及城镇化建设与立法联系起来，把地方立法和地方的社会发展规划结合起来，这是一个非常好的思路。

李红勃教授（中国政法大学）的文章，延续了他以往的研究风格，我看了以后，印象深刻。因为那一年在福州开立法学讨论会，他也是提交了类似的一篇关于立法标准的文章。这篇文章我觉得最有意义和价值的是对于地方立法存在问题的剖析，对这些问题的剖析还不在于对这些问题的揭示，而在于下面这些脚注，我觉得这是有价值的。因为我们讲每一个问题的时候不能空讲，要有实证材料。目前关于地方立法的具体数据不是太确切，地方政府规章的数据就更没法统计了，缺少一个权威数据。面对这么多的地方立法的产品，这里面的问题肯定非常多。但是立法的这种冲突问题还是大量地存在，要通过这种研究把它揭示出来。文章后面关于形式标准、实质标准等一些问题，归结到一点，就是地方立法如何合理设置的问题。因为形式标准、实质标准等我们过去都讲过，讲三条、四条、五条都可以，根据个人的理解都可以去讲，而且这些标准有的是针对地方立法的，有的也可以说是针对全国立法的一种要求，这些是一种理论性质的研究。我觉得针对地方立法提出一些标准也是有必要的，但更重要的还是要建立在前面分析的基础上，对地方立法做出一些有针对性的意见来解决问题。

郭相宏教授（太原科技大学）关于山西省地方立法质量的分析。从郭教授的这篇文章看，他对山西省的地方立法情况是熟悉的。他谈到了地方立法存在的问题，以及这些问题表现的方式。我觉得有价值的是，虽然他这篇文章是在谈山西，但是它所揭示的问题可能是全国性的。我们的立法还没有完全摆脱那种惩罚性、禁止性的色彩，没有完全把公民权利作为我们立法的一种突出的主旨，包括他讲到的超越权限

313

的问题。还有刚才讲到的一票否决，现在中央在清理形式主义，对一票否决已经提出严厉的批评。我们个别地方和单位的领导为了突出自己的政治坚定性，经常采取一票否决制。一票否决，这是一个很可恶的东西。还有罚款，我们到有的地方做调研，一个村委会可以对乱丢垃圾设置2万块钱的罚款，我们听了都大跌眼镜，一个村里面怎么能有这样的权力呢？当然他这篇文章主要还是揭示问题，能够把问题揭示出来，就是贡献。

史凤林教授（山西大学）的文章是关于设区的市地方立法模式。这个报告讲得很精彩，因为他参与了实际的立法过程，对山西省的一些地方立法实践中的一些情况讲得很好，主要讲了设区的市的地方立法模式，关于部门立法、专家立法的利与弊，讲得很丰富、很透彻。我觉得这是个老问题，就是到底是部门立法还是专家立法，所谓专家立法，现在叫第三方立法，这个问题实际上争论很久了。我们过去搞立法后评估，我带领中国社会科学院的几位同事到上海去做调研。调研的结论，还有和其他一些学者讨论的结论是：虽然部门立法有这样那样的缺陷和缺点，包括刚才史教授揭示的这种部门主义、利益保护，等等，但是真正的立法包括立法后评估，离了部门还不行，因为部门对有关情况掌握得最清楚。关键问题就是怎么通过立法机制克服部门保护。因为立法有很多环节，部门起草法案，人大立法还有其他的环节，

314

如何把关这个问题，这是最关键的。史教授详细地给我们分析了部门立法和专家立法的利与弊，最后得出的结论我是完全赞同的。十八届四中全会提出人大主导立法，已经有一个明确的结论。但是到底什么叫人大主导立法？也有很多讨论，是人大亲自来起草，还是人大牵头来做？比如这次编纂民法典，是全国人大牵头，五个部门作为协作单位，有中国社会科学院、中国法学会、最高人民法院、最高人民检察院、国务院法制办。[①]所以我觉得史教授提出的人大牵头，实务部门、学者都参与进来，不要搞各自为政。现在还有委托立法这样一个方式，也不是不可以。当然对于重要的法律，人大要牵头。对于法律，还要分类型，有些法律涉及的领域特别大，有的领域可能小一些，调整关系力度可能相对小一些。不同的立法类型可以有不同的方法。比如现在委托一些律所对于个别立法起草，也可以将一些立法委托专家起草。史教授其实也尖锐地分析了专家立法的这种缺陷性，没有可操作性。所以，怎样扬长避短，发挥各种立法模式的优点，避免它的缺点。我觉得这种综合模式应该是一个好的模式。

王小萍教授（山西财经大学）关于区域环境立法协同的

---

① 2018 年 3 月 13 日，十二届全国人大一次会议审议《国务院机构改革方案》，将司法部和国务院法制办公室的职责整合，重新组建司法部，作为国务院组成部门。不再保留国务院法制办公室。

这篇文章，提出的一些概念是有新意的，比如区分了自然区域、经济区域和行政区域概念的不同。我们过去对于行政区域比较熟悉，而对于经济区域、自然区域是不太关注的，都说不清楚。所以区分这些概念，对于解决不同的立法问题是有帮助的。文章还对区域环境立法协同与地方环境立法、流域立法的区分作了一些辨析，这个也是重要的，对于这些基本概念，我们首先要把它搞清楚。这篇文章虽然是在讲区域环境立法，但实际上是讲区域立法问题。这个区域立法尽管现在已经有了很多实践，包括从 2006 年东北的区域立法协作，到后来 2015 年京津冀立法协作，以及现在出现的粤港澳大湾区立法协作，等等，但是有一个根本性问题没有解决，即立法主体问题。在立法体制不改变的情况下，区域立法只能停留在协作两个字上，只能是协作，无法产生一个跨区域的法律。跨区域的法律是怎么产生的？文章中讲到一个例子，即国务院制定的《淮河流域水污染防治暂行条例》中说跨区域的问题还是得交给国家，国家不立法，区域怎么立法？去年在石家庄召开的京津冀立法高端论坛，专门讨论京津冀区域立法合作问题。我在会上谈了自己的意见，跨行政区域的问题无非就是两种办法：一种办法是跨区域太大的问题就交给全国去解决，或者全国人大解决，或者国务院解决，国家可以解决跨区域的问题。另一种办法是什么？比如当某个问题涉及三省的共同问题或相互关系，一省立一个法，其他两个省比照着这个法通过就行了，比如京津冀，北京制定一个条例，然后三省市会商，会商结束后由三省市人大同时采取审议通过的方式，只有这种办法。我们所说的区域立法，是目前还没有的一种立法产品。所以跨行政区划，不管是环境立法，还是其他问题，我觉得是一个立法体制问题。

王志林副教授（山西财经大学）的规范性文件这篇文章，虽然谈的是规范性文件在地方立法中如何吸纳的问题，但我觉得核心问题还是在于如何理解规范性文件。规范性文件的主体是不是只限于政府？我也曾经思考过这个问题，其实规范性文件遍地都是，人大有没有，法院有没有，检察院有没有，我们现在最高人民法院、最高人民检察院（以下简称"两高"）有司法解释，"两高"以下不允许做司法解释，立法法讲得非常明确，但是我们知道在整个司法系统，除了"两高"可以发布司法解释以外，其他各级法院、检察院都有各种各样的文件，那些文件算什么？所以我觉得这个问题的研究在中国还有很大的空间。规范性文件有时候叫政府政策，但它实际上是不是只限于政府？我觉得不限于政府。这个问题就是要把前提研究清楚，然后在地方立法里面考虑怎样吸收。

另外，地方立法这个概念意味着什么？地方立法不限于设区的市，设区的市立法是有限定的，有三大范围的限定。但除设区的市，其他原有的地方性立法主体，它们的立法权限、立法的范围还是比较广的。如何把一些该由立法来解决的问题通过立法解决，这又回到一个老问题，就是立法权限的问题。我们如何将地方性法规的立法权限、立法范围和地方政府规章的立法权限、立法范围进一步划分清楚，哪些是由规章制定的，哪些是由地方性法规制定的，这些问题在全国到现在为止没有解决，包括像上海立法做得比较好的城市，这个界限也是模糊的，我们去上海市人大常委会法工委调研，他们也承认规章和法规的界限是不清楚的。这个问题还是非常严重的，就是立法权限问题。

我就对以上六位报告人的报告做这样一个简单的点评，不对的地方欢迎大家提出指正，谢谢！

城乡建设与管理还有很大的立法空间

——2019年3月30日山西财经大学"新时代地方立法的特征与实践创新学术研讨会圆桌论坛"的演讲[*]

我谈几点与地方立法有关，但也不限于地方立法的几个问题，也是这几年一直在考虑并经常讨论的问题。

第一个问题就是大家经常谈到的地方立法、中央立法这样的概念。我对"中央立法"的提法是不同意的，因为这是一个政治学概念，我主张用"国家立法"的概念。大家知道，中央和地方是政治学上的一对关系，"国家立法和地方立法"

---

[*] 此文系作者应邀于2019年3月30日参加由中国法学会立法学研究会、彭真民主法制思想研究与教育基金、中国人民大学法学院、山西财经大学法学院主办的"山西省法学会地方立法研究会成立大会暨新时代地方立法的特征与实践创新学术研讨会圆桌论坛"上的演讲。由会议主办单位根据录音整理。

319

比较准确。

第二个问题就是我上午在点评的时候讲的一个观点，即在地方立法里面，目前存在的一个问题就是地方性法规和地方政府规章的权限不清，立法实践中经常出现界限模糊、错位的问题。几年前我们在上海市人大常委会法工委调研的时候，他们就反映过这个问题，无法分清哪些问题是地方性法规应该制定的，哪些问题是地方政府规章应该制定的。我觉得这个问题在国家立法中也存在。对于基本法律和基本法律以外的其他法律，在宪法上虽然有一个原则性的界定，但是如何在立法过程中具体体现仍是一个问题，哪些应该由人大通过，哪些应该由常委会通过，我认为这是立法学应该高度关注的一个问题。

第三个问题就是关于法律体系。为什么谈这个问题？目前我们国家在讲法律体系时，包括法律体系白皮书，一般只讲三个，就讲法律、行政法规、地方性法规，部门规章没有了，地方政府规章没有了，自治条例、单行条例也没有了。去年在海南大学的学术沙龙上我讲了这个问题。我们自己写的教材也有这个问题，全国统编教材《法理学》（俗称的红皮本）关于法律体系那一章这十几年一直是我在写，写的过程中我发现只讲了七大部门，七大部门讲完就没有了，但是这七大部门能够反映我们法律体系的全貌吗？是不能的。所以，我认为我国的法律体系应该是一个纵横交错的立体结构，法律部门尽管是我国法律体系的主干，但是并不代表我国法律体系的全貌。所以我提出，研究中国的法律体系，除法律部门的进路，还应该有一个法律渊源的进路。全国人大及其常委会的法律是中国法律体系的主干，但是除了这个，我们还有其他的形式，我们的行政法规往哪放？部门规章往哪放？地方性法规往哪放？地方政府规章往哪放？单行条例、自治条例往哪放？现在的教材里面都没有这些东西。所以我觉得中国法律体系要把它讲全，一定要把《立法法》规定的这八种形式都讲出来。这是我对这个问题的一个看法。

　　第四个问题就是关于设区的市的立法问题。设区的市的立法权确立以后出现了两种反应，一种反应是认为不公平，有学者说，凭什么设区的市有立法权，而其他的市没有？我们研究立法学的学者能不能讲出道理来？《立法法》当时设计设区的市的立法权的时候，不知道怎么讲这个道理，是不是设区的市有什么特殊性？这是一个问题。还有就是今天冯玉军教授（中国人民大学）讲的问题，这个问题到现在都没有答案。宪法对县一级人大和政府是有授权的，它可以制定所谓的规范性文件等一系列的东西，但它不是立法，那它是什么。这是在我们立法上一直没解决的问题。宪法有授权，但过去对立法的主体有限定，现在一步一步放，除设区的市，一般的县级市是没有立法权的，但自治县是有立法权的。所以这两个问题其实还是悬而未决的问题。我们有时候在写教

321

材写到县这一级时，很难给它来界定。最后我只能这样讲，它是有宪法授权的，它能发布一些决定，但是它又不是法律，它又有法律效力。这个问题到现在还都是一些研究课题。另一个问题就是对设区的市的立法权三大范围的限定，现在有一些意见，觉得这三大范围限定太死，可能是有些局限性，但是我觉得我们是不是把它挖掘完了？三大范围的后两点比较具体化。环境保护大家都能理解，今天有报告中讲到了环境保护，包括山、林、水、海、湖等，还有历史文物、文化遗产都在里面，也有历史文化保护。设区的市的立法权放开以后在这两个方面做的工作还是很多的。但恰恰是对第一点的城乡建设与管理没有很好地展开。我们仔细考虑一下，城乡建设与管理有多大的范围，设区的市的立法对这方面恰恰是非常缺乏的，因为不知道怎么下手，比如城管问题，该问题又涉及和上位法的衔接问题。在国家对城管问题没有一个明确的法律情况下，我们地方能不能做？这里面就涉及有些立法理念问题。既然给了我们这个权力，在国家没有立法或者没有上位法的情况下，我们能不能做？这些都是根据自己的思考提出来的问题，大家一起来讨论。谢谢！

"新乡贤"应该体现民间性

——2019年4月20日江苏师范大学"法治现代化视域下的区域社会治理新格局学术研讨会"的评论 *

感谢会议的邀请！我和张骐教授（北京大学）做了分工，本单元八位专家发言，我点评前四位，张骐教授点评后四位。由于时间关系，我就直奔主题。

吴大华教授（贵州省社会科学院）讲的"纠纷解决的新乡贤范式"，这是近两年讨论的热点问题。去年中国法学会在华东政法大学组织了青年论坛，主题就是"新时代的枫桥经

---

* 此文系作者应邀于2019年4月20日参加江苏师范大学法学院等主办的"法治现代化视域下的区域社会治理新格局学术研讨会"上对四位大会主旨发言所作的评论。由中国社会科学院魏书音博士根据录音整理，特此感谢。

验"，其中让我点评一位青年学者的报告，也是谈的新乡贤模式。所谓"新"，就要和传统的乡贤模式做一个比较。吴大华教授的这个报告内容很丰富，从文化人类学角度对现代社会尤其是基层社会纠纷的一些表现方式，以及人类学对解决纠纷方式面临的一些困境进行了展示，尤其是后面讲的几大困境我觉得提炼得还是挺好的。他的这个报告，我觉得关键是对"新乡贤"的理解，自从提出这个问题以后，关于什么是"新乡贤"，到现在为止还没有一个很清楚的概念范畴，都在摸索，去年我在点评的时候觉得也是存在这个问题。传统的"乡贤"，我们大体上是有所了解的，比如说德高望重者，有知识、有文化、有威望，并且有权威的人，按照汪世荣教授讲到的最后一个压轴的告老还乡制度，过去的乡贤大部分是在外面做官、做事，后又回到乡间的知识分子，传统乡贤还包括乡绅这一阶层。吴大华教授在报告里面对"新乡贤"做了一些列举，比如大学生村官、农村工作者、驻村第一书记等，他认为可以作为新乡贤的一些代表。这个虽然体现了多样性，但是问题的复杂性在于：当我们谈到"乡贤"两个字的时候，虽然要创新，但是我们还要保持"乡贤"这个概念传统的定义和特点，比如民间性。我们过去讲"乡贤"，民间性是最突出的一个特性。吴大华教授讲的大学生村官、农村工作者、驻村第一书记，我觉得在现在体制情况下，一般都是代表官方，民间性体现得不是非常好。所以我想"新乡贤"

问题还要继续探讨，在现在格局下，到底去哪里找"新乡贤"，"新乡贤"怎么来找？这个还真是一个问题。

汪世荣教授（西北政法大学）报告的主题是"文化品位提升在基层社会治理中的意义"，很重要。记得在改革初期，关于现代化的研究过程中，我们提到"现代化"最终是"人的现代化"。有一本书就是英格尔斯的《人的现代化》，虽然篇幅不长，也就十万字左右，但是影响很大。文化这个问题，怎样去强调它，去突出它的地位都不过分，因为我们的社会问题很多是与文化有关的。当年钱穆先生在《文化学大义》里面有一句名言："一切问题由文化产生，一切问题由文化解决"，这是一句经典名言，当然他是一位唯文化论者，他是在一个特定意义上讲的，他理解的文化概念是非常大的。所以怎么强调文化都不过分。20世纪30年代中国文化人对文化的强调超过我们今天。也许是后来对唯物主义的强调，对文化的意义没有把它放在应有的地位。我们不管搞中国现代化还是法的现代化，文化无疑是非常重要的。汪世荣教授提到的一个观点我觉得还是很有创新性的，法治国家、法治政府、法治社会"三位一体"的建设支撑点是什么？是法治文化，我觉得第一次把它醒目地提出来还是很重要的。当然这个涉及怎么理解"法治文化"，因为从汪世荣教授阐释的这个角度，我理解还是一种狭义的文化观，是一种观念性的文化观。他这个报告更精彩的是为我们描述了在基层调研过程中关于企业治理文化、社会文化、家庭文化所收集的那么多的很生动形象的谚语、格言，这些东西确实是在民间生活、基层生活中文化的体现，这些东西很有用。关于法治文化有不同的理解，现在中国法学会下面也成立了法治文化研究会，关于什么是法治文化到今天还没有得出一个很好的阐释，比如我们的制度是不是法治文化的一个组成，这就是很重要的一个问题。法治文化是不是仅仅为一种观念层面的或者为理念层面的东西？这个是影响到如何理解法治文化，进一步就涉及法治文化如何建设这样一些很宏大的问题。关于基层自治，汪世荣教授讲到，自治制度在中国有悠久的历史，自治是民主的一个体现，但是近年来自治制度怎么发展是需要去考虑的。

龚廷泰教授（南京师范大学）提出了一个非常宏大的体系，是带有顶层设计的宏大体系，这五大体系大家也都听了，我觉得最重要的是他在每一个体系报告过程中所揭示的问题，这些问题是需要我们注意的。

时间也快到了，最后讲讲我的一个观点。我最近在思考一个问题，关于中国社会秩序结构问题，20年前我写过一篇文章，这两年也在继续深化这个思考。20年前我们面临一个多元混合秩序结构，中国应该选择一个什么样的社会秩序结构？当时我提出应该以法治作为一种社会秩序结构的选项。但是经过二十年的反思，根据对社会治理、社会秩序的观察和了解，最近我有一个新的想法，这个想法其实今天有些专家也谈到了，我觉得现在越来越有共识了，当然没有很好地做一个概括。最近我在一篇文章里面提出一个命题，中国社会应该是一种以法律和法治为主导的多元规范、多元秩序共存共治的社会秩序结构。首先我们要承认这种多元规范存在的合理性，这两年我一直在研究规范体系，已经有一个大的框架，通过这个研究，我觉得任何一种结构都不能少，它是客观存在的，首先我们要承认它。但是这里面有没有主导呢？还是"八仙过海、各显神通"呢？也不是，应该是有一个主导的，以法律和法治为主导。以法律和法治为主导的含义是：多元规范之间是有冲突的，不是完全一致的，所以当发生冲突的时候，要有一个裁决标准，法律应该是一个裁决标准。这样一来，就形成一个以法律和法治为主导的多元规范多元秩序共存共治的社会秩序格局。这在某种程度上修正了我20年前以法治作为唯一选项，这是我最新的一个观点。这个观点在今天几位报告人里面都有所阐发。

我想就谈这些学习体会，供大家参考，谢谢！

构建以法律为主导的多元规范共存和以法治为主导的多元秩序共治的中国社会秩序结构

——2019 年 10 月 13 日河南省社科院"全面依法治国论坛暨实证法学研究年会（2019）"的演讲 *

感谢会议的邀请！今天想给大家报告这样一个题目——构建以法律为主导的多元规范共存和以法治为主导的多元秩

---

* 此文系作者应邀于 2019 年 10 月 13 日参加由中国社会科学院法学研究所、河南省社会科学院主办，中国社会科学院国家法治指数研究中心、郑州市金水区人民法院、国家法治指数（河南）协同创新基地协办的"全面依法治国论坛暨实证法学研究年会（2019）"的大会演讲。由中国社会科学院魏书音博士根据录音整理，特此感谢。

序共治的中国社会秩序结构，这个题目比较长，但是能表达我想表达的意思。我想讲三个问题，因为时间关系，就讲讲针对这些问题的观点。

第一个问题，如何理解规范和秩序的概念及其相互关系。我讲三个观点：

第一个观点，怎么理解规范和秩序。在我的发言题目里面有两个核心概念，一个是"规范"，另一个是"秩序"。怎么理解"规范"和"秩序"？我们不论是从事法学的，还是研究社会学的，整天和规范打交道。我就不具体解释规范的内涵了，我理解的规范是一个国家的制度化或者非制度化的形态，制度化大家比较明白，指法律、国家政策等；非制度化主要是指在我们的规范体系里面有习惯，有道德，这些东西是非制度化的；而秩序是什么呢？秩序是在这种制度化或非制度化形态下所形成的实际社会状态，这是我对秩序的一种理解。

第二个观点，有什么样的规范形态，便有什么样的社会秩序状态，因为社会秩序状态是和规范相关联的。我们过去不太容易把这两者联系起来。其实一个社会的秩序状态是和规范、规范形态相关联的，但是规范和秩序并不是一一对应的，这个问题比较复杂，我只是阐述一下观点。

第三个观点，我特别想强调一下，我的题目中讲到多元规范和多元秩序，不管是多元规范还是多元秩序，它们都是多元的、多样化的，但是，在多元规范和多元秩序之中，任何一种规范和秩序既不是"一家独大而不及其他"，也不是"八仙过海，各显神通"，其中是有主导因素的。

以上是我关于规范和秩序的一些主要观点。下面我想分别讲一下为什么我提出"构建以法律为主导的多元规范共存和以法治为主导的多元秩序共治的中国社会秩序结构"。

第二个问题，以法律为主导的多元规范共存。"以法律为主导的多元规范共存"这一命题，涉及对当代中国规范体系以及相互关系的认识。关于这个问题，我在 2019 年《中国社会科学》第 7 期发表了一篇文章，基本上系统地阐述了我的观点，今天这个会议我就不展开了。中国特色社会主义法律体系在 2011 年已经形成，但是这几年随着我们对法律体系的深入思考，我个人认为法律体系是有局限性的，它的局限性就在于它不能把我们中国社会所存在的其他规范类型概括进去。例如，国家政策体系、社会规范体系是无法纳入法律体系之中的。法律体系有它的特定概念范畴。因此，我们在法律体系研究的基础上需要深化，为此，我提出了一个新的概念，即"规范体系"的概念，这个"规范体系"可以把法律体系之外的中国现实社会存在的其他规范类型纳入其中。

下面，我简单地讲一下关于当代中国规范体系的基本结构。我对当代中国规范体系做了四大划分：第一个就是法律规范体系，这是首要的。第二个就是党内法规和党的政策体系。第三个就是国家政策体系，国家政策也是一个规范类型，虽然对此有很多争论，但是我认为是绕不过去的。第四个就是社会规范体系，是我们整个规范体系里面数量最多的，因为前三者是可以数量化的，不管是法律规范体系、党内法规体系还是国家政策体系，都是有据可查的。另外，前三个体系是和国家政治、政权结构相关联的，而社会规范体系比较复杂，是和我们法律社会学关系最密切的一类，其中又有很多具体的分类。比如从大的分类，我将社会规范分为习惯、道德、自制规范等；在自制规范里面，又可分为社团章程等。每个社团都要有章程，不管是法学会还是社会学会都有章程。还有大学章程，每个大学都有章程。还有我们熟悉的村规民约或乡规民约。还有从中央国家机关到基层自治组织自己制定的无数规范，这些规范我们看不见，但是实际上每时每刻在影响着所属成员的权利和义务。在我们这些年对案例的观察过程中，很多案件是由企业的自制规章或者事业单位的自制规章引起的。社会规范比较复杂，有的没有制定主体，是千百年来留下的，如习惯，还有道德，即人们的道德信念，通过观念形态影响人们的行为。这是大体的情况。我就不展开描述了。最重要的是各个规范之间的关系，为什么我提出"以法律为主导的多元规范共存"，首先，这些多元规范不是一家独大、不及其他，每一种规范都有它存在的独特价值，都有它发挥作用的场域，这是一个大前提。但是在这个大前提之下，也不是"八仙过海，各显神通"，其中是有主导规范的，这就涉及各种规范之间的关系问题。

在当代中国规范体系的结构中，由于各种规范体系的制定主体、制定程序、适用对象、适用范围不同，它们之间的相互关系就呈现出一种非常复杂的情况。相关论述可以查阅我的文章《当代中国的规范体系：理论与制度结构》。

以上是对"以法律为主导的多元规范共存"的分析。

第三个问题，以法治为主导的多元秩序共治。关于"以法治为主导的多元秩序共治"的命题，涉及对于当代中国社会秩序的实然状态的分析。当代中国的社会秩序是一种"多元混合秩序结构"，这是我1998年发表在《法学评论》第5期上的《转型时期的中国社会秩序结构及其模式选择——兼对当代中国社会秩序结构论点的介评》一文中提出的观点和研究结论（此文被《新华文摘》1999年第2期全文转载；中国人民大学复印报刊资料《法理学·法史学》1998年第12期全文转载；《高等学校文科学报文摘》1999年第1期转载）。具体而言，当代中国社会秩序是法治秩序、礼治秩序、德治秩序、人治秩序、宗法秩序等组合而成的多元混合秩序结构。这样一种判断，我觉得今天还是适用的，这是一种实际的中国社会秩序状态。在这种实然的社会秩序状态里面，我提出以法治秩序为主导的多元秩序共治，这是通过20年的不断思考和研究得出的一个新的结论。法治秩序虽然是一个很好的秩序结构，但是它过于理想化，因为中国社会的复杂性，决定了实现法治是一个漫长的历史过程，在这个过程中，我们要构建以法治秩序为主导的多元混合秩序共治，发挥其他社会秩序结构的作用和功能，当然，随着法治的发展，像人治这样的秩序结构要逐渐淘汰。这一新的结论实际上修正了我20年前提出的以法治秩序作为选择模式的观念，这是一种更加现实主义的考虑。

这就是我大体的一个想法，谢谢大家！

基层社会治理中应重视社会规范的功能和作用

——2020 年 9 月 25 日山东理工大学"新时代基层社会治理现代化论坛"的发言 *

感谢淄博市法学会和山东理工大学的邀请！很高兴有机会参加这样一个有意义的会议。

前一段时间我看了淄博市博山区关于基层社会治理的材料、经验和做法，比如博山区提出的"前端工作法"，就很有新意，把问题解决在爆发之前；还有提出的"有解思维"，我觉得是个很有创意的提法，我理解为基层社会治理工作中每

---

* 此文系作者应邀于 2020 年 9 月 25 日参加由淄博市法学会、山东理工大学法学院主办的"新时代基层社会治理现代化论坛"上的发言。由会议组织者根据录音整理。

走一步、每做一步，都要从解决问题这个角度入手，很有意思。另外，看到博山区提出的"八小工程"，特别有新意，这个"小公约、小民主、小服务、小调解、小平安、小乡贤、小名人，小家训"的"八小工程"，博山区可能谦虚了一点，叫作"八小工程"，但在我看来，它应该是"八大工程"，当然博山区说是以小见大来做这些事情。看完博山区这些实践中的探索，我在想博山区提出的这些经验和我即将要讲的问题有相近之处，就是要把矛盾解决在爆发之前，就是小事不出村，大事不出乡，总的一个思路是把矛盾解决在问题激化之前。

基层社会治理是国家和社会治理的最前端、最前沿、第一线，抓住了基层就等于抓住了国家和社会治理最关键的部位、最关键的要害。国家和社会治理的现代化是从党的十八大、十八届三中全会就提出来的，十九届四中全会重点解决国家治理能力现代化的问题。中国社会治理的顶层设计，最后都要落实到基层。基层是最主要的落点，我们所有的工作都要在基层来落实。我们这次论坛抓住这样一个命题，我觉得在全国也是走在了前端。

近年来有很多关于国家和社会治理现代化、法治化的研究。这几年我一直在关注社会治理中的社会规范的问题。社会治理面临的问题有很多，它需要的规范类型也很多。一方面我们要在社会治理过程中重视国家法律的作用，这是毫无疑问的。另一方面在国家法律这样一个最主要的规范体系之外，还要重视和发挥社会规范的功能和作用。所以我今天的这个发言题目就是如何在基层社会治理中重视社会规范的功能和作用。

为什么谈这样一个问题？这几年我对当代中国的规范体系做了一些系统思考。2019年《中国社会科学》第7期发表了我的一篇文章，题目是《当代中国规范体系：理论与制度结构》，我提出了四大体系：第一个是法律规范体系；第二个是党内法规体系和党的政策体系；第三个是国家政策体系；第四个是社会规范体系。在研究过程中我越来越觉得，除了要高度重视国家法律规范体系的作用，也要重视社会规范的作用。为什么？因为社会规范是最接地气、最接近老百姓的。另外，这几年我在研究过程中发现，有大量的案例印证了社会规范往往有时候是引发社会矛盾、社会纠纷甚至违法犯罪行为的一个原因，社会规范制定不好会制造矛盾，都是有很多的案例和实证来佐证的。

另外一个考虑就是十八届四中全会提出了两大命题，第一个命题是"把所有规范性文件纳入备案审查范围，依法撤销和纠正违宪违法的规范性文件，禁止地方制发带有立法性质的文件"——短短几句话含量相当丰富，而且是一个相当艰巨的任务。关于这个问题目前国内学者研究的还不深入，什么叫规范性文件大家都搞不清楚，我看过全国人大常委会法工委备案审查室审定的一本专门研究规范性文件的书，里面介绍了很多省市关于规范性文件的界定，都不一致，这个概念目前在国内学术界没有形成共识。我最近的研究也参考了一些学理解说，说规范性文件首先不是法律，它不是立法性的，它是法律之外的其他的具有约束力的非立法性文件，这一类非立法性文件制定主体非常多，包括各级党组织、各级人民政府及其所属工作部门、人民法院、人民检察院等，它们都在制定大量的规范性文件，我把这个叫作狭义的规范性文件，我给它做了概括，就是政治权威机构制定的这样一些规范性文件。除了狭义的规范性文件，在它之外还有一类就是非政治权威组织，比如人民团体、社会团体，企事业单位、基层组织如居委会、村委会等，村委会制定的村规民约是不是规范性文件？我认为就是。它不属于狭义的政治权威机构的规范性文件，但它属于广义的规范性文件，这也是非常重要的，所以我把它分为广义和狭义。狭义上指的是与政治权威相关联的机构制定和发布的那些不属于法律性质的但带有规范性内容的文件，这一类规范性文件可以分为：党的规范性文件，国家立法机关、行政机关、监察机关、司法机关等制定和发布的规范性文件。除了这个以外，还有大量的包括企事业单位、人民团体、社会组织、基层组织等，这一类组织也在制定规范性文件。

什么叫规范？规范就是只要能够对人们的行为产生指

导、约束、规制作用的，只要对我们的行为产生影响的，甚至影响了我们的权利和义务，就是规范。那么，什么叫社会规范？社会规范是指社会自生的，或者由社会组织制定的规范类型。因此，我们要重视社会规范在社会治理中的作用功能。按照以上对于社会规范的理解，社会规范包括两个层面，一是社会自生的，主要指习惯和道德。习惯就是通常所说的习惯和风俗，习惯和风俗不好说是哪个部门、哪个组织、哪个机构制定的，习惯是一种历史的、文化的、传统的积累，被人们所约定俗成遵守的一种规范类型；道德也是一种社会自生的规范形态。道德是人们的道德认知，是一种观念性的，为什么我们把它划入规范类型里面，因为道德对人们的行为产生着作用，有什么样的道德观念就会有什么样的行为，所以这种观念形态指导着人们的行为、行动。二是社会组织制定的。社会规范的很多类型是由社会组织制定的。社会组织制定的这种规范形式也有很多种。在我的研究过程中，将社会规范分为了五大类。第一类是习惯规范；第二类是道德规范；第三类是宗教规范；第四类是社会组织自制规范，就是由各种各样的社会组织自己制定的规范形态；第五类是由各级政治权威机关即党的机关、立法机关、行政机关、监察机关、司法机关等制定的专门用于管理内部成员的自制制度，比如请假制度、晋升制度等。每个人到一个新单位报到，都会接到一个本子，这个本子详细地列出很多规范，这些规范不是法律、不是规范性文件，但是要求你必须遵守。

对社会规范的第四种自制规范，其种类之多要超出我们的想象，我概括了十四种：一是人民团体的章程和规则；二是社会团体的章程和规则；三是基金会的章程和规则；四是民办非企业单位的章程和规则，现在改为社会服务机构，正在制定条例；五是关于境外非政府组织境内活动的章程和规则；六是大学章程和规则，每所大学要有章程；七是其他各级各类学校的章程和规则；八是企业的章程和规则，企业的类型现在就有近十种；九是事业单位的章程和规则；十是村民自治章程、村规民约；十一是农民专业合作社的章程和规则；十二是供销合作社的章程和规则，供销合作社条例现在正在起草中，我也参与了这个条例的立法过程；十三是居民会议决议、居民公约；十四是业主大会和业主委员会的决定以及管理规约。这十四类都是自制规范的范畴。

对于社会规范，国内这方面的研究还很薄弱。目前，社会规范还存在着缺乏规范化、制度化、程序化的问题，基本上是自生自长，除非发生案件提交法院以后才做出裁决，有很多比较典型的关于这个社会规范的案例。

十八届四中全会还提出一个命题，就是实现国家和社会生活的法治化。这个命题目前学界没有展开研究，怎么理解国家和社会生活的法治化，这就涉及对法治化的理解。我个人认为法治化不等于法律化，因为现在我们社会中规范类型太多了，不可能把所有的规范类型都变成法律。我在《学术月刊》发表了一篇文章，就是多元规范和多元秩序的共存共治。上次在"泰山法治论坛"上，我提出多元规范——中国是一个多元规范社会，我们不可能把所有的规范都变成法律，所以法治化不只是法律化。那么如何理解法治化呢？法治化指的是在一个社会里面不管哪一种规范类型，法律也好、国家政策也好、党内法规也好、党的政策也好、社会规范也好，都要遵循法治化的要求，就是首先要有规则，这个规则必须是一个良好的规则，而且这个规则一旦确定以后必须得到严格执行，违反规则要得到纠正，这是理解法治化的关键。不然我们没法理解十八届四中全会为什么把党内法规纳入法治体系中，既然党内法规可以纳入法治体系，它有一个法治化问题，那么其他的规范类型是不是也有法治化问题，因此我提出了一个命题，就是社会规范的制定要符合几大原则，即合宪性、合法性、合规性、合理性原则。为什么要符合这些原则呢，就是任何一个规范在制定的时候出了问题就会越走越远。我们现在基本上是一种事后补救，当发生了案件，出了事情，然后一看，原来这个规定是有问题的，我们为什么不把问题解决在发生之前？所以最近我提出了一个新的命题，就是要建立一种对社会规范的备案审查制度，包括这十四种社会组织自制规范。

到底怎样进行备案审查？社会规范虽然面大量广、种类繁多，但是我们把它分解以后，实际上是有办法对它进行审查的，比如村规民约，在《村民委员会组织法》里面对它是有规定的，它的主管机关就是乡、民族乡、镇的人民政府，有责任对村规民约进行监督，村规民约如果出了问题就要进行纠正。每一种社会规范类型都有主管机关、登记机关和监督机关，只是这个工作我们没有开展起来，没有站到备案审查制度这个角度。我提出建立一种分种类、多层级的社会规范备案审查制度。中国是一个网格化的社会，每一个社会组织都在中国社会网格结构中有它的位置，一旦把它分解以后，问题就不像我们想像的那么复杂了，比如学校，看起来有很多，有小学、中学、大学，但是把它分级以后，有国家级、省级、市级、县级、乡镇级等，它有分层，分层以后实际上不是想像的那么复杂。我们还有发展起来的社会法律服务机制，党政机关、事业单位、人民团体都有公职律师，企业有公司律师、企业法务，大学有法务，还有社会律师，这个任务要真正认真履行起来，实际上是可以做的。

这是一个最新的想法，跟大家汇报一下。这个工作要提上日程，不然的话，出了问题以后我们再去解决，那只能是事后补救了。我们就是要做前端工作，跟博山区提出的"前端工作法"的思路是完全一样的，就是把问题解决在萌芽状态，这是我的一个主要想法。我就汇报这些。

341

实现国家和社会生活的法治化

——2020 年 11 月 5 日华东政法大学"全面建设社会主义现代化国家与法治中国理论学术研讨会"的演讲、点评与问答[*]

主持人吕玉赞博士（华东政法大学）：尊敬的刘作翔老师、陈金钊老师，各位同人、各位同学，下午好！首先有请上海师范大学哲学与法政学院特聘教授、法治与人权研究所所长、博士生导师刘作翔老师发言，他演讲的题目是"实现国家和社会生活的法治化"，大家热烈欢迎！

刘作翔：我们这个会议的主题是"全面建设社会主义现

---

[*] 此文系作者应邀于 2020 年 11 月 5 日在华东政法大学召开的上海市社会科学界第十八届学术年会系列主题论坛暨"全面建设社会主义现代化国家与法治中国理论学术研讨会"上的主题演讲、点评和讨论情况。根据会议速记整理。

代化国家与法治中国理论学术研讨会"，从题目来看，有一个问题，现代化国家与法治中国两者之间是什么关系？这是需要我们思考的。一般可以理解为包含关系，现代化国家应该是实现了法治的或者法治中国目标的国家。十九届五中全会通过的"十四五"规划建议稿在结尾的部分提出来一个目标："推进法治中国建设，促进人权事业全面发展。"法治中国到底指的是什么？自从法治中国命题被提出来以后，是不是有一个很明确的解释和答案，我们应该深入思考。

法治中国到底指什么？有一些基本的概念，法治、法治化等，什么是法治？什么是法治化？为什么思考这个问题？十八届四中全会提出了法治体系，并把完善的党内法规体系纳入法治体系框架。我就在思考一个问题，党内法规是法治体系的组成，有一个法治化的问题，那么，除了党内法规体系以外，其他的规范体系有没有法治化的问题，这是我思考的一个点。尤其是我们社会中存在着的大量的社会规范，它有没有一个法治化问题？法治化意味着什么？按照 2035 年远景规划，2035 年基本实现现代化，法治国家、法治社会、法治政府基本形成，法治中国是不是意味着整个国家生活都法治化了。

我的发言题目是"实现国家和社会生活的法治化"，这是十八届四中全会提出的一个重要命题。国家生活的法治化意味着什么？社会生活的法治化意味着什么？法治中国的形成是不是意味着法律之外其他的规范类型的消亡，恐怕不能得出这样的答案。2035年距今还有15年的时间，15年之后党内法规体系仍然会存在，大量的社会规范仍然会存在，国家政策体系也会存在，不会消亡。今年在桂林召开的中国法理学年会上我谈了一个看法，我的发言题目叫"法治化不只是法律化"，这是我思考法治化命题的初步结论，法治化不但是指法律规范体系的法治化，还是指各种各样的规范类型都有一个法治化的问题。法治化到底是什么意思？后来我进一步补充了，法治化不只是法律化，它有一个法律化的任务，能法律化的就法律化，但是再法律化，也不可能把社会中所有的规范类型、规范体系都变成法律，这既不现实也不可能。能法律化的我们尽量法律化，但对于不能法律化的其他的规范类型、规范体系，也有一个法治化的任务。我们现在讨论一个问题，动辄就要上升到法律，这样一种思维其实也值得反思。这种思维忽略了多元规范存在的价值。所以我思考的一个初步结论，就是法治化不只是法律化，这是比较准确的表达，并不是把所有的社会生活领域、国家生活领域的事情都法律化，这是不可能的。

既然所有的社会现存的规范类型、规范体系都有一个法治化的任务，那么，到底如何理解法治化？法治化意味着有一套法治的原理、法治的原则、法治的理念和法治的精神。即当我们谈法治化时，是指无论哪种规范体系和规范类型，首先要有一套规则，且这个规则还必须是制定的好的规则；规则制定出来以后，就要得到执行。每一种规范体系、每一种规则都要有执行机制，没有执行机制是不行的；对于违反规则的行为要受到制裁，要得到纠正。

由这个命题延伸到我最近在研究的一个问题，即建立对于社会规范体系的备案审查制度。这个问题已经有初步的研究结果。今天主要围绕国家与社会生活法治化问题，谈谈多元规范和多元秩序的问题。在法治中国的命题之下，如何建立一种法治主导下的多元规范和多元秩序共存共治的中国社会秩序结构。这个研究已经发表在 2020 年《学术月刊》第 3 期。

这项研究涉及的**第一个问题**，就是规范和秩序的概念及其相互关系。到底什么是规范？什么是秩序？这是两个基本的概念。关于规范的概念，国内外学术界已经有很多的解释。我通过多年研究规范体系，提出一个个人的看法：凡是能够对人们的行为和行动起到约束、指导、指引、规制作用的规则都是一种规范。因此，所谓规范，就是一个国家和社会的制度化和非制度化形态。从这个角度来讲，我们可以将规范分为两类：一类是制度化的形态。关于制度化比较好理解，如法律规范体系、党内法规体系和党的规范性文件体系、国家政策体系，以及社会规范体系中的社团章程、大学章程、村规民约、居民公约、企事业单位的自制规范。社团章程是制度化的，村规民约是一个制度，大学章程也是一个制度体系。制度化的形态在我构建的规范体系的四大体系中都可以找到，都属于可以制度化的规范类型。另一类是非制度化的形态。主要指的是社会规范体系中的习惯和道德。对于习惯，我们很难说是制度化形态的规范类型。习惯是千百年来流传下来、积累下来，使人们约定俗成遵守的规范类型。还有道德，道德也不好说是制度化规范类型。虽然一些地方和部门制定了一些伦理规范和道德规范，但是道德从本质上讲是一种非制度化的规范类型，是人们的道德认知和内心体验，从而指导人们的行为。所以道德也是非制度化的规范类型。还有一种形态比较特殊，就是宗教。宗教到底如何理解？宗教一般都是一种信仰体系，现代社会的宗教都呈现为一种规范化。所以宗教从表现形式来讲，可以把它当作一种制度化的类型。当然，它有时候交织在一起。

什么是秩序？秩序指的是人类生活各个方面处于一种有序化运转的状态。讲到秩序，必须是有序化。秩序跟无序是互相对立的。美国法学家博登海默对秩序有很多的论述，在他的书里面，法有两大价值：一个是秩序，另一个是正义，他把秩序看得很高，我就不具体展开了，这是关于规范和秩序的理解。

第二个问题，就是规范和秩序的相互关系。社会秩序状态和规范形态是密切相关的。规范和秩序之间会形成一种相

346

互照应的关系。一般来讲，有什么样的规范形态，便会有什么样的社会秩序。比如有法律规范体系，我们会形成法治秩序状态；有党内法规体系，便会形成党内秩序结构；有道德规范体系，将会形成道德秩序结构；一个社团的章程和规则，就会在社团内部形成秩序结构；一个企业、事业单位的规章，就会形成企事业单位内部的秩序结构；在宗教组织和宗教团体中，宗教教规、教义、经文以及宗教组织和场所的规则，就会形成宗教秩序结构；中国社会遍及城乡的各种习惯和风俗，也会形成各式各样的习俗秩序。各种秩序是在规范影响下形成的。由此我们可以得出一个结论，规范是秩序形成的必要因素，而秩序是规范产生的结果。为什么我们要高度重视规范？规范直接影响秩序的形成。它们互为一体，这种规范或者是成文的或者是不成文的，规范和秩序之间互为照应，由此就形成了色彩斑斓的规范和秩序世界，主导着人们的生产和生活方式。

用这样一个论点来对照一下我们的社会生活，就会有很多实例，比如四川凉山彝族自治州有一个习俗：改嫁后的母亲和子女不再往来。于是就形成了这样一种秩序结构，父亲去世或者母亲改嫁，母亲就不再和子女往来，子女在法律上所享受的父母抚养的权利就丧失了。而母亲从这种习俗里面就解除了自己的法律义务，在法律上这显然是不合法的。但是在这样一种社会文化之下，有这样一种习俗，改嫁母亲获

347

得了一种"习惯权利"，别人对她的行为也不能说三道四。

第三个问题，在社会结构中，每一种规范和秩序既不是"一家独大，不及其他"，也不是"八仙过海，各显神通"，而是有主次之分。一个社会里面存在多元规范和多元秩序，在这样的情况下，每一种规范和每一种秩序都发挥着自己独特的作用和功能。关于这个问题，即对于多元秩序和多元规范的关系，是经历了一个非常痛苦的思考过程。学术界弥漫着一种思维，即把什么问题都想法律化，谈到一些社会问题时，一看没有法律，就要法律化；另外，我们在研究过程中，把其他不是法律的一些规范类型都要给它套上法律的一个概念，比如"民间法"，本来是一种比喻，说着说着就要变成真的；还有党内法规，十八届四中全会在提出法治体系时，把法律规范体系作为第一大体系，把党内法规作为第五大体系，至少说明党内法规体系不是法律规范体系，并且十八届四中全会对于党内法规体系的作用讲得很清楚，即管党治党。

所以，一方面，我们要看到多元规范的存在和多元秩序的存在是一种客观现实，必须承认它。在依法治国这样一个大背景下，我们提倡宪法法律至上，高度重视法律作为治国之重器的作用，但是也不能忽略其他规范体系和秩序结构的客观存在及其在社会实践中发挥的作用。另一方面，在这样的结构里面，它有一个主次之分。在这种多元规范和多元秩序结构中，有它主导的规范体系和秩序结构。多元规范是一种客观存在，但是这种客观存在，并不意味着各种规范在实践中和事实上是各显其能，而是有主导因素。我们谈主导因素，不仅是一种主观的意向，也是客观事实。至于以哪一种规范作为主导，在不同的社会形态下有不同的表现方式。在传统中国社会，提倡的是"德主刑辅""礼法结合"，因此德、礼、法就是传统中国社会主导性的规范形态，统治秩序也就是混合了"德、礼、法"在内的封建君主人治为主要特征的秩序结构。而在现代法治社会，我们强调依法治国，法律规范和法律秩序的主导地位的作用就会凸现出来，成为现代社会主导型规范和秩序结构。

比如，对于中国社会存在的大量社会规范，我观察了很多司法案件，有相当一部分案件是由村规民约、企业规章、大学规章等社会规范引起的。比如于某茹诉北京大学，北京大学撤销了她的博士学位，其规范依据除了学位条例等，还有北京大学制定的关于学位授予的一些规范性文件。这个案子的结果是北京大学败诉；还有上海大学经济学院的案件，学校规定完成两篇C刊论文就符合授予博士学位条件，但是经济学院规定完成三篇，有一位博士生只有两篇，学院就不授予学位。这里面有一个问题，到底是以学校制定的为准还是以学院制定的为准？企业的案例就更多了，我搜集了不少的案例，企业制定的规章直接导致案件发生。20世纪90年代上海希尔顿酒店员工手册有一条规定，凡辞职、辞退的员工 6 个月内不准踏入该酒店，有一个员工辞职以后，应聘另外一家公司，而那家公司就在希尔顿酒店办公，酒店不让员工进入，应聘公司说你来不了，那我们就得解聘，这位员工无奈，就起诉到静安区人民法院，最终这个案子员工胜诉了。还有我一直在讲的华政学生起诉上海迪士尼乐园搜包案例，这个案例大家都知道，在此就不细说了。这样的自制规则太多了。社会规范导致这种社会纠纷以及引发的案例有很多。法官在遇到这些案件的时候，他要做一些衡量，如果引发案件的这些社会规范与法律法规不冲突的情况下会认可。天津有一个案例，一位员工连续 20 多天每天上厕所三四个小时，最后被解除合同。他起诉后，一审、二审，最后到天津高院再审，都支持了企业。因为他超出正常的限度，一天工作八小时，你有三四个小时都在厕所待着。所以也有法院支持企业的案例；如果引发案件的社会规范与法律冲突，最后还是要以法律规范来判决。所以我讲，以法律为主导它不是一个主观意向，在法院审判中遇到社会规范和法律产生冲突的时候，法律是一个判断标准。各种权利冲突的时候，你要服从法律权利。

第四个问题，为什么要以法治秩序作为一种主导秩序呢？因为我们社会现在是多元秩序结构。1998 年我在《法学评论》第 5 期发表了一篇文章，题目是《转型时期的中国社会秩序结构及其模式选择——兼对当代中国社会秩序结构论点的介评》，那篇文章被《新华文摘》全文转载。我当时判断中国是一种多元混合秩序结构，这样一个判断在二十年后还适不适合？我认为在主体结构上是适合的，只不过发生了一些比例性变化。在这样一种多元混合秩序结构中，法治不是唯一的，其他的秩序结构要允许它存在，不可能消灭掉。但是，在这个秩序结构里面，法治秩序应该成为主导。所以，我总的结论就是，即使在 2035 年法治中国的初步目标实现之后，我们中国仍然存在着多元规范和多元秩序共存共治的结构。这就是我对这个问题的理解。

谢谢大家！

主持人：感谢刘老师的精彩发言！刘老师首先就法治中国的内在关系提出了问题，我们如何推进中国的法治化，以及如何推进社会主义现代化。中国现在提出的全面依法治国，有各种概念，法治化、法治中国、法治体系、法治方式，所有的问题给我们一种印象，中国现在要进行全面依法治国，要搞法治中国建设，各个领域、各种规范都要进行规范化，刘老师提出，法治化并不意味着所有的规范都法律化，而是在多元规范和多元秩序的框架之下进行法治化建设。刘老师首先对法治化和法律化之间的概念关系做了清楚的界定，而最主要的贡献、最大的特点就是提出了多元规范、多元秩序这种框架和理论，以及处理中国法治化的一些边界、平衡关系。强调我们在法律化的同时，要看到其他规范体系的重要作用，我们并不是要将所有的规范体系都法律化，而是要重视和发挥其他规范体系对于社会治理的功能。

刘老师关于党内法规体系的解说，厘清了党内法规和国家法律的关系，党内法规不同于国家法律，是多元规范和多元秩序中一种重要的规范类型和秩序结构。刘老师立足于多元规范的理论框架，提出要搞法治中国建设，就要在多元规范和多元秩序的框架下推进全面依法治国，全面推进依法治国并不是要把所有的社会生活都法律化，而是各种秩序结构之间的平衡和配合，所以又回到了如何推进法治中国建设，如何处理全面建设社会主义现代化国家和法治中国的关系。

刘老师的发言非常精彩，再次感谢刘老师！

与谈环节

主持人：接下来进行"与谈"环节。首先有请华东政法大学 2020 级博士生吴冬兴发言。

与谈人吴冬兴（华东政法大学）：今天下午学习了三位老师对三个主题各自的精彩演讲，各位老师都突出了法治中国的主题，非常具有本土意识和中国问题，把理论的立足点聚焦在法治中国话语体系建设的目标上，受益良多。

第一位发言的是刘作翔老师，他的议题是实现国家和社会生活的法治化。听刘老师讲话的过程中我在想一个问题，社会规范和法律规范之间的关系更多依赖社会规范去填补一个法外的空间，最后有助于法治秩序的生成。社会规范和法律规范也是属于交叉的话语体系，法治化过程中法律又不得不对社会规范进行评价，这种评价在法内领域可能是两种规范之间的冲突，如果遵循法律规范至上的评价，可能在某些疑难案件当中因为法律规范适用的结果不是那么可接受，但总体上还是符合法治化的路径。但是在法外空间时，如果社会规范还引发了一些社会冲突，刘老师说法治化的任务就是用法治的理念、精神、原则、规则对所有的规范进行审查，这一点我学习到很多。刘老师提出对社会规范备案审查，我想问刘老师一个很不成熟的问题，传统上有法内空间和法外空间的划分，尤其在制定法时代，法律的调整充满了无限扩张的倾向，社会自治、个人自治，在多元规范的背景下处于什么样的位置？

主持人：谢谢吴冬兴的发言，不仅有对老师发言的体会，也对老师提出了比较疑难的问题。接下来有请邱小航同学发言。

与谈人邱小航（华东政法大学）：非常感谢三位老师精彩的发言。我是第一次在如此正式的场合向三位老师学习讨论，接下来可能会提出一些不太成熟或者幼稚的问题，向老师请教。

刚才刘老师在发表"实现国家和社会生活的法治化"的

演讲时，追溯到法治中国、法治社会建设，全面实现依法治国并不仅仅是国家法律的任务，也需要通过社会规范来补充完善。是否存在法律规范"让位"以及在什么场合中法律规范会"让位"于社会规范？这是向刘老师请教的问题。

主持人：我们接下来就进入自由讨论环节。首先有请三位老师对吴冬兴和邱小航两位博士生提问进行回应。

刘作翔教授回应：谢谢两位同学提出的问题！我谈一下我的理解。吴冬兴同学提出的法内空间和法外空间，这样的分类我觉得是有问题的。什么是法内？什么是法外？我最近研究社会规范，看了很多法律和资料。我将社会组织自制规范分为 14 类，以前没有人这样分类过，我在看的过程中发现，每一种自制规范都有相应的法律规制。所以这个法内、法外怎么划分？比如村民委员会制定的村规民约、村民代表大会决议，还有村民自治章程，都有法律规制，《村民委员会组织法》里面有很明确的规制和要求，村民自治章程、村规民约要向乡、民族乡、镇政府备案，村规民约、村民代表大会决议，还有村民自治章程不能违反宪法和法律，如果有这些内容，乡、镇政府要责令纠正。居民委员会也是这样。还有对于企业章程的内容都有详细的法律要求和法律条款。法内和法外的分类我认为不适当。

关于自治，我在研究过程中提出一个看法，现代社会的自治是法治下的自治，自治不可能脱离法律。首先村民委员会的成立是按照《村民委员组织法》成立的，村民委员会对于选举都有相应的规定。包括现在的《民法典》，对于业主委员会制定的业主公约有很详细的规定，你能说是法外吗？所以你的这种分类要调整认识，这是大前提。

邱小航同学的问题，说法律规范让位于社会规范，这是一种误解，根本不存在让位不让位的问题。我们客观地对待当代中国社会存在的各种各样的规范体系，法律对每一种社会规范都是有规制的，不是说法律规范要让位给社会规范，每一种规范都有它发挥作用的对象、发挥作用的场合。比如，最近关于节约粮食的问题，我看到全国人大也在考虑立法。我在《中国社会科学报》发表的《关于公域和私域界限的法理省思》一文中讲到，像一些属于民间生活如婚丧嫁娶的问题，有的属于移风易俗的问题，是文化改造的长期任务，它们适合不适合由政府来出面规制？我搜集到一些县政府发的规定，结婚送礼送多少钱，摆多少桌酒席，喝多少元钱的酒，抽多少钱的烟，规定得非常细，我想这些问题是属于政府干预的事情，还是应该由民间社会组织如红白喜事会去解决的问题。诸如滥办酒席、天价彩礼、薄养厚葬、反对浪费等，通过村规民约、居民公约、红白喜事规约等社会规范的方式，比通过强行的法律规制效果要好得多。现在一些农村成立了红白喜事会，专门解决此类问题，我觉得这是很好的导向，不是全部制定成法律来调整。现在的份子钱、彩礼钱、摆酒

355

席的钱过高给村民造成很大的负担。这些事情是一个通过长期教化的过程，可以引导。红白喜事会就是民间组织，可以通过它来做这些事。比如，近日在全国开展的厉行节约、反对食品浪费的活动中，上海就提出了"将坚决制止餐饮浪费行为等内容纳入市民公约、乡规民约、学生守则、行业规章等社会规范中，引领广大市民形成良好行为规范"。[①] 就是由餐饮企业制定一些规范，对于消费者也制定一些相应的规范。哪些问题适合通过社会规范去调整，哪些问题需要通过法律去调整。社会规范的种类是非常多的，每一种规范都有它调整的对象、范围、场域，这是我们要思考的，不是把所有的问题都法律化。关于节约粮食，国家在宏观的方面，可能涉及立法问题。但对于普通老百姓消费层面的问题，我觉得靠立法并不是一个有效的路径。

顺便说一下，刚才孙光宁教授（山东大学）的发言中提出的两个问题我觉得非常重要，我想谈一下自己的看法。第一个问题是司法解释和指导性案例能不能有同等地位？它们之间最大的区别就是，在案件裁决中，司法解释是可以作为裁决依据的，而指导性案例只能作为裁决理由引证。最近我在看 2007 年修改后的最高人民法院《关于司法解释工作的规

---

① 参见《人民日报》2020 年 8 月 16 日报道《上海：将制止餐饮浪费纳入社会规范，对陋习不改者批评曝光》。

定》，其中第二十七条规定："司法解释施行后，人民法院作为裁判依据的，应当在司法文书中援引。人民法院同时引用法律和司法解释作为裁判依据的，应当先援引法律，后援引司法解释。"从这个文件看，司法解释可以作为裁决依据在司法文书中援引。孙光宁教授提出的指导性案例应该和司法解释享有同等地位，就是说指导性案例可以作为裁决依据。但是这个问题和最高人民法院2015年关于指导性案例的实施细则是不一致的，实施细则明确讲到，指导性案例不能作为裁决依据，只能作为裁决的说理。这涉及指导性案例的地位问题。如果将指导性案例作为裁决依据，那意味着案例成为法源，这同我们对于指导性案例的法律定位是不相吻合的，法院就成了造法机关，会带来宪制体制的变化，这可不是一个小问题。还有，司法解释是由最高人民法院、最高人民检察院作出的，而指导性案例虽然是由最高人民法院审委会确定，但案例来源则是从全国各级人民法院筛选的。我们只是单方面考虑提高指导性案例的权威性，而忽略了实行案例指导制度的最初意义，以及中国宪制体制中法院的功能定位。我觉得这个问题不是一个小问题，可能在法理上还得讲清楚。

第二个问题，孙光宁教授讲到案例之间有一个效力等级，这可能也是一个重大的理论问题。现在指导性案例是有权威性的。为什么说权威性？一个是它的筛选机制，一个是它可以援引，而其他的案例不能援引，只具有参考性。但是尽管

357

有权威性，案例之间是不是有一个效力等级，我觉得是一个问题，我认为不具有。因为案例和法律不一样，法律是有效力位阶的，案例只要是终审案例，它就是一个有效力的案例，案例和案例不好用等级划分，案例之间没有效力等级。每一个前例即前面判决的案例，对于后案都应该有相应的参考性，当然由于指导性案例赋予其可以援引，它处在权威性的地位。目前只有指导性案例可以援引，其他的案例只具有参考性，在说明理由里面可能去参考，而指导性案例可以直接进入判决书，大概的区别在这里。

这是我对这两个问题的理解，谢谢！

主持人：现在欢迎其他的老师和同学对三位老师提问和交流。

杨知文博士（华东政法大学）：刚才刘老师说的我也赞同。我的一些体会，除了刚才刘老师讲到的理由，我也想到如果案例有效力体系，如果存在这种否定关系的话，任何一个生效判决都不存在了，所以不能讲案例之间的上下位阶关系。我们中国存在的多种类型的案例，最具有权威性的是指导性案例。从最高人民法院的实施细则看，只能在裁判说理过程中援用。

刘作翔教授回应：2002 年河南郑州中原区人民法院试验先例判决制度，当时在国内讨论很激烈，其中有一位专家发表意见，认为一个区法院有什么权力搞这个呢？在美国只有最高法院才有这个权力，但是这个观点是错误的，不符合判例法。判例法是任何一个终审判决都可以成为判例。所以当年讨论中，有人批评过这位专家的观点，说你那是错的，美国就不存在最高法院的判例高于其他判例。主要是分前和后，不分层级，遵循先例，先例只要在，哪怕是一个区法院的，都可能要作为一个考量的因素。中国在开始拟定文件时，最高人民法院说为了保持权威性，只从最高人民法院和高级人民法院选择案例，中级人民法院以下的都不选，我们在讨论中说这个没有道理，大量的典型案例恰恰是基层法院审的，比如说空调车案件、温度案件、发票案件，都是小案件，都是基层法院审的，但是这些案件影响很大，一个案件判下去，可能会影响全中国所有的超市、所有的和空调车有关的案件判决结果，最后就没有坚持。

戴津伟博士（华东政法大学）：关于指导性案例的指导方式，指导性案例前面都有裁判要点，从最高人民法院来说，这种指导模式会不会压缩指导性案例的空间？

刘作翔教授回应：这个问题是我一直在思考的问题。从大的方面来讲，中国搞指导性案例，要遵循判例法的基本理路。判例法的基本理路是什么呢？即所有的规则都要在审判过程中出现，或者在判决之前出现，而我们现在走的是和判例法截然相反的路线，是案件判决完了以后，才弄一个裁判要点，在很多场合我就讲这是一个大笑话，判例法不是这样

359

干的，判例法所有的规则都是在审判过程中完成的。我们是审判完了以后，案例报上来，被确定为指导性案例，最高人民法院找专家写一个裁判要点，后案援引只能援引这个裁判要点，这种做法本身就是违反判例法理路的，为什么？第一，裁判要点是事后总结的，而判例法的规则都是事先的。裁判要点的做法将一个非常丰富的案例部分化了，不是整体。第二，案例不是原汁原味的，现在发布的指导性案例都是裁剪过的，把一个完整的案例给它裁剪，这个问题很麻烦。如果一个案件有几十页、上百页是可以裁剪的，但是这种裁剪会出现什么问题？不是原汁原味的，不知道原审法官到底怎么想的，因为裁判要点的方式违背了原审原则，我们一直强调原审原则，原审法官的看法是什么。这种裁剪把很丰富的案例内容剪没有了，而我一直坚持指导性案例中所有的东西都可以作为指导。被告人、代理人等在看指导性案例时，经常是选择对他自己有利、有用的地方，这恰恰就是指导性案例应该是原始的，不是被裁剪的，也不是被后人所总结的东西。这是我的看法。目前这个做法是有违判例法的，虽然我们不搞判例法，但是必须遵循判例法的基本理路。这是我的基本观点。

杨知文博士：我补充一下，加上裁判要点是对案例错误的使用，只能使案例陷入需要解释，又产生了一个再解释。所以我在一篇文章当中写到，不能让出现的东西再解释。这样案例不仅起不到裁判的作用，反而产生更多的问题。

刘作翔教授：当时有人坚持要这么做。我说这就出笑话了，判例法不是这样做的，这种做法和原有的一套机制是相反的。案例的选择本身就有主观倾向性，最后再通过裁判要点的方式，等于是一种新的规则出现，裁判要点其实就是新规则。所以又出现用案例解释法律，回到最初的起点上去，这个起点当时我们是反对的。如果将指导性案例作为裁判依据，意味着案例有可能就成为法源，那就不是一个简单的问题。

把指导性案例限定在说理理由的范畴，还是上升到裁判依据，这几年我一直在讲这个问题，什么是裁判依据？裁判依据就意味着是法，在某种程度上就是法院造法，这与中国的宪制体制不对路。一些教授呼吁中国的判例法，这不是小问题，不是名称问题，也不是一个司法方法，而是一个宪制体制的改革。问题会延伸，不要小看这个问题。

主持人：下面有请戴津伟老师作闭幕总结。

戴津伟博士：感谢会议安排让我有这个机会发言，的确诚惶诚恐，说是总结只能说是学习，前面各位都做了一些总结，我只能说说自己的一点学习体会。

第一点，这么多大咖和教授过来，给我们呈现了多维度的法治内涵。刘作翔老师讲的国家治理法治化，涉及很多法治的一些基本性问题，现代化是不是就是法治化，或者法治

361

化是不是就是法律化，以及在法治化过程中社会规范和法律的关系问题。

第二点，我感受比较深的是刘老师对基础理论、基础问题的关注。刘老师讲的法治化不只是法律化，按照以前的理解，都会把法治理解为用法律来规制社会生活，刘老师讲到除了法律之外还有其他的规范类型，通过这些规范类型的规制，形成一种多元化的社会治理。刚开始我也有一个疑问，社会规范与法律之间是一种平衡关系，通过同学的提问和刘老师的解答，我们更深入地了解在法律规定的框架之内发挥多元化的社会规范、自治规范的调整功能，来实现刘老师倡导的多元规范的共存局面，而且通过回答我们的问题，解释了很多指导性案例的深层次的作用原理。

除了几位老师精彩的讲座之外，各位同学的提问和交流也给我们提供了很多思想的火花和碰撞。非常感谢各位老师百忙之中抽时间过来，从各个维度结合自己的研究专长，阐释法治的内涵和法治中国建设各方面的意义，也希望各位老师以后多给我们提供指导。感谢大家！

加快建设法治社会，促进和提升上海市社会规范的法治化水平

——2022 年 11 月 1 日 "上海市全面依法治市第一次特聘咨询专家研讨会"的发言[*]

感谢会议的邀请！也很荣幸受邀作为上海市全面依法治市特聘咨询专家。

我发言的题目是"加快建设法治社会，促进和提升上海市社会规范的法治化水平"。讲以下三个问题。

---

[*] 此文系作者于 2022 年 11 月 1 日应邀参加上海市全面依法治市研究会和上海市行政法治研究所联合召开的"上海市全面依法治市第一次特聘咨询专家研讨会"的发言，会议主题是"围绕党的二十大精神畅谈上海法治建设"。根据会议速记整理。作者做了校订和修改。

一、党的二十大报告及其他中央文件对法治社会建设的战略任务和部署

党的二十大报告第七部分用专章对"坚持全面依法治国，推进法治中国建设"从四个方面进行了战略部署。这四个方面分别是：完善以宪法为核心的中国特色社会主义法律体系；扎实推进依法行政；严格公正司法；加快建设法治社会。其中在第四个方面即"加快建设法治社会"中，指出了"法治社会是构筑法治国家的基础"，将法治社会建设的意义提到了"构筑法治国家的基础"的重大战略高度。中国有句俗语："基础不牢，地动山摇"，可见基础的重要性。报告还提出了加快建设法治社会的具体措施"弘扬社会主义法治精神，传承中华优秀传统法律文化，引导全体人民做社会主义法治的忠实崇尚者、自觉遵守者、坚定捍卫者。建设覆盖城乡的现代公共法律服务体系，深入开展法治宣传教育，增强全民法治观念。推进多层次多领域依法治理，提升社会治理法治化水平。发挥领导干部示范带头作用，努力使尊法学法守法用法在全社会蔚然成风。"这些具体措施，是我们在相当一段时间内法治社会建设的主要任务。

党的二十大报告还提出了"全面推进国家各方面工作法治化"这样一个重大命题，这一重大命题是对党的十八届四中全会提出的实现"国家和社会生活法治化"和"努力实现

国家各项工作法治化"命题的继承和发展，二者既有衔接，又更加具体化、更加有力度了。法治化成为今后全面推进依法治国的一个关键词和核心概念。

2020 年 12 月 7 日中共中央印发的《法治社会建设实施纲要（2020—2025）》，在"健全社会领域制度规范"中，提出了"促进社会规范建设。充分发挥社会规范在协调社会关系、约束社会行为、维护社会秩序等方面的积极作用。加强居民公约、村规民约、行业规章、社会组织章程等社会规范建设，推动社会成员自我约束、自我管理、自我规范。深化行风建设，规范行业行为。加强对社会规范制订和实施情况的监督，制订自律性社会规范的示范文本，使社会规范制订和实施符合法治原则和精神。"这是《法治社会建设实施纲要（2020—2025）》对促进社会规范建设提出的明确要求。党的二十大报告在法治社会建设中又提出了"推进多层次多领域依法治理，提升社会治理法治化水平"，这一要求与《法治社会建设实施纲要（2020—2025）》前后衔接，密切相关。

二、对法治化的新理解以及社会规范法治化之必要性

通常地，不论是学术界，还是实务者，包括老百姓，一提到法治化，容易条件反射式地把法治化理解为法律化。这些年，我们国家在法治理论方面有了一些重大发展。党的

十八届四中全会提出法治体系理论和结构，在某种意义上拓展了我们原有的法治化的范围。原有的对法治化的理解，主要指的是国家法律。而党的十八届四中全会提出"法治体系"的理论和结构，把党内法规体系纳入法治体系，党内法规体系也属于法治体系的一个组成，这是一个重要的节点。还有前述的中共中央印发的《法治社会建设实施纲要（2020—2025）》，提出"使社会规范制订和实施符合法治原则和精神"，我们一般说社会规范属于社会自主、自治范畴的规范，为什么也要符合法治原则和精神呢？我认为包含了对法治化内容的拓展性理解。

因此，这几年我对"法治化"这个命题做了一些反思。我反思的结论是：法治化包含了法律化，而且首要的是法律化，即在国家和社会生活领域，能够法律化的要尽力法律化。但我们知道，法律不可能周全社会生活，再发达的法律体系都不可能做到法律全覆盖。一个国家和社会中，除了法律，还客观地存在着其他规范体系和规范类型，在国家生活、社会生活中发挥着重要作用。因此，法治化首要的是法律化，但不只是法律化。只要涉及国家和社会生活中的政治生活、经济生活、文化生活、民生生活等领域的规范体系和类型，都有一个规范化、程序化、制度化、法治化的问题。法治化并不意味着把所有的规范类型都变成法律，不意味着只靠单一的法律规范体系治理国家和社会，更不意味着消除法律和法治之外的其他规范类型和秩序结构，这既不符合法治化命题的内涵，也不符合人类社会多元化客观现实下产生的多元规范和多元秩序的实然状态，而是要求各种规范类型和秩序结构都要符合一系列法治原理、法治原则、法治精神的要求，发挥多元规范在国家和社会治理中的作用。体现法治原理、法治原则、法治精神的法治化意旨在人们的行为和行动的不同领域，首先要有规则，而且这个规则必须是制定的良好的规则，即所谓"良法"；在规则确立和制定之后，就要严格地遵守和执行这个规则，对于破坏规则的行为要进行惩罚，得到纠正，即所谓"善治"。"良法善治"是对法治化的最好解读，当然，这里的"法"只是一个比喻，不是单指国家法律，而是指所有的规范体系和规范类型。

从以上对法治化的理解，法治化应该包括以下两个层面：既包括作为静态形式的各种规范类型和体系的法治化，也包括作为动态的各种规范类型运行机制和实现机制的法治化。而作为静态形式的各种规范类型体系的法治化，就包含了法律规范体系的法治化、党内法规体系和党的规范性文件的法治化、国家政策体系的法治化，以及社会规范体系的法治化；相比于作为静态形式的各种规范类型体系的法治化，作为动态的各种规范类型和体系运行机制和实现机制的法治化就更加重要，因为它要将制定的良好的各种规范体系贯彻和落实到社会生活的实践之中，它包含了各种规范类型体系的运行机制、监督机制、实现机制的法治化。

党的十八届四中全会提出的实现"国家和社会生活法治化"和"努力实现国家各项工作法治化"的命题，以及党的二十大提出的"全面推进国家各方面工作法治化"，就涉及与社会生活密切相关的社会规范体系的法治化问题。这里需要申明的是，我们强调和重视社会规范体系的法治化，并不意味着社会生活的法治化只依赖于社会规范体系，"社会生活的法治化"仍然需要依赖于包括法律规范体系、党内法规体系和党的规范性文件体系、国家政策体系在内的所有的规范体系的法治化。但由于社会规范体系比较接近于老百姓的生活，可谓"最接地气"，因而对百姓生活影响较大。因此，我们既要高度重视和发挥社会规范在社会治理中的重要作用，也要看到由于尚未实现规范化、程序化、制度化、法治化的诸多社会规范在社会生活实践中所带来的负面作用，以及由此造成的社会纠纷和违法行为。

从法治化的要求看，各种社会规范的制定不能违背宪法和法律，要遵循合法性、合规性、合理性原则。社会规范的制定如果违反宪法、法律、法规，就要得到纠正。社会规范的制定和实施只有符合法治化要求，才能发挥社会规范在协调社会关系、约束社会行为、维护社会秩序等方面的积极作用，以及防止社会规范偏离其正轨的有效途径，也是实现国家和社会生活法治化的重要路径。

三、促进和提升上海市社会规范的法治化水平

党的二十大报告在"加快建设法治社会"的任务中，提出了"推进多层次多领域依法治理，提升社会治理法治化水平"。如何加快法治社会建设，以及提升社会治理的法治化水平，有很多路径，其中对社会规范的制定和实施符合法治原则和精神，是一个很重要的路径。近些年，我对规范体系和社会规范的法治化问题做了一些思考，先后在《中国社会科学》《学术月刊》《中国法学》《法学论坛》发表了四篇文章，对前述问题做了一些论证和分析，提出了对社会规范建立备案审查的制度。虽然这是从学术层面提出的一个新问题，但我在研究中发现，在我们现行的法律制度中实际上有很多的具体规定。党的二十大提出空谈误国，实干兴邦。我们能不能考虑在上海市先行一步，对上海市社会规范的制定以及实施情况作一个合法性审查，看其是否符合法治原则和精神，以对其法治化水平进行一个评判。

《法治社会建设实施纲要（2020—2025）》里面提到了"加强居民公约、村规民约、行业规章、社会组织章程等社会规范建设，推动社会成员自我约束、自我管理、自我规范。深化行风建设，规范行业行为"。我们可以以实施纲要里面提出的这四种社会规范的重点领域为对象进行审查，再加上一个教育领域的自制规章。这个审查不是另起炉灶，而是在现有

的法律基础上，将法律规定的职责认真地落实下来。起步阶段不可能全面铺开，可以先找一个区作为审查点，分类型对其进行审查。

第一个领域是企业自制规范。以服务型企业为主，因为服务型企业的规章一般是直接针对消费者的。还有一些企业规章是针对自身员工的，都可以进行审查。从目前的法律规定来看，我国企业的种类很多，由于企业的性质不同，不同类型企业的政府主管部门有所不同，因此，不同的政府主管部门就承担着对不同企业类型的审查职责和任务；同时，所有的企业类型一律由市场监督管理部门负责登记管理。原《企业法人登记管理条例》第四条规定："企业法人登记主管机关（以下简称登记主管机关）是国家市场监督管理总局和地方各级市场监督管理部门。各级登记主管机关在上级登记主管机关的领导下，依法履行职责，不受非法干预。"由是，各级政府市场监督管理部门就承担着对于企业章程和规则在登记时的审查任务。

第二个领域是社会组织章程。社会组织是一个内含广泛的概念。上海的社会组织在全国是比较发达的。按照目前法律关于社会组织的概念，社会组织主要包括社会团体、基金会、民办非企业单位。我国分别对这三种社会组织制定法律规制，即《社会团体登记条例》《基金会管理条例》《民办非企业单位登记管理暂行条例》，也分别规定了其不同的主管机关和登记机关。这些不同的主管机关和登记机关承担着对其审查的职责和任务。

第三个领域是居民公约。《城市居民委员会组织法》第十五条规定："居民公约由居民会议讨论制定，报不设区的市、市辖区的人民政府或者它的派出机关备案，由居民委员会监督执行。居民应当遵守居民会议的决议和居民公约。居民公约的内容不得与宪法、法律、法规和国家的政策相抵触。"这条规定明确了居民委员会的主管机关是不设区的市、市辖区的人民政府或者它的派出机关，它们承担着对居民公约的审查职责和任务。既然法律明确地规定了居民公约要备案，我们可以审查一下备案的情况如何，以及居民公约的内容是否存在与宪法、法律、法规和国家的政策相抵触的情况。

第四个领域是村规民约。村规民约则是实现村民自治的主要规范形式。《村民委员会组织法》第二十七条规定："村民会议可以制定和修改村民自治章程、村规民约，并报乡、民族乡、镇的人民政府备案。村民自治章程、村规民约以及村民会议或者村民代表会议的决定不得与宪法、法律、法规和国家的政策相抵触，不得有侵犯村民的人身权利、民主权利和合法财产权利的内容。村民自治章程、村规民约以及村民会议或者村民代表会议的决定违反前款规定的，由乡、民族乡、镇的人民政府责令改正。"这条规定明确了村民自治章程、村规民约制定时应当遵循的原则，以及报乡、民族乡、镇的人民政府备案的要求，村民自治章程、村规民约以及村民会议或者村民代表会议的决定如果违反以上规定的，由乡、民族乡、镇的人民政府责令改正，即乡、民族乡、镇的人民政府承担着对村民自治章程、村规民约以及村民会议或者村民代表会议的决定进行审查的任务。既然法律提出了以上明确的要求，我们可以审查一下村规民约备案的情况如何，村规民约有无与宪法、法律、法规和国家的政策相抵触的情况，以及有无侵犯村民的人身权利、民主权利和合法财产权利的内容。如果有，乡镇政府是否纠正，以及如何纠正的情况。

第五个领域是教育领域的自制规章。包括高等教育和高等教育之外的其他教育类型。高等教育有《高等教育法》，其他的教育类型有《教育法》。这两部法律都分别规定了其主管机关、登记机关，由其不同的主管机关和登记机关行使对其自制规章的审查职责和任务。上海的教育事业在全国较为发达，高等教育和其他教育类型分布广泛，可以作为一个审查领域。

总体想法是：上海市在社会规范的法治化方面可以先行一步。上海市社会发育程度较高，也具备这方面的人力、物力、财力和法治意识等条件。通过这样一个审查，挖掘社会规范制定和实施中符合法治原则和精神的好的经验和典型加以推广。同时，对审查中发现存在的问题，通过典型案例进行切实纠正，认真履行法律规定的职责和任务。按照《法治社会建设实施纲要（2020—2025）》提出的促进社会规范建设的要求，充分发挥社会规范在协调社会关系、约束社会行为、维护社会秩序等方面的积极作用。加强对社会规范制定和实施情况的监督，使社会规范的制定和实施符合法治原则和精神，促进和提升上海市社会规范的法治化水平，落实党的二十大报告提出的"提升社会治理法治化水平"。

立法权限和范围需要进一步厘清

——2022 年 11 月 26 日"中国法学会立法学研究会 2022 年学术年会——新时代立法的理论与实践"的评议 *

　　各位老师、各位同学、各位与会代表，上午好！首先感谢会议的安排，给我这样一个学习的机会。另外要感谢中国法学会立法学研究会、昆明理工大学法学院为这次年会的顺利召开所付出的辛劳。我们这个单元有六位报告人，我和冯玉军教授（中国人民大学）做了分工，我谈前三位报告人报告的体会，冯玉军教授讲后三位报告人的体会。三位专家的

---

*　此文系作者于 2022 年 11 月 26 日参加由中国法学会立法学研究会主办，昆明理工大学法学院等承办的"中国法学会立法学研究会 2022 年学术年会——新时代立法的理论与实践"上，对三位主题报告人的报告发表的评议。由会议组织者根据录音整理。作者对整理稿做了校订。

报告都非常精彩。我下面按顺序分别谈一下学习体会。

第一位报告人是朱景文教授（中国人民大学）。他的报告题目非常鲜明："坚持两个不动摇是依宪治国、依宪执政的基础"。听了朱教授的报告，我最大的感受是，朱教授的这个报告是一种非常经典的规范分析、文本分析的模本，对党的二十大报告提出的"两个坚持"即坚持中国共产党的领导，坚持人民民主专政的国体和坚持人民代表大会制度的政体做了高度的评价，并从1949年共同纲领一直到2018年的宪法修正案这个长时段的宪法和宪法性文本中，展开了对"两个坚持"的梳理。这个梳理，是迄今我看到的最详细的梳理。

党的二十大报告中的"两个坚持"，也可以理解成"三个坚持"，后一坚持中的"两个坚持"是相呼应的。

第一个是坚持中国共产党的领导。朱教授通过对长历史时期的宪法文本的规范进行梳理，认为从共同纲领到2018年的宪法修正案，坚持中国共产党的领导一直有所体现，虽然不同时期、不同宪法文本中对坚持中国共产党的领导的表述不同，但这一坚持的灵魂和精神一直存在于宪法文本中。

第二个是坚持人民民主专政的国体和坚持人民代表大会制度的政体。关于国体的规定变化相对复杂一些，即从共同纲领到2018年宪法修正案，对国体的规定有不同的表述。这种不同的表述，正如朱景文教授在后面谈到的，每个阶段因中国的国家发展、国情的变化、当时政治经济等实际的情况

375

而有所不同。比如从早期的无产阶级专政的表述，到2018年宪法修正案，我们的国体落到了"人民民主专政的社会主义国家"这样一个表述上。国体是国家本质的体现，代表一个国家的性质，人民民主专政的国家是对我们国家性质的一个确定。

关于政体，朱教授通过分析认为，虽然宪法文本中关于国体的表述前后有变化，但关于政体的表述，从共同纲领到2018年修正案一直没有变化，即表述为人民代表大会。人民代表大会是对我国政体的一种经典表达。所谓政体，就是一个国家的政权组织方式。人民代表大会是我国的政体。按照宪法的表述是：中华人民共和国的一切权力属于人民。人民行使国家权力的方式是全国人民代表大会和地方各级人民代表大会，这里包括了两个层次，这两个层次都是政体的体现，因为这两个层次体现了我们国家的一种政治结构。

朱教授在最后谈的几点体会，我认为很有新意。

第一点是，我们既要把两个坚持看作一种政治原则，同时也要强调、充分地肯定它也是宪法原则和法律原则。这一点的强调很重要，因为我们平时对政治原则强调得多一些、重一些，但对"两个坚持是宪法原则、法律原则"强调得不多。朱景文教授强调这一点很有意义。

第二点是，两个坚持在1949年共同纲领到2018年宪法修正案的演变过程，反映了不同时期国家的政治经济情况，

376

反映了法律根据时代的变化而变化的时代性、适时性。法律也好，宪法也好，都有一种适时性，有一个变化的过程。

第三点是，强调不能把两个坚持架空，这一点非常重要。首先，关于国家法律和党内法规的功能怎么分配。这个问题的另一个角度是：国家法律是关于国家事务的；党的十八大以来对党内法规体系一直有一个界定，党内法规是治国理政的一个重要方面，是管党治党的，但还是存在一个问题需要考虑，即哪些问题应由法律规定，哪些问题应该由党内法规规定，因为党内法规体系纳入了我们的法治体系，是法治体系的一个重要组成部分。

其次，朱教授的另一个观点很新颖、有创新性：过去谈国体，谈到定义、概念就完了，但朱教授提到，我们所有的法律制度都在体现国体，我们的政体体现在所有法律制度中，这个观点的启发性很大。总的来说，整个报告中，朱教授对国体和政体的理解，我觉得有深入的阐发。

沈国明教授的报告题目是"二十大后立法的时代特征"。沈国明教授的报告体现了他一贯的务实风格。他谈了两大问题：立法与立法学；二十大后立法的时代特征。

第一个问题，关于立法和立法学。沈教授强调，立法一定要有问题意识，立法是为解决问题。有人认为寻找和确定立法选项很困难，沈教授认为，关注并分析现实问题，通过必要的程序，不难提炼出合适的立法选项。他指出，在地方立法中有一种现象值得重视：如果把立法数量看得很重，视作政绩，一味追求立法数量，极易导致拍脑袋确定立法项目，或是看别人有这个法规，自己也要搞一个，或是觉得题目重要，罔顾立法的条件，将其确定为立法项目。这样搞立法难免照抄照搬际，规定的内容脱离实际，在现实生活中不起作用。他强调，立法必须立足现实，研究立法的必要性和可行性，保证所立的法都管用。

沈教授还强调，要加强公共政策研究。法律法规可行与否，取决于政策设计，取决于法律法规实施所需的资源配置，在这个意义上，法律只是为政策提供一个坚硬的外壳而已。沈教授的这个意见值得重视，法律得不到很好的执行，可能是因为我们在立法时，对公共政策研究不够，在成就法律法规实施的条件方面着力不够。

第二个问题，二十大后立法的时代特征。沈教授主要谈了两点。一是增强政治性。可以预见，今后在立法中，将通过一系列的制度安排，全面实现坚持党的领导。增强政治性还体现在立法将更关注共同富裕，以及国家安全，包括经济安全等各个领域。二是增强务实性。今后会更加注重将正确的理念转化为可执行的具体制度，将一般的口号转化成实实在在的条文。强调务实的另一个表现是，在经历了三年疫情之后，要致力于修复经济。要尽可能将一系列有利于休养生息的政策固化下来，增强人们的信心。在健康中国、社会保障制度等方面，立法的力度也将有所增强。

沈教授的这个报告中所谈及的二十大后立法的时代特征，即针对国家立法，也针对地方立法，是一个全方位的思考点。

第三位报告人是宋方青教授（厦门大学）。宋教授的报告重点阐释了如何在我们的立法体制机制中贯彻民主立法的原则，体现全过程人民民主的理念。宋教授多年耕耘于立法，在厦门是立法专家，参与立法机构的立法活动。宋教授从立法的三个阶段，即立法准备阶段、法案到法的阶段、立法完善阶段具体地讨论怎样保证全过程人民民主这个理念在体制机制中贯彻下去。

第一，在立法的准备阶段，宋方青教授提到，对公众参与立法的机制至今未嵌入立法的准备过程，她提出通过建议、反馈、数据分析、立法前评估、人大主导等措施将其在立法准备阶段予以完善。早在党的十五大就提出了扩大公民有序地政治参与，现在更加具体地提出了公众参与立法的机制。宋教授的这些建议有价值，很具体。

第二，从法案到法的阶段，宋方青教授提到的法案提出的多元渠道、法案的审议即加强立法的深度和广度都是非常重要的，同时认为要加强立法听证、立法辩论。因为在我们国家，立法听证比较少，之前提到过，我们要有立法听证会，希望看到围绕立法进行激烈的辩论，只有激烈地辩论才可以把立法中的真实、符合科学的东西辩论出来。

第三，立法的完善阶段，宋教授特别提到立法过程中立法者具有同等民主分量是有针对性的，有深刻用意。另外，立法的一些机制，诸如立法联系点、立法后评估、第三方评估等，这些是从实践中总结出来的，都是很有新意的。

最后，根据三位专家的报告，我简要地、概括性地谈四个问题：

第一个问题是立法有三大指导思想。科学立法、民主立法、依法立法，这三大原则互为照应、互相配合。宋方青教授强调民主立法是非常重要的，但在强调民主立法时，我们还要注意科学立法、民主立法、依法立法这三大指导思想的互相配合，因为新"法治十六字方针"突出了科学立法，我对此是有思考的，民主立法非常重要，民主立法主要体现多数人的意志，但科学立法的指导思想可能更加重要，当然，这三个指导思想都很重要，要互相配合才能产生出一个好的法律。

第二个问题是立法法的修改。朱教授报告的问题是非常高深的理论问题；其他五位教授报告的内容都涉及立法法的修改，能不能在立法法的修改中尽量细化这些问题，以应对我国立法的粗线条现状。

第三个问题是立法权限的划分。在国家层面、地方层面都需要进一步地完善立法权限的划分。在国家层面，比如全国人大的法律和全国人大常委会的法律，它们的权限需要厘清，更重要的是，在各自立法权限界定之下的立法的范围，即哪些事项应该由全国人大制定、哪些事项应该由全国人大常委会制定，虽然宪法中对此有一个概括的说明，但在具体执行中，还需要进一步深入地推敲；在地方层面，十多年前，我们调研地方立法后评估，发现一些地方立法中，地方性法规和地方政府规章的权限和范围不明，所以，明确地方性法规和地方政府规章的权限和范围是必要的。

第四个问题是设区的市的地方立法权限和范围。设区的市的地方立法，包括设区的市的地方性法规和设区的市的地方政府规章，它们的权限如何划分，以及三大范围能否概括目前地方立法的需求，这些问题，是立法法在修改中应该予以关注的问题。

我就讲这些，讲的不对的，还请大家批评指正。**谢谢大家！**

附 录

《当代中国法学名家》[*] 一书中的"刘作翔"介绍

一、个人简况

刘作翔，1956 年生，甘肃省平凉市人。法学博士。现任上海师范大学法治与人权研究所所长，哲学与法政学院光启学者特聘教授，博士生导师，博士后流动站合作导师。上海师范大学学术伦理与道德委员会主任。上海师范大学哲学与法政学院学术委员会主任。

1983 年、1987 年先后毕业于西北政法学院法律本科（法学学士）和法理学专业研究生（法学硕士）。1998 年获中国

---

* 《当代中国法学名家》编辑委员会编：《当代中国法学名家》（全四卷），人民法院出版社 2005 年版。现为修订版之文稿。

社会科学院研究生院法学博士学位。1995 年起先后担任西北政法学院教授，法理学硕士研究生导师，《法律科学》杂志主编等。2000 年 2 月调入中国社会科学院法学研究所工作，担任法社会学研究中心主任，法理学研究室主任，二级研究员，教授，法学理论专业博士生导师，博士后流动站合作导师，法学研究所学术委员会委员，职称评审委员会委员、学位委员会委员、教授委员会委员，《环球法律评论》杂志主编，中国社会科学院院级特殊学科"法社会学学科"主持人，中国社会科学院创新工程项目首席研究员，中国社科院编辑出版系列职称评审委员会评审专家，中国社科院人才引进评审委员会专家。2016 年 6 月调任上海师范大学哲学与法政学院光启学者特聘教授，法治与人权研究所所长，博士生导师，博士后合作导师。上海师范大学哲学与法政学院学术委员会主任。获国家人事部"1996 年度国家级有突出贡献的中青年专家"称号，国务院 1997 年度"享受政府特殊津贴专家"称号，国家七部委"全国百千万人才工程"1995/1996 年度第一、二层次人选称号等。2004 年被中组部确定为"中央联系专家"。2004 年入选首批"当代中国法学名家"，并被收入法学文献《当代中国法学名家》一书。2017 年被《今日中国》杂志社评为"影响中国法治进程的百位法学家"。国家司法文明协同创新中心（吉大）首批访问讲座教授。《中国大百科全书》第三版（法学）法理学学科主编。国家药品监督管理局法律顾问。西北政法大学决策咨询委员会委员。上海市全面依法治市法律咨询专家。

刘作翔教授的主要研究领域和研究方向有法理学、法律文化理论、法社会学、民主法治理论、法学发展问题等。获各类学术奖 30 多项，其中省部级以上奖 10 多项。

刘作翔教授担任中国法学会法治文化研究会副会长，中国法学会体育法学研究会副会长，中国法学会立法学研究会顾问，中国法学会法理学研究会顾问，中国社会学会法律社会学专业委员会顾问，中国儒学与法律文化研究会常务理事，中国法学会董必武法律思想研究会常务理事，中国审判理论研究会司法改革专业委员会委员。国家药品监督管理局仿制药质量和疗效一致性评价首届专家委员会委员，中华全国供销合作总社立法专家委员会委员，北京市法学会法理学研究会副会长，北京市人大常委会立法咨询专家，北京市高级人民法院专家咨询委员会委员，河北省高级人民法院专家师资库成员，北京第二外国语大学中国"一带一路"倡议研究院专家咨询委员会委员，法治陕西建设协同创新中心特邀研究员、学术委员会委员，西北政法大学决策咨询委员会委员。中国人民大学书报资料中心编辑委员会委员；《天府新论》编委；《苏州大学学报（法学版）》编委；《中国应用法学》编委；《上海师范大学学报（哲社版）》编委；《甘肃政法大学学报》编委。

刘作翔教授先后兼任吉林大学、西北政法大学、西南科技大学、吉首大学、华侨大学、浙江警官职业学院、江苏大学、西安财经学院、甘肃政法大学、国家行政学院等院校兼职教授和客座教授，宁夏社会科学院特约研究员，贵州省社会科学院博士后工作站合作导师，吉林大学法学理论教学团队（首批国家级教学团队）建设工作顾问。

二、学术成果

刘作翔教授先后主持和完成了国家社科重点项目《执政能力建设和依法执政研究》和《"重大改革于法有据"理论与实践研究》、中国社会科学院院级重大课题《中国法治进程中的权利冲突及其立法司法解决机制研究》、最高人民法院重点课题《中国的案例指导制度研究》、中国法学会委托项目《群体性事件的防治》、国家社科重大项目《大百科全书》法学卷法理学学科主编等10余项课题。

1985年以来，刘作翔教授先后在《中国社会科学》《法学研究》《中国法学》《求是》《法律科学》《法学》《人民日报》《北京日报》《人民法院报》《法制日报》《检察日报》等报刊发表论文、文章360余篇，其中被《新华文摘》全文转载7篇，被《新华文摘》"论点摘要"摘登3篇，目录索引20多条。《红旗文摘》全文转载1篇，被中国人民大学复印报刊资料《法学》《宪法学·行政法学》《法理学·法史学》《诉讼法学·司法制度》《中国政治》《毛泽东思想研究》《邓小平理论、"三个代表"重要思想》《社会主义研究》等全文复印转载50多篇，被《高等学校文科学报文摘》转摘7篇，被《中国社会科学文摘》转载1篇，被《中国社会科学文摘》"论点摘要"摘登3篇，被其他报刊转摘10多篇。

刘作翔教授出版个人学术专著10余部，代表著作是：《法律文化理论》（商务印书馆1999年版）、《权利冲突：案例、理论与解决机制》（社会科学文献出版社2014年版）、《我之法学观——刘作翔文章选》（湘潭大学出版社2008年版）、《思想的碎片——刘作翔法学言论选》（中国法制出版社2012年版）、《思想的记录——刘作翔法学演讲选》（厦门大学出版社2013年版）、《思想的碰撞——刘作翔法学演讲与对话选》（方志出版社2014年版）、《权利与规范理论——刘作翔法学文章与读书笔记选》（中国政法大学出版社2014年版）、《法律、政治与学术——刘作翔法学文选（2014—2019）》（中国法制出版社2019年版）、《法治的道路——刘作翔法学文选（2012—2022）》（中国法制出版社2023年版）、《法律的理想与法制理论》（西北大学出版社1995年版）、《迈向民主与法治的国度》（山东人民出版社1999年版）、《法理学视野中的司法问题》（上海人民出版社2003年版）、《法治的路径——项目研究报告（2001—2006）》（山东人民出版社2008年版）。

主编法律硕士教材《法理学》（社会科学文献出版社

2005 年版)、《中国社会科学院法学博士后论丛》(第一卷)(中国政法大学出版社 2004 年版);主编学术专著《法与公平论》(西北大学出版社 1995 年版)、《多向度的法理学研究》(北京大学出版社 2006 年版)、《法律与社会论丛》第一卷 "法律实施的理论与实践研究" (社会科学文献出版社 2012 年版)、《立法后评估的理论与实践》(社会科学文献出版社 2013 年版)、《法治与改革》(方志出版社 2014 年版)、《立党为公、执政为民的法理学研究》(中国政法大学出版社 2005 年版)。

参编教育部、司法部、中国社会科学院研究生院等《法理学》统编教材 7 部,参编其他法学著作、教材、工具书、论文集等 110 多部。

三、人才培养

1992 年至 2000 年 2 月,刘作翔教授在西北政法学院工作期间,担任法学理论专业硕士研究生导师,先后给法理学专业、刑法专业、法律史专业等研究生讲授过法理学、法律文化理论、西方法学原著选读等课程。在导师组共同指导过 57 位研究生,其中直接负责指导的有 8 位研究生,截至 2001 年 7 月,8 位研究生已全部获得硕士学位。

1997 年以来,刘作翔教授受聘为北京大学法学院、中国人民大学法学院、中国社会科学院研究生院法学系、吉林大学法学院、山东大学法学院、中国政法大学法学院、浙江大学法学院、中山大学政治学院、北京航空航天大学法学院、华东政法大学、辽宁大学法学院、山东大学（威海）法学院等院校100多位法学博士生评议审阅博士学位论文和参加博士学位论文答辩等。受邀参加中国社科院世经政所、吉林大学法学院、清华大学管理学院、首都经贸大学法学院等院校多名博士后出站答辩。指导访问学者5名。

2002年5月，刘作翔教授被批准担任中国社会科学院研究生院法学系法学理论专业博士生导师。2003年9月开始招收博士研究生，截至2020年8月，已毕业并获得法学博士学位的有14名。2004年至2016年，指导12名法律硕士研究生，已全部毕业并获得法律硕士学位。2016年6月调至上海师范大学之后，指导博士研究生5名、法学硕士研究生23名、法律硕士研究生35名。已有41名法学、法律硕士毕业，获得学位。

2002年至2020年，刘作翔教授作为中国社会科学院法学研究所博士后流动站合作导师，指导26名博士后研究人员的研究工作，截至2020年8月，已全部出站。

四、学术演讲及参加学术会议等学术活动

从1994年起，刘作翔教授先后应邀在国内200多所大学法学院系和部分省市区县的人大、法院和其他政法机关访问讲学和学术演讲，听讲者为法学院教师、本科生、硕士生、

博士生、博士后、法官、检察官、律师等。在有的院校进行多次演讲，前后演讲计 300 多场次。讲学和学术演讲的学校和单位先后有：

河南大学法律系、山东大学法学院、中南政法学院、江西省司法学校、苏州大学法学院、南京师范大学经济法政学院、陕西省政法管理干部学院、陕西省人大、西安市人大、长安县人大、杭州大学法学院、陕西师范大学研究生会、西安建筑科技大学法律系、浙江大学法学院、宁波大学法律系、西南政法大学、重庆商学院法律系、吉林大学法学院、清华大学法学院、山东大学威海分校法律系、湖南大学法学院、中国青年政治学院法律系、西北第二民族学院法律系、厦门大学法律系、吉首大学法学院、湘潭大学法学院、湖南师范大学法学院、广东商学院、中山大学法学院、浙江大学法学院、吉林大学法学院、中国政法大学、中央司法警官学院、苏州大学王健法学院、中国人民大学法学院、山西财经大学法学院、浙江警官职业学院、浙江工商大学法学院、中国社会科学院研究生院法律硕士专业研究生班、郑州大学法学院、华侨大学法学院、厦门大学法学院、吉林大学法学院、西南政法大学研究生院、重庆大学法学院、厦门大学法学院、西南政法大学渝北校区、南京大学法学院、南京大学浦口校区、南京师范大学法学院、南京师范大学仙林校区、江苏大学医学院、扬州大学法学院、暨南大学珠海学院、贵州大学法学院、江苏科技大学人文学院、江南大学法学院、苏州大学王健法学院、西北工业大学妇女发展与权益研究中心、中国社会科学院研究生院博士生必修课程"法学前沿"、青岛大学法学院、江西财经大学法学院、上海师范大学法政学院、上海大学法学院、江苏大学法学院、西北政法学院研究生部、法理学研究生专业、西北政法学院南校区法学本科生、湖南科技大学法学院、湘潭大学法学院研究生、湖南师范大学法学院研究生、赣南师范学院政法学院、上海交通大学法学院、西藏大学、山东大学法学院研究生、华侨大学法学院、华侨大学哲学专业研究生、厦门大学法学院、福建师范大学法学院、南京大学法学院法理学研究生、南京师范大学法学院、河海大学法学院、山东经济学院法学院、山东大学威海分校法学院、烟台大学法学院、鲁东大学法学院、国家法官学院民商法裁判文书培训班（2007）、国家行政学院中山市政法系统培训班、东南大学法学院、西南科技大学法学院、上海师范大学法政学院研究生、华东政法学院研究生院、上海财经大学法学院、华东政法学院松江校区、安徽师范大学政法学院、内蒙古自治区"全区政法系统领导干部学法用法培训班"、新疆维吾尔自治区法学会、律师协会"全区法官、律师培训班"、甘肃省平凉市人民法院、国家法官学院2007年第五期全国法院预备法官培训班、国家法官学院2008年第六期全国法院预备法官培训班、国家法官学院民商事裁判文书培训班（2008）、浙江省法官学院基层法院副院长培训班、山东省高级人民法院"建设公正高效权威的社会主义司法制度"学术论坛、青岛市法学会诉讼法学研究会名家讲座第一讲、国家法官学院2008年第七期全国法院预备法官培训班、西南民族大学法学院本科生、西南民族大学法学院研究生、中央民族大学法学院、南京大学法学院案例研究中心第一讲、南京师范大学法学院、南京审计学院法学院、江苏大学法学院、苏州大学王健法学院主办的江苏省高等学校"法学方法与部门法研究"高级研讨班第一讲、吉林大学法学院博士生和研究生、国家法官学院第五期全国法院民商事裁判文书研修班、山东大学威海分校法学院"法律方法论坛第56期"、烟台大学法学院、赤峰市元宝山区政法系统、沭阳县人民法院及政法系统、上海师范大学法政学院研究生、国家法官学院"第一期法官助理培训班"、西安财经学院法学院、同济大学法学院、甘肃政法学院、国家法官学院"第二期西部地区部分法院法官助理培训班"、国家法官学院第六期全国法院民商事裁判文书研讨班（2009）、上海市社会科学院研究生部法学专业、西南科技大学法学院、商洛市中级人民法院、洛阳市伊川县政法系统干警第二期培训班、中国浦东干部学院"山西省阳泉市和晋中市政法干部培训班"、上海师范大学法政学院研究生、上海财经大学法学院博士生、中国社科院法学研究所廊坊教学基地法律硕士研究生、珠海市法学会"第三届珠海法学论坛"、中国社科院法学研究所"研究员论坛"、西北政法大学、河南省法官学院、西南科技大学法学院"天府人文讲坛·法学名家系列讲座"、山东大学威海分校教务处、团委"迎校庆110周年系列学术报告"、陕西省高级人民法院、安阳市中级人民法院、三门峡市湖滨区人民政府、山东法官培训学院、宁夏社会科学院、江西省高级人民法院、北方民族大学法学院、南通市海安县人民政府、西南科技大学庆祝建校六十周年"百场报告会"、北京大学法学院人大与议会研究中心、北京大学法学社、大连海事大学法学院、南开大学法学院、西安市雁塔区人民检察院、西北政法大学"中国法治之路"学术沙龙、银川市中级人民法院、吉林省社会科学院、甘肃政法学院"第二届陇籍法学家论坛"、西北师范大学法学院"校庆110周年系列学术讲座"第114讲、华东理工大学法学院、同济大学法学院、上海师范大学法政学院、江西财经大学法学院、中国社会科学院研究生院良乡校区第22届"社科法律人"学术论坛暨"社科法硕"学术沙龙活动第91期学术讲座、广东工业大学法学院、中山大学法学院、西南政法大学法理学教师和博士生以及研究生、云南大学法学院、上海师范大学法政学院法理学研究生和博士生、上海财经大学法学院博士生、郑州大学法学院法理学专业研究生和博士生、郑州大学国际学院、江苏大学文法学院、镇江市人民政府、江西财经大学"法律方法高端论坛"、浙江工商大学法学院、浙江农林大学法学院"法律与社会"高端论坛、西北政法大学法理学研究生、华东政法大学科学研究院"社科论坛"第99讲、海南大学法学院、福建省西北政法大学校友会、上海师范大学法政学院、首都经贸大学法学院、中国政法大学人文学院、温州大学法政学院、北京大学法学院、深圳大学法学院、河北大学政法学院、青海民族大学法学院、大庆师范大学法学院、河北经贸大学法学院、上海政法学院、湖北理工学院经济与政法学院、南京审计学院法学院、保定市人民政府、海南师范大学法学院、西安市人民政府、西安财经学院、中央党校政法部、苏州大学法学院、南京大学法学院、西北政法大学、上海"司法改革与国家治理法治化"研究生暑期学校、兰州大学法学院、西北师范大学法学院、甘肃政法学院、西北政法大学、云南大学法学院、吉林大学法学院、上海师范大学、华东政法大学、甘肃政法学院、河西学院、山东法官学院预备法官培训班、华东政法大学科学研究院、西北政法大学法理学研究生、西北政法大学本科生、中共福建省委党校、福州大学法学院、河海大学法学院、南京工业大学法学院、南京师范大学法学院、上海交通大学凯原法学院、中南大学法学院、上海师范大学法政学院"人生导师"学术沙龙、上海市社会科学联合会"东方讲坛"、西南政法大学"金开名家讲坛"、广东省茂名市、湛江市、河北经贸大学法学院、常州大学史良法学院、中山大学法学院、上海师范大学旅游学院、广州大学公法研究中心、信阳师范学院法学与社会学学院、武汉大学环境法研究所、长春理工大学法学院、东北师范大学法学院、陕西理工大学经济与法学学院、西北政法大学、开封市中级人民法院、上海师范大学研究生、山东师范大学法学院、西藏大学法学院、西藏自治区林芝市气象局、华东政法大学科研处、华东政法大学科学研究院、三门峡市人民政府、河南师范大学法学院、西北政法大学法理学研究生、湖南林业科技大学法学院、湖南商学院政法学院、江苏警官学院、山西财经大学法学院、司法部普法与依法治理局、河西学院法学院、西藏自治区依法治藏办公室、西北政法大学、郑州大学、甘肃政法大学、南京师范大学法学院、河南师范大学法学院、福建农林大学法学院、福建江夏学院法学院、福州大学法学院、山东农业大学法学院、中南大学法学院、贵州省社会科学院、贵州民族大学、山东大学威海分校法学院（首次视屏讲座）、上海师范大学本科生"中国：智慧与道路"系列讲座、郑州大学法学院、山东理工大学法学院、淄博律师协会、郑州大学国际学院、周口师范学院政法学院、甘肃政法大学、西北师范大学法学院、海南师范大学法学院、海南政法职业学院应用法律系、海南大学法学院、海南师范大学法学院、海南政法职业学院、福建师范大学法学院、华东政法大学科研智库、上海师范大学法学研究生、博士生、华东政法大学第 29 期"东方明珠大讲坛"、海南师范大学法学院、南昌大学法学院、甘肃政法大学、甘肃省高院中国民族法制文化研究所、西北师范大学法学院、扬州大学法学院、华东政法大学法律学院、中国社科院大学法学院、西北政法大学立法研究所、西藏自治区依法治藏办、西北政法大学法学理论学科、《法律科学》编辑部、盐城师范学院、上海师范大学法律系、西北师范大学法学院、华东政法大学人权研究院、长沙理工大学、华东政法大学社会发展学院、西北政法大学法治文化学科、刑事法学院、甘肃省民族法制文化研究所、吉林大学法学院、东北师范大学政法学院、山西大学法学院、中南大学法学院、湘南学院法学院、西北政法大学法理学专业研究生、平顶山学院政法学系、河南财经政法大学刑事司法学院、郑州大学法学院、云南师范大学法学与社会学学院、迪庆藏族自治州中级人民法院等。

2000 年以来，刘作翔教授先后应邀参加全国人大宪法和法律委、监察和司法委、法工委、全国政协、民盟中央、民革中央、中组部、中国人权研究会、中国法学会、国家体改委、司法部、民政部、全国人大法工委、中央政法委、国务院法制办、教育部、最高人民法院、国家法官学院、法律适用杂志社、人民司法杂志社、人民法院报社、中国审判杂志社、民主与法制杂志社、海南省高级人民法院、青岛市中级人民法院、金华市中级人民法院、东营市中级人民法院、珠海市中级人民法院、赣州市中级人民法院、深圳市中级人民法院、南昌市中级人民法院、北京市第一中级人民法院、江西省高级人民法院、山东省高级人民法院、腾州市人民法院、江苏省高级人民法院、泰州市中级人民法院、东莞市中级人民法院、浙江省高级人民法院、吉林省高级人民法院、上海市第一中级人民法院、廊坊市中级人民法院、威海市中级人民法院、环翠区人民法院、乳山市人民法院、徐州市中级人民法院、沭阳县人民法院、扬州市中级人民法院、成都市高新开发区人民法院、荣昌县人民法院、涪陵区人民法院、陕西省高级人民法院、重庆市高级人民法院、福建省高级人民法院、福州市中级人民法院、淮安市中级人民法院、汉中市汉台区人民法院、洋县人民法院、临沂市中级人民法院、平顶山市中级人民法院、宁夏回族自治区高级人民法院、中国应用法学研究所、广西壮族自治区高级人民法院、桂林市中级人民法院、潍坊市中级人民法院、太原市晋源区人民法院、湖州市吴兴区人民法院、青海省高级人民法院、南通市港闸区人民法院、牡丹江市人民检察院、太原市人民检察院、广东省人大、广州市人大、广州市萝岗区人大、宁波市政法委、宁波市社会科学院、山东省法理学研究会、江苏省法理学研究会、吉首市人民政府、法律科学杂志、现代法学杂志、中国人民大学书报资料中心、中华全国供销合作总社、北京市第四中级人民法院、青岛市社会科学联合会，青岛市社科院、中共中央党校报刊社、国家食品药品监督管理总局、体育与科学杂志、天府新论杂志、贵州省社科院、中国应用法学杂志、贵州省锦屏县、国家食品药品监督管理总局、中共福建省委党校、国家食品药品监督管理总局仿制药质量和疗效一致性评价专家委员会、大百科全书法学卷修订编委会、司法文明协同创新中心、人民日报《人民论坛》赴青岛市黄岛区综合行政执法调研、广东省法学会、黑龙江省高级人民法院、司法部国家法治与法学理论研究项目课题指南专家论证会、中国社会科学杂志社、北京市法学会法理学研究会、北京市房山区人民法院、深圳市委、市政府、深圳市政法委、深圳市法学会、北京市人大制度研究会、甘肃省律师协会、酒泉市律师协会、舟曲国家法官学院、衢州市中级人民法院、浙江警察学院、吉林省文化产业促进会、安徽凤阳、中国法治现代化研究院、河南省社会科学院、四川阿坝州藏族、羌族自治州中级人民法院、小金县人民法院、山东省法学会、珠海市法学会、淄博市法学会、贵州省社科院、中国社科院密云基地、内蒙古自治县社科院、广西北校自治区信访局、上海市教委、河南省法理法史研究会、南通市中级人民法院、国家体育总局、全国人大社会建设委、河南省法学会、中华司法研究会、中国法学会立法学研究会、上海虹梅街道，漕河泾开发区、上海市法学会、最高人民法院应用法学研究所、北京大学法学院、国家药品监督管理局政法司、甘肃省庆阳市人民政府、新疆维吾尔自治区法学会、湛江市人民检察院、廉江市人民检察院、上海市全面依法治市委员会、河北省体育局、张家口市中级人民法院、国际体育仲裁院上海听证中心、德钦县人民法院、香格里拉市人民法院等部门和单位以及各大学召开的各种类型学术研讨会及座谈会。2008年，受邀担任最高人民法院和欧盟、联合国开发署以及亚洲开发银行等合作的"多元纠纷解决机制"课题组专家顾问。2007年9月3—14日，在中国浦东干部学院参加由中组部等4部委举办的"高级专家理论研究班（第2期）"。2013年9月4—11日，在中国井冈山干部学院参加由中组部举办的"2013年第2期两院院士和中央联系专家国情研修班"。

1996年11月，应香港大学法律学院邀请赴香港大学讲学访问半个月，分别在香港大学法律学院、亚洲研究中心发表学术演讲。2002年11—12月，应法国埃克斯－马赛法律、经济与科技大学之邀，在该大学欧亚研究所访问讲学1个月。2009年2—3月，应邀在日本早稻田大学比较法研究所做访问学者交流1个月。2010年5—8月，应邀在瑞士弗里堡大学联邦研究所做访问学者3个月。2010年6月24日，应邀在奥斯陆大学挪威人权中心发表"中国的司法改革和法律实施"的学术演讲。2011年10月22日，应邀在韩国驻中国大使馆发表"中国特色社会主义法律体系的成果"的学术演讲。2013年10月31日，应邀参加韩国圆光大学法学院召开的"韩、中、日商事法制最新动态"国际学术研讨会，作大会第一位主题演讲"权利冲突的多样化形态"。2014年8月21日，应邀在韩国外国语大学法学院参加第九届东亚法哲学大会，作大会第一位主题演讲"法律文化多元化表现之一：权利冲突的多样化形态及其解决机制"。2014年11月1—2日，在澳大利亚西悉尼大学法学院参加世界华人第三届法哲学年会，发表主题演讲"法律文化的多元化展现：权利冲突的多样化形态"。2015年10月3日，在美国康奈尔大学法学院"2015年世界华人法哲学年会"（第四届）作主题演讲"法治中国下的规范体系及其结构"。2015年10月23日，在英国贝尔法斯特女王大学世界法哲学与社会哲学大会英国分会2015年年会发表英文主题演讲"公权力与私权利的法治定位"。2017年5月17日，在芬兰赫尔辛基大学法学院中国法中心讲座"转型中的中国社会秩序结构及其模式选择"。2017年5月30日，在芬兰赫尔辛基大学法学院中国法中心讲座"依法治国与依规治党的有机统一是对党规与国法关系的准确定位"。2017年10月28—31日，在加拿大英属哥伦比亚（UBC）大学法学院"2017年世界华人法哲学年会"（第六届）作主题演讲"社会治理中的社会规范体系及其作用"。2018年10月11—15日，在英国谢菲尔德大学法学院召开的"世界华人法哲学大会第七届年会"作大会主题演讲"关于公域和私域界限的思考——以中国社会一些热点事件为分析对象"，并主持闭幕式。2018年12月12—15日，在香港大学法学院参加东亚法哲学年会，作全体会议大会发言"人格平等是'让人民生活得更有尊严'的关键"。2019 年 5 月 6 日—6 月 3 日，在匈牙利帕拉斯雅典娜创新与地缘政治基金会研究所作学术访问。2019 年 7 月 7—14 日，在瑞士卢塞恩大学法学院参加"2019 年第 29 届世界法哲学与社会哲学大会"，在大会"尊严"主题第 2 组发表"人格平等是'让人民生活得更有尊严'的关键"的英文演讲。

2001 年以来，先后赴丹麦哥本哈根、中国香港地区、加拿大温哥华、意大利威尼斯、日本北海道、东京、斯洛文尼亚、中国澳门地区、中国台湾地区、韩国益山、韩国首尔、澳大利亚悉尼、美国波士顿、伊萨卡、英国谢菲尔德、贝尔法斯特、瑞士卢塞恩等地参加国际学术会议、人权司法对话活动等。

1986 年以来，参加中国国内全国性及地区性各类国际、国内法学学术研讨会数百次。

五、主要学术思想观点

刘作翔教授的主要学术思想观点体现在以下的著述中：

1. 法理学是一门关于法的一般理论的思维性科学和学科。法理学的这一性质决定了法理学具有以下几个鲜明的学科特征：抽象性、概括性、一般性、普遍性、理论性。21 世纪的中国法学，应深刻把握法理学的性质和特点，并在此方面作出自身的努力，反对对法理学一味的实用功利之要求，使法理学真正成为一门有独立的内涵和思维的理性之学。[①]

2. 法律文化是一个宏观的法学新思维，它渗透在人类的法律实践活动之中。法律文化既体现在作为隐性的法律意识形态之中，也体现在作为显性的法律制度性结构之中。法律文化既是历史文化的遗留，也是现实的人类创造。过去人们创造了法律文化，今天人们仍在发展着法律文化。法律文化是一种集历史与现实、宏观与微观、静态与动态、观念与制度在内的宏观的整体性文化。[②]

3. 20 世纪的中国法律文化，伴随着中国社会的转型，也经历了一个由传统向现代、由封闭向开放、由一元向多元的历史转型和发展时期，正在向现代化迈进。21 世纪的中国法律文化将在世界法律文化体系中居于重要的地位，成为多元并存的世界法律文化体系中不可忽视的、具有光彩的一支重要文化。[③]

4. 法律作为一种人造物，是有自身的理想的。法律的理想是指作为人格化了的法律所要追求的最终目标和所要达到的最终目的。法律的理想不是停留在理念之中，而是体现在

[①] 参见《法理学研究的一般特点及其功能》，载《法律科学》1996 年第 6 期。

[②] 参见《法律文化理论》，商务印书馆 1999 年版。

[③] 参见《法律文化理论》，商务印书馆 1999 年版。

人类所创制的实在法体系之中。法律的理想具体内容有：追求正义的实现，追求秩序的实现，追求人类生活的幸福，追求法治的实现。法律有自身的理想，法学有自身的理想，法学家更应有自身的理想。理想有多种多样，但追求法治应成为法学家所有理想中之最高理想。①

5. 法治社会应对公权力和私权利确立两个法治原则。这两个法治原则是：对公权力，法无明文规定（授权）的，不得行之；对私权利，法无明文禁止（限制）的，不得惩之。这两个原则应作为我们建设法治国家和法治社会的重要原则渗入我国的立法、守法、执法、司法、法律监督等法制建设的诸环节中去，并将它们作为判断公权力行为和私权利行为的重要依据。②

6. 法律与道德之间存在着一种既相互适应、相互吻合，又相互冲突、相对保持距离的特性。法律在总体上同道德相适应，但在某些方面它又相对独立于道德要求。在法治领域，道德问题应主要在立法环节加以解决，立法是对公认的社会道德因素的确认过程。立法一旦确定，司法环节就应以法律为标准，尽量排除道德因素的介入，因为一旦引入道德因素，就会破坏立法中已经确认的道德因素，给法治带来破坏和冲

---

① 参见《法律的理想》，载《法学研究》1994年第6期。
② 参见《法治社会中的权力与权利定位》，载《法学研究》1996年第4期。

击。这正是司法中坚持法律标准的实质所在。^①

7.转型时期的中国社会秩序结构形态表现出一种极为复杂的情况。作者将之概括为由"法治秩序"与"人治秩序""礼治秩序""德治秩序""宗法秩序"等组合而成的"多元混合秩序"。这是一种"实然社会秩序",它同国家所确立的"法治秩序"这一"应然社会秩序"存在着较大的差异。如何实现由"实然社会秩序"向"应然社会秩序"结构的转变,是中国在实现法治国家目标的进程中要面临并要解决的主要问题。^②

8.在中国的法治进程中,权利冲突这种现象可能会存在于法治的各个环节中,尤其存在于司法审判和日常生活中。要解决权利冲突问题,有几个关键点应该强调:其一,最重要的是要确立一个权利平等保护的观念,而这一看似已经解决的问题,其实还存在着很大的认识误区;其二,权利冲突的解决是一个法制机制的综合性作用过程,而不只是靠一个单一的法制机制的解决手段;其三,在综合性的法制机制中,作者更加看重和强调立法对于解决权利冲突的作用和意义。^③

---

① 参见《法律与道德:中国法治进程中的难解之题》,载《法制与社会发展》1998年第1期。
② 参见《转型时期的中国社会秩序结构及其模式选择》,载《法学评论》1998年第5期。《新华文摘》1999年第2期全文转载。
③ 参见《权利冲突的几个理论问题》,载《中国法学》2002年第2期。

9. 对于一个处在转型时期的社会而言，国家法和"民间法"的关系是一个绕不开的难以回避的理论问题和现实问题。作者通过对发生在现实中的中国和外国的一些"民间法"案例的分析，得出一个结论，即"民间法"是具体的，而非抽象的。由此认为，我们很难在极其抽象的意义上对"民间法"作出一种理论解说和评判。并由此进而认为，在国家法和"民间法"之间不存在抽象的普遍法则，只存在具体的案例中所体现和表现出的国家法和"民间法"的孰是孰非的问题和判断。作者的这一结论是针对近几年国内学术界在国家法和"民间法"问题的讨论中对"民间法"无限褒扬的趋向，以及对"民间法"所表现出的一种抽象而虚无的理论评判的研究趋向的。作者认为，在国家法和"民间法"之间，重要的不在于它叫什么，而在于它是什么。[①]

10. 中国实行案例指导制度，是为了在保持制定法的法律体制下，以依法司法为主要的司法模式，借鉴判例法制度中对我们有用的和有益的东西，以弥补制定法之不足，而不是推倒重来，完全和彻底地改造我们既有的法律体制和司法体制。实行案例指导制度，是一个折中的制度选择。它既表达了我们所欲实行的是一种"案例"指导制度，而不是完全

---

① 参见《具体的"民间法"——一个法律社会学视野的考察》，载《浙江社会科学》2003 年第 4 期。

的"判例"制度,同时,表明我们同过去有不同,要将"案例"上升到能够"指导"以后法院审判工作的地位,而不是过去的仅仅是起到"参考"的作用。案例指导制度是一种有创新的制度,但不是一种新的"造法"制度,它在本质上仍是一种法律适用活动和制度。因此,我们实行的案例指导制度,是以制定法为主,案例指导为辅,在不影响制定法作为主要法律渊源的前提下,借鉴判例法的一些具体做法。它是一种能够体现中国特色并顺应世界两大法系逐渐融合发展大趋势的制度变革举措。案例指导制度蕴含着以下几个法律的价值:节约司法资源,提高司法效率;实现同案同判、法制统一的目标,最终实现司法公正;体现司法主动解决社会纠纷的功能,变司法的被动为主动,发挥司法改造不合理制度的功能和能动性;提高司法水平和司法能力,遏制司法腐败。[①]

11. 习惯的未来命运——习惯应作为纠纷解决补充手段进入立法或司法解释的一般性规定。虽然习惯在中国的立法和司法中有一些确认(无论是《物权法》第八十五条还是最高人民法院的司法解释),但都是个别性规定,都是有特指的。我们应该从立法上解决,将它变为一般性规定。首先在民事法律中有个突破,在民事立法中明确规定习惯的法律地位,将现在《民法通则》第六条"民事活动必须遵守法律,法律

---

① 参见《案例指导制度的理论基础》,载《法学研究》2006 年第 3 期。

没有规定的，应当遵守国家政策"修改为"民事活动必须遵守法律，法律没有规定的，应当遵守国家政策，国家政策没有规定的，可依当地习惯"。形成一个三位阶规范结构：有法律时依法律，没法律时依政策，没政策时依习惯。这样从民法的基本原则上彻底解决习惯的地位问题。这样的规定可以从民事行为上一揽子解决问题，把原《物权法》第八十五条的特别性规定变为一般性规定，使它成为所有民事行为的法律规定。随后，在刑事法领域、行政法领域也应该给习惯应有的法律地位，使习惯成为整个法律体系以及司法过程中的规范类型，发挥其应有功能和作用。①

12. 依法执政是依法治国基本方略在党执政问题上的具体体现，加强党的执政能力建设的关键在于依法执政的贯彻实行。依法治国是治国方略，依法执政是执政方略。依法治国是党提出的治理国家的治国方略，侧重于国家和社会事务；依法执政是党提出的中国共产党作为执政党的执政方略，侧重于执政党对国家的领导和执政事务。但两者在所依之法上是重合的，即都要依据宪法和法律。并且，在总体目标上是一致的，即都要依法办事，都是为实现建设社会主义法治国家这一目标而努力。加强党的执政能力建设的关键在于依法

---

① 参见《传统的延续：习惯在现代中国法制中的地位和作用》，载《法学研究》2011 年第 1 期。

执政的贯彻实行。[①]

13. 中国法治国家建设战略重点的转移。在中国特色社会主义法律体系已初具规模的情况下，中国法治国家建设的战略重点应转移到法律实施的广阔领域，法律实施应该成为下一阶段中国法制建设的重点；在法律实施中，法律观念、法律意识起着重要的基础性作用。而在法律观念、法律意识中，规则意识则是最重要的归结点。当前，中国法律实施的最大障碍是规则意识的缺乏，也是目前法律实施不甚理想的主要症结。应通过教育和制度约束的双重手段，大力加强和确立全社会的规则意识；在法律实施中，培养公民的现代法律观念是关键，也是实现法治国家的观念、心理和文化基础。现代法律观念应该是一个包括古今中外法律历史和实践中总结出来的系统性、开放性"图谱"，这个"图谱"目前至少包括30 种观念种类。[②]

14. 幸福是法律和司法的最终价值目标。从法律的角度看，幸福是法律的一个目标，一个价值，一个理想，而且幸福是可以涵盖其他法律价值、法律目标、法律理想的一个最高概念。幸福这个概念是所有法律价值目标的最终目标。举

---

① 参见《加强党的执政能力建设与依法执政》，载《中国浦东干部学院学报》2008 年第 5 期。

② 参见《中国法治国家建设的战略转移：法律实施及其问题》，载《中国社会科学院研究生院学报》2011 年第 2 期。

凡公正、秩序、权利、法治等价值，都可以被幸福这个概念吸收进去。在幸福这个大概念之下，其他这些概念都成了次级性概念，不是终极性概念了。①

15. 权利冲突的多样化形态是法律文化多样化的表现之一。在有关权利冲突的研究中，法定权利之间的冲突是最典型的权利冲突。但在实践层面，权利冲突存在着多样化形态和多面性。社会实践的运作是不会完全按照规范和理论给定的逻辑及路线去运行和发展的，它会沿着自己的轨迹运行。除了最典型的法定权利之间的冲突之外，还存在着自然权利与法定权利的冲突，法定权利与习惯权利的冲突，道德权利与法定权利的冲突，推定权利的合法化判断等。权利冲突的多样化形态是法律文化多元化的表现方式之一。对它的揭示可以丰富我们关于权利以及权利冲突等现象的认识，加深对于权利复杂性的分析。②

16. 权利相对性理论是一个现代性的理论，是认识权利现象的一个重要理论和途径。权利相对性揭示了权利的真相和本相，反映了权利的本质属性。权利如同任何其他事物一样，也是有其限度的。拥有了权利的同时，也就意味着拥有了限

---

① 参见《幸福是法律和司法的最终价值目标》，载《学习时报》2011 年 5 月 16 日第 5 版。
② 参见《权利冲突的多样化形态》，载《人民法院报》2013 年 8 月 9 日第 5 版。

度。权利相对性理论来自权利限度理论，有权利就有限度，超越了权利的限度，就可能走向权利滥用。承认权利的限度，就是承认权利的相对性；承认权利的限度，就是承认权利的滥用。权利的限度理论、权利的滥用理论、权利的相对性理论，是认识权利现象及其本质的一个逐步递进的逻辑理论链条。①

17.“法不禁止便自由”是一个涉及公民行为自由界限的原则，被奉为自由主义的圭臬。但这样一个命题存在着缺陷。第一，这一命题成立必须有一个前提，就是法律必须把所有的行为模式都可以穷尽，并且已经穷尽了。但是事实上，法治再发达的国家都不可能完成这个任务，也不可能做到这一点。第二，这个命题隐含着只要是法不禁止的行为都是可以做的，都是自由的。既然它是自由的，那它就是具有正当性的，就是具有权利属性的，虽然不是权利明确确认的，但人类的行为不只受法律的约束，它还有纪律，还有道德。这一命题把法律之外的其他多种类的规范排除掉了，它否认法律之外的那些规范的存在。法不禁止的，但还有道德禁止的，还有纪律禁止的，法律没有禁止的行为有千万种，而这千万种行为有的与道德有涉，有的与道德无涉，当遇到违反道德

---

① 参见《权利相对性理论及其争论——以法国若斯兰的“权利滥用”理论为引据》，载《清华法学》2013 年第 6 期。

又不违反法律的行为的时候，怎么办？这个命题还潜藏着一个更大的风险就是，它会被公权力拿来作为一个理论依据，实践中就有这样的实例。所以，我们应该确立两个法治原则：对于公权力，法无明文规定的不可行使；对于私权利，法无明文禁止的不得惩罚。我们不能用法律惩罚那些法无明文禁止的行为，但我们不能排除其他规范对它的一种惩罚。①

18. 权利平等问题，是平等问题在权利现象上的具体体现和反映，与权利理论、权利学说相伴产生并成为其重要组成内容。对当代中国而言，权利平等是社会主义法治的精髓和要义之一，是法律面前人人平等原则在权利方面的具体体现；权利平等既是一种法治观念，同时也是一种法律制度体系和法制实践体系。因此，研究权利平等问题应包括权利平等的观念、权利平等的制度体系以及权利平等的实现，还包括如何认识"权利位阶"的问题。②

19. "法律职业共同体"的概念和命题带有某种"虚假性"。"法律职业共同体"有一个假设性前提，认为"法律职业共同体"成员有基本相同的理念、知识、阅历、方法等，但仔细观察，"法律职业共同体"成员的知识训练、背景、对

---

① 参见《对"法不禁止便自由"的反思——关于公民行为自由的界限以及其他社会规范的作用》，载《现代法治研究》2016 年第 1 期；又见《"法不禁止便自由"命题有缺陷》，载《北京日报》2016 年 8 月 15 日第 14 版。

② 参见《权利平等的观念、制度与实现》，载《中国社会科学》2015 年第 7 期。

问题的理解方式与程度、社会阅历等是不同的，在这些因素的综合作用下，会导致"法律职业共同体"的每个成员所拥有的知识、思维方式及认知角度是不一样的，再加之各自其中的利益因素影响，因而在具体的法制实践中表现出很大的差异性。因此，我们需要对这些前提性假设进行反思。认识到这种差异性，承认这种差异性，进而就需要我们注重"差异化培养"。即对未来的法律人，在通识教育之后，更要重点地进行差异化培养。①

20. 法治国家建设要求公正司法，而公正司法的前提是严格司法，即严格依照法律作为司法的主要依据。但是在司法过程中，由于法律是不周全的，总会出现法律缺位的情况；或者有法律，但法律又不明确。在这种情况下，就要寻找如何弥补法律漏洞的途径和方法，以使案件得到解决。我们可以从以下五个方面探讨司法中弥补法律漏洞的途径和方法，它们分别是习惯、司法解释、指导性案例、国家政策、权利推定。②

21. 法治思维指导着人的行动，有什么样的法治思维，就会采取什么样的法治方式。法治思维是建立在一系列的法治

① 参见《法律职业共同体的范围、差异及其解决》，载《人民法院报》2017 年 2 月 17 日第 7 版。
② 参见《司法中弥补法律漏洞的途径及其方法》，载《法学》2017 年第 4 期。中国人民大学报刊复印资料《法理学、法史学》2017 年第 8 期全文转载。

观念基础上。要确立法治思维，首先必须具备一定的法治观念。而法治观念的确立又与对于法律知识的学习、了解、通达分不开。法治观念要建立在法律知识的基础之上。法律知识对于法治观念的建立有着重要的作用。法治观念的建立离不开法律知识做基础。没有法律知识，法治观念无以建立；即使建立起来，也不牢靠。有时候，法律知识本身就构成法治观念的一部分。①

22. 法律渊源是法理学中一个非常重要的理论问题和实践问题。不仅仅对于法理学，法律渊源也是其他各法学学科的基础性概念。不了解法律渊源的概念，就无法形成对于具体法律形式的判断和运用。在我国法学界，目前对于法律渊源的概念并未形成有效共识，在学术理论的讨论中，就出现了对这一基础性概念的误用，并影响着法律实践。作者认为，所谓"法源"，是法律渊源的简称，而法律渊源，是指"有效力的法律表现形式"。这种"有效力的法律表现形式"在不同的法律传统和法律体制下，其渊源是不同的。在判例法国家，判例就成为"有效力的法律表现形式"；而在制定法国家，"有效力的法律表现形式"是由这个国家的法律所规定的。所以，法律渊源问题实际上是一个法律传统和法律制度问题，从这

---

① 参见《法治思维如何形成？——以几个典型案例为分析对象》，载《甘肃政法学院学报》2018 年第 1 期。

个层面来说，法律渊源就是宪法和《立法法》中有关法律的表现形式问题。由此来看，一些学者所说的"《民法总则》第十条赋予了习惯以新的法源地位"的观点，是没有根据的。《民法总则》第十条明确了在法律缺位的情况下，习惯可以作为弥补法律漏洞的一个行为依据和裁判依据，给了我们另外一个规范选择，但并不意味着这样一个规定就改变了习惯这个规范类型的性质。习惯仍然是习惯，习惯并不能变成法律，也并不意味着这样一个规定就把它变成了法律渊源。这一点恰恰是很多学者迷失的地方。①

23. 现代国家和社会的治理首先表现为规范体系的治理。规范体系的提出是因应国家和社会治理体系、治理能力现代化的需求。规范体系为国家机关、政党、社会组织、公民个人等各类主体的行为创设规则，并遵循之。对当代中国规范体系制度结构和理论问题的梳理和描述，可以发现，法律规范、国家政策、社会规范等是当代中国社会中客观存在的规范类型，在各自的不同场域发挥作用。每种规范类型有其不同的性质，其规范来源也不相同。法律规范来自有立法权的国家机关；社会规范来自社会自身以及各种各样的社会组织

---

① 参见《"法源"的误用——关于法律渊源的理论思辨》，载《法律科学》2019 年第 3 期。中国人民大学报刊复印资料《法理学、法史学》2019 年第 10 期全文转载。

机构。因规范来源的不同，有不同的法律地位、作用和功能。各种规范类型的有机组合而形成的一个有机体系，构成当代中国规范体系的基本制度结构。在法治中国建设中，应对各种规范体系予以科学、恰当的法律定位，并准确界定各种不同规范类型在社会治理结构和法治结构中的地位、作用及其相互关系，构建当代中国的规范体系理论及其制度结构。[①]

24. 新中国成立 70 年来，中国的法理学乃至法学伴随着中国法治的发展和进步，取得了长足的进步和发展。但是在发展的过程中，我们也需要对近年来中国法理学出现的一些混乱进行认真反思。这种混乱首先是理论上的混乱，而理论上的混乱主要是基本概念的混乱。理论要发展，但是一些基本的常识要坚守。要解决这种理论混乱，就要回归常识，对法的一些基本概念进行澄清。我们需要对如下的一些基本概念和基本命题进行分析和反思：关于法的概念；关于法的本质；关于法和法律的一元论和二元论之争；关于法的形式（也即法律渊源）；关于司法的概念；关于"民间法"的概念；关于"权利本位""义务本位"的概念；关于"党规与国法"的关系；关于"从立法中心主义转向司法中心主义"的命题；关于"法律体系向法治体系的转变"的命题；关于法律调整对

---

① 参见《当代中国的规范体系：理论与制度结构》，载《中国社会科学》2019 年第 7 期。《高等学校文科学术文摘》2019 年第 10 期转摘。

象的争论；关于法学研究对象的争论。①

25."体育规范体系"是一个全新的概念和结构。"体育规范体系"可以将有关体育领域中的所有规范类型纳入其中，在法治的框架下进行整体性思考和结构性安排，用法治的思维妥善处理它们之间的相互关系。"体育规范体系"不只是一个新概念，还体现了体育法治的一种新理念和新思维，体现了体育法治的一个大视野。深入研究这一问题，对于深化和丰富体育法治基础理论以及体育法治实践有着启迪和推动作用。②

26.一个国家和社会中的规范形态和社会秩序状态是相互照应的关系，有什么样的规范形态，便会有什么样的社会秩序状态。规范是社会秩序形成的必要要素，而社会秩序则是规范产生的结果，它们互为一体，互相照应，由此而形成一个色彩斑斓的规范和秩序的世界，主导着人们的生产和生活方式及其样态。当代中国是一个多元规范和多元秩序共存的规范体系结构和社会秩序结构。针对这样一个现实的规范结构和秩序结构，我们需要构建一个适合于当代中国社会的

① 参见《回归常识：对法理学若干重要概念和命题的反思》，载《比较法研究》2020年第2期。中国人民大学报刊复印资料《法理学、法史学》2020年第9期全文转载。

② 参见《关于体育法治若干基础理论问题研究》，载《天津体育学院学报》2020年第3期。

秩序结构。在充分论证的基础上，作者提出，应当构建一个法治主导下的多元规范和多元秩序共存共治的中国社会秩序结构。①

27. 公域和私域的界限模糊是我国一个较为普遍的社会现象。近些年，由于公域和私域的界限不清，不时发生一些社会纠纷和违法行为。这种现象存在于公民方面，也存在于管理者方面。从公民来讲，存在着公域和私域界限不清的问题，把公域当私域，或把私域当公域。从管理者来讲，也缺乏公域和私域的界限和意识，不恰当地对私人生活过度干预，对原本属于私人生活、私人领域的问题，管理者用行政强制性手段进行干预。中国社会公域和私域界限缺失的原因比较复杂，既有传统文化观念的影响，也因为我们没有在公共生活过程中养成有意识的、理性的自觉认识和判断。因此，我们需要对现代国人的公私观念进行反思。作者强调，并非所有私人领域法律都不应干预，私人生活仍然也有法律进行调整和干预的可能性，如家庭问题、婚姻问题、抚养赡养问题、继承问题等，这些私人领域的问题几乎都涉及法律调整。真正需要深入思考的是：法律如何对私人生活进行调整和规制，法律调整的合理界限在哪里？诸如公共领域和私人领域、公

---

① 参见《构建法治主导下的中国社会秩序结构：多元规范和多元秩序的共存共治》，载《学术月刊》2020 年第 5 期。

共事务和私人事务的界限划分上，国际上已经有了一些判例，可以为如何划分公域和私域的界限提供有益的启示。[①]

28.社会规范是指由社会自身产生的以及由各类社会组织制定的规范类型所形成的体系性组合或集合，包括习惯规范、道德规范、宗教规范、社会组织自制规范和各级政治权威机关制定的专门用于管理内部成员的自制规章。从理论和实践上讲，将社会规范纳入备案和审查范围是必要的，一方面能够发挥社会规范在协调社会关系、约束社会行为、维护社会秩序等方面的积极作用；另一方面能够防止社会规范偏离正轨而产生的负面作用，进而实现国家和社会生活的法治化。同时，将所有社会规范纳入备案和审查范围也是可能和可行的，关键在于建立分种类、多层级的备案审查制度，采取内部审查和外部审查相结合的方式，将不同的社会规范纳入不同的组织体系和层级体系，并根据需要进行事先审查、事中审查或事后审查。[②]

29.社会规范中的自生规范如习惯规范和道德规范，一般来讲，都是在面临或处理具体事件或案件时做出事后判断，

---

① 参见《公域和私域界限的法理省思》，载《中国社会科学报》2020 年 6 月 24 日，第 4 版。

② 参见《论建立分种类、多层级的社会规范备案审查制度》，载《中国法学》2021 年第 5 期。中国人民大学报刊复印资料《宪法学、行政法学》2020 年第 1 期全文转载。

这种事后判断其实就是一种评判和审查，比较典型的如行改处理、民间调解或司法审判；对于一些已经成文化的习惯和道德，就要纳入备案审查机制进行审查；而对于社会组织制定的各种各样的社会规范，由于其制定主体都定格在网格化的社会网络之中，都有其隶属关系，因此，每一个社会规范的制定主体都有相应的组织体系，依靠这样一种组织体系，就可以将看似种类繁多、量大面广的社会规范体系和种类层层分解，由其组织体系完成对于社会规范的备案及其审查工作。从法津上看，每一种社会组织及具制定的自制规范都有其相应的法律规制，并明确地确认了每一个社会组织及其制定的自制规范的主管机关、登记机关和监督机关。因此，我们可以构建五大种类的社会规范备案审查制度的具体机制，以及十四种社会组织自制规范的备案审查机制。通过以上机制建设，构建一个全方位的对社会规范进行备案审查的体系化、系统化的制度框架。[①]

---

① 参见《构建分种类、多层级社会规范备案审查的具体机制》，载《法学论坛》2022年第2期。

刘作翔教授作品目录（1985—2023）

（一）著作、教材、工具书等（48 项）

（二）论文、文章（368 篇）

（三）论文集（92 项）

一、著作、教材、工具书等（48 项）

1.《法律文化论》（独著）

陕西人民出版社 1992 年版。此书获陕西省人民政府颁发的"陕西省第四次社会科学优秀成果一等奖"（1995 年 4 月）；获陕西省法学会颁发的"陕西省法学会第四次法学优秀成果一等奖"（1994 年 5 月）。有书评：谢晖：《法律的文化观照——读〈法律文化论〉杂感》，载《福建法学》1994 年第 2 期。

2.《法律的理想与法制理论》（独著）

西北大学出版社 1995 年版。此书系陕西省哲学社会科学规划重点课题和西北政法学院社科研究重点课题，获陕西省教委 1997 年度人文社科优秀成果一等奖；获陕西省人民政府颁发的"陕西省第五次社会科学优秀成果二等奖"（1999 年）；获陕西省法学会 1993—1998 年法学优秀成果一等奖。

3.《法律文化理论》（独著）

商务印书馆 1999 年版。2001 年 4 月第二次重印，2004 年 7 月第三次重印，2010 年 4 月第四次重印，2010 年 7 月第五次重印，2011 年 3 月第六次重印，2013 年 12 月第七次重印。有如下书评：王兰萍：《法学的宏观性思维——评〈法律文化理论〉》，载《法商研究》2000 年第 3 期；贾朋举：《文化冲突：法社会学的根基——读〈法律文化理论〉有感》，收入刘作翔著《法律、政治与学术——刘作翔法学文选（2014—2019）》一书的附录，中国法制出版社 2019 年版。

4.《迈向民主与法治的国度》（独著）

山东人民出版社 1999 年版。2004 年 1 月第二次重印，2005 年 1 月第三次重印。有书评：贾朋举：《追逐思想的足履——读〈迈向民主与法治的国度〉有感》，发表于中国社会科学网 2015 年 4 月 24 日，被中国法学网转载，并收入刘作翔著《法律、政治与学术——刘作翔法学文选（2014—2019）》一书的附录，中国法制出版社 2019 年版。

5.《法理学视野中的司法问题》（独著）

上海人民出版社 2003 年版。

6.《法治的路径——项目研究报告（2001—2006）》（合著）

山东人民出版社 2008 年版。

7.《我之法学观——刘作翔文章选》（独著）

湘潭大学出版社 2008 年版。

8.《思想的碎片——刘作翔法学言论选》（独著）

中国法制出版社 2012 年版。有书评：冼志勇：《两部"追求思想和创造思想"之佳作——评刘作翔教授〈思想的碎片〉及〈思想的记录〉》，载《社会科学研究》2014 年第 4 期，并收入刘作翔著《法律、政治与学术——刘作翔法学文选（2014—2019）》一书的附录，中国法制出版社 2019 年版。

9.《思想的记录——刘作翔法学演讲选》（独著）

厦门大学出版社 2013 年版。有书评：冼志勇：《两部"追求思想和创造思想"之佳作——评刘作翔教授〈思想的碎片〉及〈思想的记录〉》，载《社会科学研究》2014 年第 4 期，并收入刘作翔著《法律、政治与学术——刘作翔法学文选（2014—2019）》一书的附录，中国法制出版社 2019 年版。

10.《思想的碰撞——刘作翔法学演讲与对话选》（独著）

方志出版社 2014 年版。

11.《权利冲突：案例、理论与解决机制》（独著）

社会科学文献出版社 2014 年版。2017 年 12 月获"第四届中国法学优秀成果奖著作奖三等奖"。2017 年 12 月获"方德奖著作奖三等奖"。2018 年 11 月获"第七届钱端升法学研究成果奖三等奖"（省部级奖）。有书评：贾朋举：《徘徊在法律与社会之间——读刘作翔教授法学著作有感》，发表于中国法学网 2015 年 4 月 23 日；《社科法律评论》2016 年 9 月 4 日转载，并收入刘作翔著《法律、政治与学术——刘作翔法学文选（2014—2019）》一书的附录，中国法制出版社 2019 年版。

12.《权利与规范理论——刘作翔法学文章与读书笔记选》（独著）

中国政法大学出版社 2014 年版。

13.《法律、政治与学术——刘作翔法学文选（2014—2019）》（独著）

中国法制出版社 2019 年版。

14.《法治的道路——刘作翔法学文选（2012—2022）》（独著）

中国法制出版社 2023 年版。

15.《法理学》（主编）

社会科学文献出版社 2005 年版。此书系中国社科院法学所法律硕士研究生通用教材。

16.《中国社会科学院法学博士后论丛》（第一卷，主编）

中国政法大学出版社 2004 年版。

17.《立党为公、执政为民的法理学研究——中国法学会法理学研究会 2004 年主题学术征文》（主编）

中国政法大学出版社 2005 年版。

18.《多向度的法理学研究》（主编）

北京大学出版社 2006 年版。

19.《法与公平论》（与邵诚教授共同主编）

西北大学出版社 1995 年版。此书系陕西省哲学社会科学规划重点课题。

20.《依法治国基本方略》（著作人之一）

学习出版社 2001 年版。此书系中宣部"跨世纪干部学习丛书"之一，作者与王海山合作承担该书的第 4 章、第 6 章、第 7 章的写作。

21.《药品监督管理典型案例及其评价》（主编）

中国健康传媒集团中国医药科技出版社 2019 年版。

22.《食品监督管理典型案例及其评价》（主编）

中国健康传媒集团中国医药科技出版社 2019 年版。

23.《法学基础理论》（参编）

中国政法大学出版社 1994 年版。此书系司法部高等政法院校规划教材，在全国使用，获司法部"普通高等学校法学优秀教材二等奖"（1996 年 5 月）。

24.《法理学》（参编）

法律出版社 1996 年版。此书系司法部组织的全国司法学校统编教材，在全国司法学校使用。

25.《法理学》（编写人之一）

法律出版社 1997 年版。此书系司法部"九五"重点规划教材"现代法学教材"之一，在全国使用。

26.《法理学》(参编)

高等教育出版社、北京大学出版社 1999 年联合出版。此书系教育部"面向 21 世纪课程教材"。2002 年此书获教育部优秀教材一等奖。

27.《法理学》(第二版，参编)

高等教育出版社 2003 年版。

28.《法理学》(参编)

法律出版社 1996 年版。

29.《法理学》(参编)

经济科学出版社 2000 年版，此书系中国社会科学院研究生院教材。

30.《法学专题讲座》(参编)

国家行政学院出版社 1999 年版。此为国家行政学院公务员培训系列丛书，作者与李步云教授合作撰写其中的法学基础理论内容。

31.《法理学》(第三版，著作人之一)

此书系普通高等教育国家级规划教材系列，法律出版社 2007 年版。

32.《法理学》(第三版，参编)

高等教育出版社 2007 年版。

33.《法理学》（第四版，参编）

高等教育出版社 2011 年版。

34.《法理学》（参编）

清华大学出版社 2008 年版。

35.《法治理想的追求——李步云教授学术思想暨七十华诞志贺》（第一主编）

中国政法大学出版社 2003 年版。

36.《新华词典》（2001 年修订版）

商务印书馆 2001 年版。作者与王兰萍合作承担"法律词条"内容的修订，共 495 个词条，并作审稿人。

37.《新华新词语词典》

商务印书馆 2003 年版。作者与王敬波合作承担"法律新词语"的撰写任务，并作审稿人。

38.《法律词典》（撰稿人）

中国社会科学院法学研究所编辑，法律出版社 2003 年版。

39.《中国审判实务大辞典》（大型工具书）

法律出版社 1994 年版。此书由最高人民法院、中国法学会等主编，作者为第 25 分编副主编。

40.《国家公务员知识手册》（副主编）

陕西人民出版社 1988 年版。此书系陕西省哲学社会科学"七五"规划课题，并获得陕西省第三届社会科学优秀成果三等奖。

41.《法理讲义——关于法律的道理与学问》（上、下）

北京大学出版社 2010 年版。作者承担两章的写作。

42.《社科大讲堂》（法学卷）

经济管理出版社 2010 年版。

43.《法律与社会论丛》第一卷"法律实施的理论与实践研究"（主编）

社会科学文献出版社 2012 年版。

44.《立法后评估的理论与实践》（第一主编）

社会科学文献出版社 2013 年版。

45.《法治与改革》（主编）

方志出版社 2014 年版。

46.《真正的权利》（译著，审定）

商务印书馆 2015 年版。2017 年第 2 次印刷。

47.《法理学》（第五版，参编）

高等教育出版社 2018 年版。

48.《法理学》（英文版，参编）

美国 W.S. Hem 出版社及 Wells 公司 2022 年出版。

二、论文、文章（368 篇）

1.《当代中国的规范体系：理论与制度结构》

《中国社会科学》2019 年第 7 期发表。《高等学校文科学术文摘》2019 年第 10 期转摘。

2.《权利平等的观念、制度与实现》

《中国社会科学》2015 年第 7 期发表。

3.《论法律文化》

《法学研究》1988 年第 1 期发表。此文获陕西省法学会颁发的"陕西省法学会第三届法学优秀成果一等奖"（1991年）；被评为"司法部直属院校七五期间优秀论文"（1994年），荣获证书，并收入《司法部直属院校"七五"期间优秀论文集》（北京理工大学出版社 1994 年版）一书。

4.《廉政与权力制约的法律思考》

《法学研究》1991 年第 5 期发表。此文被中国社会科学院文献情报中心《学术论文活页文选》摘登；被评为西北政法学院校庆 35 周年优秀论文，收入《西北政法学院校庆 35 周年优秀论文集》一书；获陕西省 1996 年度人文社科优秀成果二等奖。

5.《法律的理想》

《法学研究》1994 年第 6 期发表。此文被中国人民大学复印报刊资料《法学》1995 年第 2 期全文转载；《文摘报》1995 年 1 月 12 日作简介；《法制日报》1995 年 8 月 30 日作简介；《新华文摘》1995 年第 3 期刊登目录；《法学研究》1995 年第 1 期《1994 年中国法学研究回顾》一文将此作为"1994 年法理学研究新思维"予以简介。此文获西北政法学院第三次优秀科研成果一等奖（1995 年）；获中共西安市委、市人民政府颁发的第二次社科优秀成果二等奖（1996年2月）；1996年12月被评为"司法部直属院校'八五'期间优秀论文"，荣获证书，并收入《司法部直属院校"八五"期间优秀论文集》（法律出版社1996年版）一书。

6.《法治社会中的权力和权利定位》

《法学研究》1996年第4期发表。主要观点在《法学研究》1996年第3期综述文章中刊登，并被《新华文摘》1996年第7期转载。此文获西安市法学会1996年度优秀法学成果一等奖；获1998年陕西省教委人文社科优秀成果二等奖；获1998年司法部优秀科研成果三等奖；获中国法学会1998年征文评比二等奖；获陕西省法学会1993—1998年法学优秀成果一等奖；1998年7月被评为"司法部直属院校'九五'期间优秀论文"，荣获证书，并收入司法部直属院校"九五"期间优秀论文集《政法论丛》（法律出版社1999年版）一书。

7.《世纪之交中国法学研究问题前瞻》（与刘鹏飞合署）

《法学研究》1999年第4期发表。《新华文摘》1999年第10期刊登目录。

8.《中国司法地方保护主义之批判——兼论"司法权国家化"的司法改革思路》

《法学研究》2003年第1期发表。《中国社会科学文摘》杂志2003年第3期"论点摘要"摘登，《中国社会科学文摘》杂志2003年第6期"热点问题"栏目转载。

9.《案例指导制度的理论基础》（与徐景和合署）

《法学研究》2006年第3期发表。中国法学会《法学文摘》2006年8月10日第13期转摘。

10.《现代法律观念的培植是实现法治国家的观念基础》（纪念依法治国基本方略实施十周年笔谈）

《法学研究》2007年第4期发表。

11.《传统的延续：习惯在现代中国法制中的地位和作用》

《法学研究》2011年第1期发表。

12.《跳出"周期率"，要靠民主，更要靠法治——邓小平"民主法治"理论对毛泽东思想的继承与发展》（与肖周录合署）

《中国法学》1995年第2期发表。此文发表后，被中国人民大学报刊复印资料《毛泽东思想研究》1995年第3期全文转载；中共中央党校出版社、中国警官大学出版社大型丛书《中国领导科学文库》收入此文；中共中央党校出版社《邓小平理论研究文库》全文收入此文；中纪委纪检所、中国监察学会《研究参考》1995年第7期转载；由改革出版社1996年出版的北京市"三五"普法干部必读书《学习邓小平民主与法制思想》全文收入了此文；《新华文摘》1995年第8期刊登目录。此文受邀参加了中国法学会1996年1月"邓小平民主法制思想研讨会"；获陕西省法学会1995年"长安杯"优秀法学论文一等奖；1996年4月获全国"中国法治之路"青年法律论文评比二等奖（此是最高奖，一等奖空缺）。

13.《关于几个法学问题的思考》

《中国法学》1995 年第 6 期发表。中国人民大学报刊复印资料《理论法学·法史学》1996 年第 3 期全文复印转载。

14.《追求科学、追求真理、追求理想》（笔谈）

《中国法学》1994 年第 2 期发表。《新华文摘》1994 年第 8 期刊登目录。

15.《权利冲突的几个理论问题》

《中国法学》2002 年第 2 期发表。《新华文摘》2002 年第 7 期目录索引。《中国社会科学文摘》2002 年第 4 期"论点摘要"摘登。被列入"中国法学类高影响论文评介前 50"（1978—2008），收入上海交通大学出版社 2009 年出版的《中国法学高影响论文评介》（1978—2008）一书中。此文获中国社会科学院法学研究所 2003 年度优秀科研成果三等奖。

16.《论建立分种类、多层级的社会规范备案审查制度》

《中国法学》2021 年第 5 期发表。中国人民大学复印报刊资料《宪法学、行政法学》2022 年第 1 期全文转载。

17.《法与社会公平的文化透视》

《现代人报》1989 年 1 月 3 日发表。《新华文摘》1989 年第 3 期全文转载。

18.《转型时期的中国社会秩序结构及其模式选择——兼对当代中国社会秩序结构论点的介评》

《法学评论》1998 年第 5 期发表。《新华文摘》1999 年第 2 期全文转载；中国人民大学复印报刊资料《法理学·法史学》1998 年第 12 期全文转载；《新华文摘》1999 年第 1 期刊登目录；《高等学校文科学报文摘》1999 年第 1 期转摘。1999 年，此文获西安市委、市人民政府颁发的"西安市第三次社会科学优秀成果一等奖"。

19.《多元的时代与多元的法学——迈向 21 世纪的中国法学走向》

《学习与探索》1995 年第 3 期发表。《新华文摘》1995 年第 8 期全文转载；中国人民大学复印报刊资料《法学》1995 年第 7 期全文转载。此文获西安市法学会 1995 年度优秀法学论文特等奖，并获 1996 年度全国法理学年会优秀论文奖及证书。

20.《法理学的定位——关于法理学学科性质、特点、功能、名称等的思考》

《环球法律评论》2008 年第 4 期发表。《新华文摘》2009 年第 1 期全文转载。中国人民大学复印报刊资料《法理学·法史学》2008 年第 10 期全文转载。《检察日报》2008 年 9 月 11 日转摘。此文于 2015 年 4 月获中国法学会"第三届中国法学优秀成果奖论文奖一等奖"（第一名）。

21.《案例指导制度的定位及其相关问题》

《苏州大学学报》（哲学社会科学版）2011 年第 4 期发表。

《新华文摘》2011年第21期全文转载。

22.《案例指导制度："人民群众"都关心些什么？——关于指导性案例的问与答》

《法学评论》2017年第2期发表。《新华文摘》数字版2017年第15期全文转载。

23.《法律文化的结构层次》

中国社会科学杂志社《未定稿》杂志1988年第1期发表。

24.《扩大公民有序的政治参与——实现和发展社会主义民主的一条有效途径》

《求是》杂志2003年第12期发表。中国人民大学复印报刊资料《社会主义论丛》2003年第8期全文转载。

25.《从陕西看经济不发达地区政治体制改革的战略对策》（研究小组集体撰写）

《红旗》杂志1988年第6期发表。

26.《实践是滋养中国法学的生命之泉》

《人民日报》（理论版·大家手笔栏目），2018年8月9日第7版发表。

27.《应当建立决策者的法律责任制度》（与张忍成合署）

《光明日报》1988年7月28日发表。中国人民大学复印报刊资料《法学》1988年第8期全文转载。获陕西省机关工委"大家谈改革"征文二等奖。

28.《依法执政是依法治国的具体体现》

《光明日报》2005 年 8 月 2 日第 5 版发表。

29.《法学教育应提倡案例教学法》

《中国法制报》1986 年 4 月 7 日发表。

30.《改革我国法学教学法的构想》

西北政法学院《教学研究》1985 年第 4 期发表。

31.《现代化与法制》

《西北政法学院院刊》1985 年 12 月 15 日第 3 版发表。

32.《福泽谕吉的法律思想》

《外国法学研究》1986 年第 1 期发表。

33.《略论韩非法概念及其特征》

《西北政法学院学报》1986 年第 2 期发表。

34.《浅议法律人才的培养》

西北政法学院《教学研究》1986 年第 3 期发表。

35.《论法的本质》

《全国首届青年法学工作者学术讨论会论文集》，陕西省法学会 1986 年印制。

36.《各国立法有关新闻出版自由的限制性法律规定》（与马岭合署）

《政法学刊》1987 年第 3 期，《外国法学研究》1987 年第 1 期发表。

37.《法律文化有几种类型？》

《社会科学报》1987 年 4 月 30 日发表。

38.《政治体制改革的目标、措施、办法》

陕西《支部生活》杂志 1987 年第 11—12 合期发表。

39.《中国现代化进程中的法律文化传播》

《社会科学评论》1988 年第 8 期发表。

40.《试论法律文化的结构层次》

《西北政法学院学报》1988 年第 1 期发表。

41.《"代表意识"小议》

《陕西日报》1988 年 4 月 6 日发表。

42.《当代中国法律文化的冲突与选择》

《政治与法律》1989 年第 1 期发表。

43.《权力没有约束，就会腐化——决策者法律责任的追惩》

《深圳法制报》1988 年 8 月 13 日发表。

44.《为什么说四项基本原则是立国之本，改革开放是强国之路》

《共产党人》1988 年第 8 期发表。

45.《社会主义初级阶段西部地区政治体制改革的战略思路》（研究小组集体撰写）

《理论导刊》1988 年第 11 期发表。

46.《权力制约新思路：用责任制约权力》

《理论信息报》1989 年 5 月 1 日发表。《文摘报》1989 年 5 月 18 日转载。

47.《民主乎？集权乎？——理论界关于新权威主义的论争》

《理论导刊》1989 年第 4 期发表。

48.《法律观念对实现法律制度的影响》

《西安经济报》1989 年 10 月 7 日发表。

49.《怎样采取有效措施逐步缓解分配不公的社会矛盾》

陕西《支部生活》1989 年第 12 期发表。

50.《关于 21 世纪的对话——读〈展望 21 世纪〉》

《西北大学学报》(哲学社会科学版)1990 年第 2 期发表。

51.《温斯坦莱法律思想述评——读〈自由法〉》

《法律科学》1990 年第 3 期发表。

52.《观念变革：西部经济起飞的精神动力》

《劳动周报》1990 年 9 月 28 日发表。

53.《在社会主义法制建设中应当重视权利问题》

《当代法学》1990 年第 4 期发表。

54.《关于建立责任制约机制的思考》

《人文杂志》1991 年第 2 期发表。

55.《中国现代化与法制》

《理论导刊》1991 年第 3 期发表。《新华文摘》1991 年
第 6 期刊登目录。

56.《法律文化冲突的原因和形式》

《法律科学》1992 年第 4 期发表。《学术研究动态》1992
年第 5 期转摘。

57.《研究权力制约问题的理论价值和实践意义——兼论

权力制约与权力制衡的区别》

《政治与法律》1992 年第 1 期发表。中国人民大学复印报刊资料《中国政治》1992 年第 2 期全文转载。

58.《法律遇到了挑战》

《现代人报》1992 年 10 月 27 日发表。

59.《法律文化现代化初探》

《西安石油学院学报》（社会科学版）1993 年第 1 期发表。

60.《中国法律文化现代化的历史动力及其转换机制》

《法律科学》1993 年第 3 期发表。

61.《建立社会主义市场经济新体制，应积极吸收和借鉴西方法律文化》

《社会科学报》1993 年 9 月 3 日发表。

62.《试论新旧体制交替中的政府职能转变》

《陕西日报》1993 年 10 月 13 日发表。

63.《以新的姿态跨入二十一世纪》

《法律科学》1993 年第 5 期发表。

64.《他山之石，可以攻玉——关于西方法律文化的借鉴问题》（笔谈）

《南京社会科学》1993 年第 5 期发表。《新华文摘》1994 年第 1 期刊登目录。

65.《市场经济条件下政府职能的几个问题——兼议政府职能的法制化》

《政法论坛》1994 年第 1 期发表。中国人民大学复印报刊资料《法学》1994 年第 5 期全文转载。

66.《法律的理想与相关法学概念关系的法理学分析》

《法律科学》1994 年第 4 期发表。《高等学校文科学报文摘》1994 年第 5 期转摘;《新华文摘》1994 年第 9 期刊登目录。

67.《私法文化与行政权力》

《长白论丛》1994 年第 4 期发表。

68.《法制:现代化建设的重要保证——学习邓小平同志的法制思想》

《理论导刊》1994 年第 6 期发表。

69.《我们需要什么样的法理学——比较·借鉴·革新》

《法学》月刊 1994 年第 8 期发表。

70.《法制现代化进程中的中国法律教育》

《中外法学》1994 年第 5 期发表。

71.《理想的法律模式之建构原则》

《法商研究》1994 年第 6 期发表。

72.《法律的理想与理想的法律》

《政治与法律》1995 年第 1 期发表。《新华文摘》1995 年第 4 期刊登目录。

73.《理想的法律模式建构之内容要件》

《法律科学》1995 年第 2 期发表。中国人民大学复印报刊资料《法学》1995 年第 7 期全文转载;《高等学校文科学报文摘》1995 年第 3 期转摘;《新华文摘》1995 年第 5 期刊登目录。此文获全国"中国法治之路"青年法律论文评比优秀奖。

74.《理想的法律模式建构之形式要件》

《法商研究》1995 年第 2 期发表。中国人民大学复印报刊资料《法学》1995 年第 7 期全文转载。

75.《我国法理学发展的外部环境与内部条件》(笔谈)

《法律科学》1995 年第 3 期发表。中国人民大学复印报刊资料《法学》1995 年第 7 期全文转载。

76.《试论司法公平的实现》(与雷贵章合署)

《政法论坛》1995 年第 3 期发表。收入《依法治国论文集》,吉林人民出版社 1997 年版。

77.《行政执法公平实现的基本条件》(与张洪明合署)

《法学》月刊 1995 年第 6 期发表。收入《依法治国论文集》,吉林人民出版社 1997 年版。

78.《行政执法行为中的公平要求》(与张洪明合署)

《南京大学法律评论》1995 年秋季号发表。中国人民大学复印报刊资料《宪法·行政法》1996 年第 1 期全文转载。

79.《公平:法律追求的永恒价值——法与公平研究论纲》

《天津社会科学》1995 年第 5 期发表。

80.《多元化发展是法理学的必由之路》(笔谈)

《政治与法律》1995 年第 6 期发表。

81.《现代化外向型城市法制建设环境要素分析》（与郭微、李少堂合署）

《理论导刊》1996 年第 5 期发表。

82.《儒家义利观与现代法的价值取向》

《长白论丛》1996 年第 1 期发表。

83.《论现代企业制度的产权结构与特征》（与鲁吉安合署）

《当代经济科学》1996 年第 1 期发表。

84.《关于我国国有企业产权制度改革的法学思考》（与鲁吉安合署）

《黑龙江政法管理干部学院学报》1996 年第 2 期发表。

85.《世纪之交的中国法学应重视法学学问题的研究——兼论法学学科的功能》

《法学》1996 年第 4 期发表。中国人民大学复印报刊资料《理论法学·法史学》1996 年第 6 期全文转载。

86.《坚持学术性是办好学报的关键》（与段立文合署）

《甘肃政法学院学报》1995 年第 4 期。

87.《论法律的作用及其局限性》

《法制与社会发展》1996 年第 2 期发表。《高等学校文科学报文摘》1996 年第 4 期转摘；中国人民大学复印报刊资料《理论法学·法史学》1996 年第 6 期全文转载。

88.《神圣的宪法权利与“社会公德”的冲突——对浙江

医大一则决定的法律思考》

《法学》1996 年第 3 期发表。《新华文摘》1996 年第 5 期刊登目录。

89.《实现法治必须坚持的两个法治原则》（笔谈）

《法律科学》1996 年第 3 期发表。中国人民大学复印报刊资料《理论法学·法史学》1996 年第 7 期全文转载。

90.《实现法治：我们的理想和追求》

《政治与法律》1996 年第 5 期发表。《新华文摘》1997 年第 1 期"论点摘要"摘登；《甘肃日报》1997 年 5 月 24 日转载。

91.《产权概念的法理学分析》（与鲁吉安合署）

南京师范大学《法制现代化研究》1996 年卷发表。

92.《取消免予起诉是向法治的回归》

《法制周报》1996 年 4 月 23 日发表。

93.《私权利：一个值得重视的法治领域》

《东方》1996 年第 4 期发表。收入《政治中国》一书，今日中国出版社 1998 年版。

94.《二十世纪中国法制的现代化》

《社会科学报》1996 年 10 月 10 日发表。

95.《20 世纪的回顾与展望》

《法律科学》1996 年第 5 期发表。中国人民大学复印报刊资料《理论法学·法史学》1996 年第 11 期全文转载。

96.《法理学研究的一般特点及其功能》

《法律科学》1996年第6期发表。中国人民大学复印报刊资料《法理学·法史学》1997年第2期全文转载;《高等学校文科学报文摘》杂志1997年第1期转摘;《新华文摘》1997年第1期刊登目录。

97.《中国法律文化现代化需走整体性协调发展的道路》

《北京法制报》1997年4月30日发表。

98.《法律责任的概念分析》(与龚向和合署)

《法学》1997年第10期发表。中国人民大学复印报刊资料《法理学·法史学》1998年第2期全文转载。

99.《20世纪中国法律文化现代化的历史回顾及问题思考》

《法制现代化与中国经济发展》发表,南京师范大学出版社1997年版。

100.《法律与道德:中国法治进程中的难解之题——对法律与道德关系的再追问和再思考》

《法制与社会发展》1998年第1期发表。《新华文摘》1998年第5期刊登目录;中国人民大学复印报刊资料《法理学·法史学》1998年第5期全文复印。获陕西省法学会1997年优秀论文一等奖。

101.《从文化概念到法律文化概念——法律文化:一个新文化概念的取得及其"合法性"》

《法律科学》1998年第2期发表。中国人民大学复印报刊资料《法理学·法史学》1998年第5期全文复印。

102.《作为方法论意义的法律文化——关于"法律文化"的一个释义》

《法学》月刊1998年第6期发表。中国人民大学复印报刊资料《法理学·法史学》1998年第8期全文转载。

103.《作为对象化的法律文化——法律文化的释义之一》

《法商研究》1998年第4期发表。《新华文摘》1998年第11期刊登目录。

104.《法治化：中国企业集团发展的必由之路——对中国企业集团法治化的几点思考》（与郭安元合署）

《当代经济科学》1998年第3期发表。

105.《建立对权力的责任约束机制》

《检察日报》1998年6月15日发表。

106.《中国法学面临新世纪的挑战》

《检察日报》1998年7月13日发表。

107.《世纪之交中国法学面临的挑战》

《世纪论评》1998年第3期发表。《新华文摘》1998年第8期刊登目录。

108.《发现思想，传播思想——学术刊物的重要使命》（笔谈）

《南京大学法律评论》1998年秋季号发表。

109.《法制系统中的公平要求及体现》

《法制日报》1999 年 4 月 29 日发表。

110.《迈向新的高度，迎接新的世纪》（《法律科学》杂志扩版主编寄语）

《法律科学》1999 年第 1 期发表。

111.《迈向民主与法治的国度》

《法律科学》1999 年第 3 期发表。

112.《迈向 21 世纪的中国法律文化》

《高等学校文科学报文摘》1999 年第 2 期"首次书摘"栏目发表。

113.《法制现代化概念、释义和实现目标》

《宁夏社会科学》1999 年第 3 期发表。

114.《中国法制现代化的历史道路》

《西江大学学报》1999 年第 2 期发表。

115.《"应然"与"实然"：观察当代中国社会秩序结构的一个新视角》

《法制日报》1999 年 7 月 1 日发表。

116.《思想的价值与法治的理念》

《法制日报》1999 年 7 月 22 日发表。

117.《追求法治：法学家之最高理想》

《法制日报》1999 年 8 月 5 日发表。

118.《十八年前的一段回忆》

《法理学与比较法学论集——沈宗灵学术思想暨当代中国

法理学的改革和发展》发表，北京大学出版社、广东高等教育出版社 2000 年版。

119.《好的法律环境是前提》

《经济参考报》2000 年 5 月 17 日发表。

120.《建立宪法诉讼制度的设想》

《检察日报》2000 年 7 月 27 日发表。

121.《建立政府决策的法治机制》

《检察日报》2000 年 11 月 2 日发表。

122.《我国公民的法律意识状况及其特点》（与王海山合署）

《岳麓法学评论》第 1 卷（2000 年）发表，湖南大学出版社 2000 年版。

123.《中国公民权利意识的现状》

司法改革专辑第 1 卷第 1 辑《司法审判动态与研究》发表，法律出版社 2001 年版。

124.《遵循先例：原则、规则和例外——卡多佐的司法哲学观》（上）

《判例与研究》2001 年第 1 期发表。

125.《遵循先例：原则、规则和例外——卡多佐的司法哲学观》（下）

《判例与研究》2001 年第 2 期发表。

126.《公开：沟通政府与人民的渠道——信息公开专家谈》

《法制日报》2001年6月3日发表。

127.《西部大开发与法制建设》（上）（与刘瀚合署）

《北京市政法管理干部学院学报》2001年第2期发表。

128.《西部大开发与法制建设》（下）（与刘瀚合署）

《北京市政法管理干部学院学报》2001年第3期发表。

129.《来自西部一线的报告》（书评）

《中华读书报》2001年7月18日发表。

130.《丈夫是否享有生育权》

《检察日报》2001年10月9日发表。《浙江法制报》2002年4月2日转载。

131.《"2010年形成有中国特色法律体系"的思考》

《上海市政法管理干部学院学报》2001年第5期发表。《公安文摘参考》（四川）2001年第6期转摘。

132.《忽略程序正义的代价》

《检察日报》2001年10月26日发表。

133.《到底是谁的失误——关于周期率的思考》

《文汇读书周报》2001年11月17日发表。

134.《入世与改变观念》

《法制日报》2001年12月16日发表。《中国供销合作经济》杂志2002年第4期转载。

135.《西部大开发法治环境建设的几个主要问题》

《法律与社会》2001年第5期发表。

136.《完善我国民族区域自治法律法规体系的设想》

《法学杂志》2001 年第 6 期发表。被选入《法学杂志》2002 年精选文章英文版。

137.《权利冲突何以如此之多》

《检察日报》2002 年 2 月 23 日发表。

138.《由两起铁路赔偿案引发的思考》

《检察日报》2002 年 3 月 19 日发表。

139.《权利冲突：一个应该重视的法律现象》

《法学》2002 年第 3 期发表。中国人民大学复印报刊资料《法理学·法史学》2002 年第 5 期全文复印转载。

140.《权利冲突：一个值得重视的法律问题——权利冲突典型案例研究》

《浙江社会科学》2002 年第 3 期发表。

141.《在经验事实与公理之间——对几个观念的反思》

《群言》2002 年第 6 期发表。

142.《法律理想与法律文化》（访谈录）

《湘江法苑》第 5 卷发表，湘潭大学法学院 2002 年印制。

143.《法理学视野中的法的适用》

《法律适用》2002 年第 7 期发表。

144.《法治精髓：权利的平等保护——对"权利优先"理论的批判》

《法制日报》2002 年 7 月 21 日发表。

145.《社会组织的人性基础和存在意义——一个法理的阐释》

《法学》2002 第 9 期发表。《高等学校文科学报文摘》2002 年第 6 期转摘。

146.《刑讯逼供·沉默权·实验取证——一起"实验取证"与"刑讯逼供"交锋的案例及其分析和思考》

《学海》杂志 2002 年第 6 期发表。中国人民大学复印报刊资料《诉讼法学·司法制度》2003 年第 3 期全文转载。

147.《司法权属性探析》

《法制日报》2002 年 9 月 22 日发表。

148.《法治的事业需要法学期刊的支撑》（笔谈）

《法学》2002 年第 10 期发表。

149.《张扬权利何来"过分"》

《检察日报》2003 年 3 月 11 日发表。浙江省人民广播电台"西湖之声"栏目 2003 年 3 月 17 日全文转播。

150.《"小广告"引发的法律争议》

《检察日报》2003 年 3 月 18 日发表。

151.《"体检标准"体现权利保护》

《检察日报》2003 年 3 月 25 日发表。

152.《中国法制：回望方知渐行远》（采访记）

《时事报告》杂志 2003 年第 3 期发表。《民生》2013 年第 6 期转载。收入《时事热点对话》一书，学习出版社 2005

年版。

153.《保障罪犯权利从更新观念开始》

《检察日报》2003 年 4 月 15 日发表。

154.《是正当管理还是"非法侵入"》

《检察日报》2003 年 4 月 29 日发表。

155.《权利冲突的"正当性、合法性"辨析》

《检察日报》2003 年 5 月 13 日发表。

156.《多元共存：对 21 世纪中国法律文化的展望》

《新疆律师》2003 年第 2 期发表。

157.《具体的"民间法"——一个法律社会学视野的考察》

《浙江社会科学》2003 年第 4 期发表。《方圆》杂志 2003
年第 11 期全文转载。

158.《记录下思想的碎片》（《法律科学》创刊 20 周年
笔谈）

《法律科学》2003 年第 5 期发表。

159.《感受儒雅——献给导师李步云教授》

《金陵法律评论》2003 年春季号发表。

160.《寻求理性下的生活秩序——关于 SARS 的一点思考》

《中国社会科学院研究生院学报》2003 年第 4 期发表。

161. "Equal Protection of Rights: The Idea , Belief and
Essence of the Rule of Law—Critique of the Theory of 'Priority
of right'"

CHINA LEGAL SCIENCE 2003。

162.《陪审权的司法权属性》

《人民法院报》2003 年 10 月 27 日发表。

163.《质疑"滥诉"之说》

《检察日报》2003 年 12 月 16 日发表。

164.《关于我国司法改革的建议》

中国社会科学院《信息专报》2003 年第 50 期发表。

165.《关于我国司法改革的建议》

《中国社会科学院要报·领导参阅》2003 年第 33 期发表。

166.《反恐与个人权利保护——以"9·11"后美国反恐法案和措施为例》

《法学》2004 年第 3 期发表。

167.《奥斯丁、凯尔森、拉兹的法律体系理论——根据拉兹的〈法律体系的概念〉一书》

《金陵法律评论》2004 年春季卷发表。

168.《信息公开、知情权与公民隐私权的保护——以新闻采访中的"暗拍"为案例而展开分析》

《学习与探索》2004 年第 4 期发表。中国人民大学复印报刊资料《宪法学·行政法学》2004 年第 10 期全文转载。

169.《"先例判决制度"在中国的实践》

《判例与研究》2004 年第 4 期发表。

170.《"先例判决制度"引起的学术争论》

清华大学法学院《法律对策研究通讯》2004年第4期发表。

171.《科学的现代化理论应是全方位的》（民盟中央"科学发展观"专题座谈会发言摘要）

《群言》2004年第8期发表。

172.《邓小平的民主法治理论及其价值》

《人民法院报》2004年8月22日发表。中国人民大学复印报刊资料《邓小平理论、"三个代表"重要思想》2005年第1期全文转载。

173.《中国正在进步——通过案例的观察、感悟和批驳》

《法学家茶座》第7辑发表，山东人民出版社2004年版。

174.《不可行性研究与政协民主监督》（民革中央"不可行性研究与政协民主监督"学术研讨会发言摘要）

《团结》杂志2004年第6期发表。

175.《民主之道：扩大公民有序的政治参与》

《东吴法学》2005年春季卷发表，法律出版社2005年版。

176.《宪法关系与宪法性法律关系》（与马岭合署）

《西北大学学报》（哲学社会科学版）2005年第4期发表。中国人民大学复印报刊资料《宪法学·行政法学》2005年第10期全文转载。

177.《法理学的功能》

《中国社会科学院院报》2005年8月9日第2版发表。

178.《标本兼治群体性事件》

《人民论坛》2005 年第 11 期发表。

179.《法律文化冲突论》

《黄河口司法》2005 年第 4 辑发表。中国石油大学出版社、人民法院出版社 2005 年版。

180.《现行户籍制度下的权利保障——翟妹华一案之法律反思》

《检察风云》2006 年第 1 期发表。

181.《平等权问题》

《学习时报》2006 年 1 月 2 日第 5 版发表。

182.《中国的立法程序》

哈萨克斯坦《法律研究》杂志 2006 年发表。

183.《为案例指导制度尽一份力》

《人民法院报》2006 年 3 月 20 日发表。

184.《我国为什么要实行案例指导制度》

《法律适用》2006 年第 8 期发表。

185.《平等权问题种种》

《法学家茶座》第 10 辑发表，山东人民出版社 2006 年版。

186.《我们为什么要实行案例指导制度？——通过几起案例来看实行案例指导制度的必要性》

《法学家茶座》第 11 辑发表，山东人民出版社 2006 年版。

187.《从"头巾法案"等看政教分离原则和宗教平等权的意义》

《学习与探索》2006 年第 5 期发表。

188.《案例指导制度有其必要性》

《人民法院报》2006 年 12 月 1 日第 10 版发表。

189.《应允许用判例断案》

《民主与法制》2007 年第 1 期发表。

190.《司法和谐：目的还是手段？》

《人民司法》2007 年第 9 期发表。

191.《我国法治发展的基本态势》（与冉井富合署）

《中国社会科学院院报》2007 年 7 月 31 日第 7 版发表。《北京日报》2007 年 8 月 20 日全文转载。

192.《法理学与部门法学的关系》（发言摘登）

《社会科学报》2007 年 9 月 13 日第 3 版发表。

193.《旁听生的回忆》

《中国审判》2007 年第 12 期发表。

194.《公平问题和权利的平等保护》（2007 年 3 月 5 日中国社会科学院研究生院博士生课程“法学前沿”讲座整理稿）

《中国社会科学院研究生院学报》2008 年第 1 期发表。中国人民大学复印报刊资料《宪法学·行政法学》2008 年第 6 期全文转载。

195.《权利冲突及解决冲突三原则》

《北京日报》2008 年 2 月 18 日理论版发表。

196.《一切权力属于人民》（采访文章）

《北京日报》2008年3月10日理论版发表。

197.《案例指导制度中的案例适用问题》（与徐景和合署）

《湘潭大学学报》（哲学社会科学版）2008年第2期发表。《法制资讯》2011年第5期转载。

198.《法理学前沿思考——兼谈法理学学科性质、特点及功能》

《中国社会科学院院报》2008年3月27日第8版全版发表。

199.《习惯的价值及其在中国司法中面临的问题》

《法律适用》2008年第5期发表。中国人民大学复印报刊资料《诉讼法学·司法制度》2008年第8期全文转载。

200.《法官的发型是否需要统一》

《解放日报》2008年6月30日第13版发表。《法制资讯》2012年第5期转载。

201.《法制现代化进程中的中国法律教育》

贵州大学法学院《求索》2008年春夏卷（法学教改专号）发表，贵州大学出版社2008年版。

202.《试药人：一个特殊人群的健康权保护问题》

《政治与法律》2008年第9期发表。《中国社会科学文摘》2009年第2期"热点聚焦"栏目转载。

203.《权利的平等保护》（2008年3月24日中国社会科学院研究生院博士生课程"法学前沿"讲座整理稿）

《云南大学学报（法学版）》2008年第5期发表。

204.《加强党的执政能力建设与依法执政》

《中国浦东干部学院学报》2008年第5期发表。中国人民大学复印报刊资料《中国共产党》2009年第1期全文转载。

205.《关注民生也要警惕"民粹主义"》（"首届法院院长论坛暨'民生问题与司法公正'研讨会"评论发言《关注民生：司法不能放弃公正底线》摘登）

《社会科学报》2009年2月26日第3版发表。

206.《利益平衡的适用领域和范围》（"第二届法院院长论坛暨'利益平衡与司法公正'研讨会"评论发言《利益平衡：司法裁判的黄金方法》摘登）

《南方周末》2009年6月25日第31版和《法制日报》2009年6月17日第12版发表。

207.《特殊条件下的法律渊源——关于习惯、政策、司法解释、国际条约（惯例）在法律中的地位以及对"非正式法律渊源"命题的反思》

《金陵法律评论》2009年春季卷发表。

208.《习惯作为一种特殊条件下的法律渊源及其在司法中的适用》

《南京大学法律评论》2009年秋季卷发表。

209.《传统文化与法官司法》（书评）

《人民法院报》2009年9月19日第4版发表。

210.《权利平等保护的几个理论问题》

《甘肃政法学院学报》2010 年第 1 期发表。

211.《学者热议"尊严说",关键是公民在人格上的平等》

《北京日报》2010 年 3 月 22 日第 17 版发言摘登。

212.《人格的平等是关键》

《学习时报》2010 年 4 月 5 日第 5 版发表。《潍坊日报》2010 年 4 月 18 日转载。《共产党员》杂志 2010 年第 10 期转载。

213.《转型期法治问题纵论》（会议发言）

《中国政法大学学报》2010 年第 2 期发表。

214.《审判中的"利益平衡"法——关于审判经验的几点认识》

《北京日报》2010 年 6 月 7 日第 19 版发表。

215.《经验基础上的理性，理性关照下的经验》

《中国审判》杂志 2010 年第 6 期发表。

216.《法治的脚步如此矫健》（访谈录）

《检察日报》2004 年 7 月 26 日发表。

217.《法律没有自己的历史——马克思恩格斯关于法律的社会本质的深刻揭示》

《甘肃政法学院学报》2010 年第 6 期发表。

218.《由隐性到显性：一个需要关注的现象》

《法治论坛》2010 年第 4 辑发表。中国法制出版社 2010 年版。

219.《建立中国特色案例指导制度的创举——学者、律

师热议〈关于案例指导工作的规定〉》（采访论点摘要）

《中国审判》2011 年第 1 期发表。

220.《民事习惯法与法律文化》（会议发言）

收入《当代中国民事习惯法》一书。法律出版社 2011 年版。

221.《审判公开是一项公民权利》（专家点评）

《法制日报》2011 年 2 月 12 日第 5 版发表。

222.《社会规范如何进入法律之中》

《中国社会科学报》2011 年 3 月 1 日第 10 版发表。

223.《中国法治国家建设的战略转移：法律实施及其问题》

《中国社会科学院研究生院学报》2011 年第 2 期发表。
《高等学校文科学术文摘》2011 年第 3 期转载。《新华文摘》
2011 年第 13 期"论点摘编"载登。

224.《如何认识司法的特性》

《学习时报》2011 年 3 月 21 日第 5 版发表。

225.《法学教育和研究的新理念：终身学习与实践性》

《河北法学》2011 年第 4 期发表。

226.《利益平衡在司法中的适用领域和范围》

《法律适用》2011 年第 5 期发表。

227.《幸福是法律和司法的最终价值目标》

《学习时报》2011 年 5 月 16 日第 5 版发表。《传承》
2011 年第 16 期转载。《法制资讯》2012 年第 10 期转载。

228.《司法规律及其相关问题》

《河北法学》2011年第12期发表。中国人民大学复印报刊资料《法理学·法史学》2012年第2期全文转载。

229.《"周期率"是一种历史现象，而不是一个历史规律——关于"周期率"问题的词语新争议及其历史哲学之诘辩》

《甘肃政法学院学报》2011年第6期发表。

230.《习惯与习惯法三题》

《哈尔滨工业大学学报》（哲学社会科学版）2012年第1期发表。

231.《法治文化的几个理论问题》

《法学论坛》2012年第1期发表。

232.《关注实践：中国法理学研究观念与研究方法的转型》

《中国社会科学报》2012年1月11日第7版发表。收入《中国法治实践学派》一书，法律出版社2015年版。

233.《关于开展案例法哲学研究的几点思考》

《法律适用》2012年第2期发表。

234.《强化和提高规则意识是法律实施的关键》

《人民法院报》2012年3月30日第5版发表。

235.《社会管理创新中的法律观念与法律制度创新》

《国家检察官学院学报》2012年第2期发表。收入《论社会管理创新》一书，中国社会科学出版社2012年版。

236.《社会转型亟需法理学转型》

《北京日报》2012年4月16日第20版发表。

237.《踏上法律写作之路》

《北京日报》2012年5月14日第20版发表。

238.《法律规范的审查机制》（笔谈稿）

《国家行政改革》2012年第3期发表。

239.《规范体系：一个可以弥补法律体系局限性的新结构体系》

《人民法院报》2012年7月20日第5版发表。

240.《中国的司法改革：问题与趋势》

《甘肃政法学院学报》2012年第4期发表。《高等学校文科学术文摘》2012年第5期转摘。

241.《人民法官职责的践行者》

《人民法院报》2012年8月3日第5版发表。

242.《对"司法公信力问题"的三点思考》

《人民法院报》2012年8月31日第5版发表。

243.《民主是分层次的——关于民主的三点认识》

《法学家茶座》2012年第3期，总第36辑发表。

244.《在思想家的世界里徜徉》

《法制日报》2012年9月5日第11版发表。《光华时报》2012年9月26日第4版转载。

245.《司法公开有助于破除司法神秘》

《人民法院报》2012年9月14日第5版发表。收入《中国法治实践学派》一书，法律出版社 2015 年版。

246.《规范体系：一个新的法律结构体系概念》

中国法学会《要报》2012 年第 18 期（总第 693 期），2012 年 9 月 24 日。

247.《中国的司法改革和法律实施》

《河北法学》2012 年第 12 期发表。

248.《关于司法基础理论的思考》

《人民法院报》2012 年 11 月 30 日第 5 版发表。

249.《法律职业共同体的意义》

《人民法院报》2012 年 12 月 14 日第 5 版发表。

250.《不能把形式法治看得太低》

《北京日报》2012 年 12 月 24 日第 20 版发表。《人民法院报》2013 年 2 月 27 日第 5 版"观点"栏目摘发。《民主与法制》杂志 2013 年第 8 期转摘。

251.《做法律思想的发现者和传播者》

《人民法院报》2012 年 12 月 28 日第 5 版发表。

252.《"案结事了"及其他》

《人民法院报》2013 年 1 月 18 日第 5 版发表。

253.《规范体系：一个新体系结构的思考》

《东方法学》2013 年第 1 期发表。中国人民大学复印报刊资料《法理学·法史学》2013 年第 6 期全文转载。

254.《回眸：学者刘作翔的龙年案头书》

《北京日报》2013 年 2 月 18 日发表。

255.《追求法治是法学家的最高理想：重塑对法治的信念，坚定对法治的信心》

《甘肃政法学院学报》2013 年第 1 期《"第二届陇籍法学家论坛"综述》发表。《新华月报》2013 年第 8 期转载。

256.《写作与阅读》

《法学家茶座》2013 年第 3 期，总第 38 辑发表。

257.《对法律职业共同体的认识和理解——兼论中国式法律职业共同体的角色隐喻及其现状》（与刘振宇合署）

《法学杂志》2013 年第 4 期发表。

258.《对法律实施问题的几点认识》

《人民法院报》2013 年 4 月 26 日第 5 版发表。《今参考》杂志 2013 年 7 月号转摘。

259.《平等的观念源自何处？》

《人民法院报》2013 年 5 月 3 日第 5 版发表。

260.《规则意识缺失，症结在哪里？》（访谈）

《北京日报》2013 年 5 月 13 日第 18 版发表。

261.《演讲激发的思辨》

《北京日报》2013 年 7 月 8 日第 20 版发表。

262.《自由和安全如何权衡》

《人民法院报》2013 年 7 月 19 日第 5 版发表。

263.《从"常回家看看"入法看权利来源》

《检察日报》2013 年 7 月 30 日第 3 版发表。

264.《权利冲突的多样化形态》

《人民法院报》2013 年 8 月 9 日第 5 版发表。

265.《一般权利和特殊权利的冲突问题》

《人民法院报》2013 年 8 月 23 日第 5 版发表。

266.《在司法中运用紧急避险解决权利冲突——卡尔·威尔曼等美国学者及美最高法院对典型案例的司法推理》

《江淮论坛》2013 年第 4 期发表。中国人民大学复印报刊资料《法理学·法史学》2013 年第 11 期全文转载。

267.《通过司法解决法律权利与道德权利的混合权利冲突——威尔曼及美国最高法院对典型案例的司法推理》

《法治研究》2013 年第 8 期发表。

268.《"双千计划"创新法学人才培养模式》（访谈）

《中国社会科学报》2013 年 8 月 19 日第 1 版发表。

269.《民间智慧和多样化权利冲突解决机制》

《人民法院报》2013 年 9 月 13 日第 5 版发表。

270.《从自然权利走向法定权利——人体捐献器官移植中的分配正义问题》

《中国社会科学院研究生院学报》2013 年第 5 期发表。《中国社会科学文摘》2014 年第 3 期"论点摘要"摘登。

271.《微博直播：司法公开又打开一扇门》（采访）

《检察日报》2013 年 10 月 9 日第 5 版发表。

272.《庭审"微博直播",打开天窗说亮话》(访谈)

"正义网"2013年10月9日发表。

273.《如何理解男女平等——欧盟法院判决要求保险业取消对妇女的优惠措施引发的问题》

《人民法院报》2013年10月18日第5版发表。

274.《权利冲突是否是权利中隐含义务的冲突？——美国法学家沃尔德伦与威尔曼的争论》

《南京社会科学》2013年第9期发表。

275.《社会利益问题：理论与实践的背反及其争论》

《东方法学》2013年第5期发表。中国人民大学复印报刊资料《法理学·法史学》2014年第2期全文转载。

276.《"真正的权利"理论——卡尔·威尔曼的权利学说》

《社会科学研究》2013年第6期发表。

277.《权利相对性理论及其争论——以法国若斯兰的"权利滥用"理论为引据》

《清华法学》2013年第6期发表。

278.《一部"在路上"的作品》

《法制日报》2013年11月20日第11版发表。

279.《法律文化多元化表现之一：权利冲突的多样化形态——兼论多样化的权利冲突社会解决机制》(中文和朝鲜文)

韩国圆光大学校法学研究所《圆光法学》第29卷第4号，2013年12月特辑发表。

280.《解决道德权利法律权利双重权利的冲突——卡尔·威尔曼等美国学者对典型案例的道德推理》（上）

《甘肃社会科学》2013年第6期发表。

281.《解决道德权利法律权利双重权利的冲突——卡尔·威尔曼等美国学者对典型案例的道德推理》（下）

《甘肃社会科学》2014年第2期发表。

282.《通过司法解决法律权利之间的冲突——卡尔·威尔曼等美国学者及美最高法院对典型案例的司法推理》

《法律科学》2014年第1期发表。

283.《紧急避险：解决权利冲突的制度设计及刑民案例》

《河北法学》2014年第1期发表。《高等学校文科学术文摘》2014年第2期"学术卡片"摘登。

284.《安乐死问题的争论与进展》

《人民法院报》2014年2月21日第5版发表。

285.《将案例研究进行到底——我对案例研究的体认》

《法学家茶座》2014年第1期，总第41辑发表。

286.《中国法学应重视案例研究》

《北京日报》2014年3月10日第20版发表。收入北京日报理论部编《新阅读·书海泛舟观潮》一书，北京出版集团、北京人民出版社2016年版。

287.《法律审查和评估标准探讨》

《人民法院报》2014年3月28日第5版发表。

288.《美国工会权利与雇员民事权利的冲突》

《人民法院报》2014年4月4日第5版发表。《广州律师》2014年第2期转载。

289.《"权利位阶"：一个未能证实的虚幻命题》

《人民法院报》2014年5月16日第7版发表。

290.《权利可以排序吗？》

《北京日报》2014年5月26日第18版发表。《长江日报》2014年5月29日第24版转载。

291.《对"新法治十六字方针"的文化解读》

《人民法院报》2014年7月11日第5版发表。

292.《道德评价泛化·法治意识缺失》（访谈）

《北京日报》2014年7月14日第18版发表。

293.《标准化：中国法治向纵深发展的标志》

《中国社会科学报》2014年7月23日第A7版发表。

294.《关于"新法治十六字方针"的六大答问》

《北京日报》2014年7月28日第17版发表。《今参考》2014年第10期转载。收入人民出版社2014年版的《法治中国名家谈》一书。收入北京日报理论部编《新方略——前沿理论荟萃》一书，北京出版集团、北京人民出版社2016年版。

295.《对"法律与政治"关系的几点思考》（笔谈）

《法制与社会发展》2014年第5期发表。

296.《大义灭亲，赏金该不该领？》（采访）

"新华网" 2014 年 9 月 23 日发表。

297.《权利与规范理论的永久魅力》

《法学家茶座》2014 年第 3 期，总第 43 辑发表。

298.《求知与求真》

《北京日报》2014 年 11 月 10 日第 12 版发表。收入北京日报理论部编《新阅读·书海泛舟观潮》一书，北京出版集团、北京人民出版社 2016 年版。

299.《建设法治体系·实现法治国家》

《人民公安报》2014 年 12 月 7 日第 3 版发表。

300.《法与情、理关系辨识》（学术访谈）

《北京日报》2014 年 12 月 15 日第 18 版发表。

301.《锻铸政体的法理学——中国社会科学院法学研究所刘作翔教授学术访谈录》（与王勇合署）

《甘肃社会科学》2015 年第 1 期发表。

302.《法院信息化建设与司法公开》

《人民法院报》2015 年 1 月 30 日第 5 版发表。《法制日报》2015 年 2 月 4 日第 12 版"观点新解"摘登。

303.《没有法治文化，难言依法治国——专访中国社会科学院法学研究所研究员、教授、博士生导师刘作翔》

《中国法治文化》2015 年第 3 期发表。

304.《"信息化建设与司法公开（涪陵杯）"法治论坛观点集成》（发言摘登）

重庆市涪陵区人民法院《司法和论》2015年第1期发表。

305.《研究"法律与政治"关系的两个视角：内在视角与外在视角》

《法学家茶座》2015年第1期发表。

306.《审判委员会制度的变与不变》（北京市一中院课题组，成员）

《人民司法》2015年第7期发表。

307.《美国最高法院大法官是如何撰写法庭意见的——美国最高法院对费舍尔诉得克萨斯大学案的〈发回重审令〉及其附随意见》（与刘振宇合署）

北京大学中国与世界研究中心《研究报告》2015年4月28日，总第94号发表。

308.《中国案例指导制度的最新进展及其问题》

《东方法学》2015年第3期发表。《高等学校文科学术文摘》2015年第4期"学术卡片"摘登。

309.《司法规律学术研讨会纪要》（发言摘登）

《法制与社会发展》2015年第3期发表。

310.《法学家的责任：为法治而努力——在第三届"中国法学优秀成果奖"颁奖仪式上的发言》

《中国法学会》（内部资料）2015年第2期，总第58期发表。

311.《美国最高法院的一份〈发回重审令〉》（翻译，与

刘振宇合作）

《人民法院报》2015 年 6 月 12 日第 8 版发表。

312.《我眼中的学术评价》

《中国社会科学报》2015 年 6 月 17 日第 A05 版发表。

313.《法律文化视野中的民间法研究》

《人民法院报》2015 年 7 月 3 日第 7 版发表。

314.《从司法的属性和特点入手认识司法规律》

《司法改革》（内刊）2015 年 6 月第 2 期发表。中国法学会法律信息部、国家司法文明协同创新中心印制。

315.《法官业绩考核面临的两难境地》

《人民法院报》2015 年 9 月 18 日第 7 版发表。《北京日报》2015 年 9 月 28 日第 18 版转发。广东省高级人民法院研究室 2015 年 12 月 28 日的《调研参考》第 67 期"前沿观点摘登"全文转载。

316.《患者权益的法理基础和制度保障》

《河北法学》2015 年第 10 期发表。

317.《"案例"指导审判现隐性难题》（会议论点摘登）

《法制晚报》2015 年 11 月 18 日第 A17 版发表。

318.《新法治十六字方针解读》

《青岛日报》2015 年 12 月 8 日第 6 版发表。

319.《民间法研究中的几个问题》

《法学家茶座》2015 年第 3 期，总第 47 辑，山东人民出版社 2015 年版。

320.《让指导性案例走进司法活动》

《人民法院报》2016 年 1 月 1 日第 7 版发表。《北京日报》2016 年 1 月 4 日第 13 版以《应重视指导性案例的应用研究》为题发表。

321.《建立"标准"是法治的一项紧迫任务》

《北京日报》2016 年 2 月 29 日第 13 版发表。

322.《创新是学术研究永远不变的真理——谈谈学术研究的体会》

《法学教育研究》(第十四卷),法律出版社 2016 年版。

323.《把规范性文件纳入审查范围》

《中国社会科学报》2016 年 3 月 30 日第 5 版发表。

324.《关于社会治理法治化的几点思考——"新十六字方针"对社会治理法治化的意义》

《河北法学》2016 年第 5 期发表。

325.《跨行政区法院是不是新的法院类型》

《北京日报》2016 年 5 月 16 日第 14 版发表。

326.《从"法治新十六字方针"看社会治理法治化》

《北京日报》2016 年 7 月 4 日第 14 版发表。

327.《游戏规则与体育的社会文明构建意义——〈体育与科学〉学术工作坊"游戏规则与社会法、社会契约"主题沙龙综述》(观点摘登)

《体育与科学》2016 年第 3 期发表。

328.《"法不禁止便自由"命题有缺陷》

《北京日报》2016 年 8 月 15 日第 14 版发表。《宁波日报》2016 年 8 月 18 日转摘。

329.《法律人才的培养应作分类化研究——关于建设高素质法治工作队伍的几点思考》

《人民法院报》2016 年 8 月 19 日第 5 版发表。

330.《正确看待学术研究的超前性》

《北京日报》2016 年 9 月 5 日第 14 版发表。《河南日报》2016 年 9 月 5 日以《学术研究不能空喊政治口号》为题转载。

331.《国家政策的法律地位不能忽视》

《北京日报》2016 年 9 月 12 日第 13 版发表。

332.《体育规范体系的构建——刘作翔教授学术访谈录》

《体育与科学》2016 年第 5 期发表。

333.《对"法不禁止便自由"的反思——关于公民行为自由的界限以及其他社会规范的作用》

《现代法治研究》2016 年第 1 期发表。

334.《在民法典中应确立法律、政策、习惯三位阶规范渊源结构》

《人民法院报》2016 年 9 月 30 日第 7 版发表。

335.《案例研究的作用及价值》

《法律适用》2017 年第 2 期发表。

336.《法律职业共同体的范围、差异及其解决》

《人民法院报》2017 年 2 月 17 日第 7 版发表。

337.《司法中弥补法律漏洞的途径及其方法》

《法学》2017 年第 4 期发表。中国人民大学报刊复印资料《法理学·法史学》2017 年第 8 期全文转载。

338.《实践效果是检验综合执法改革的主要标准》

《人民论坛》2017 年第 4 期（上），总第 552 期发表。

339.《法律职业共同体的范围及其差异化培养》

《福建日报》2017 年 4 月 25 日第 9 版发表。

340.《每一种规范都有自己存在的价值和作用》

《人民法院报》2017 年 6 月 2 日第 5 版发表。

341.《法学博士论文写作如何聚焦主题》

《法学教育研究》2017 年第 1 期发表，总第十七卷，法律出版社 2017 年版。

342.《茂名开讲"深化改革与推进法治良性互动"》（专访）

《民主与法制时报》2017 年 9 月 9 日第 3 版发表。

343.《湛江开讲"运用法治思维化解矛盾"》（专访）

《民主与法制时报》2017 年 9 月 9 日第 3 版发表。

344.《幸福是法律的最高价值目标》

《法学杂志》2017 年第 11 期发表。

345.《法学界应当强调实践》

《中国法治实践学派》第 4 卷，法律出版社 2017 年版。

346.《论重大改革于法有据：改革与法治的良性互动——以相关数据和案例为切入点》

《东方法学》2018 年第 1 期发表。中国人民大学报刊复印资料《法理学·法史学》2018 年第 6 期全文转载。

347.《法治思维如何形成？——以几个典型案例为分析对象》

《甘肃政法学院学报》2018 年第 1 期发表。

348.《"枫桥经验"研究断想》

《浙江警察学院学报》2019 年第 2 期发表。

349.《"法源"的误用——关于法律渊源的理论思辩》

《法律科学》2019 年第 3 期发表。中国人民大学报刊复印资料《法理学·法史学》2019 年第 10 期全文转载。

350.《发展为中国法治实践所需要的中国法理学》

《人民法院报》2019 年 12 月 13 日第 7 版发表。

351.《回归常识：对法理学若干重要概念和命题的反思》

《比较法研究》2020 年第 2 期发表。中国人民大学报刊复印资料《法理学·法史学》2020 年第 9 期全文转载。

352.《关于体育法治若干基础理论问题研究》

《天津体育学院学报》2020 年第 3 期发表。

353.《民主、自治与法治："周期率"问题再思考——关于国家与社会治理的一场学术对话》（与王勇合署）

《法学论坛》2020 年第 3 期发表。

354.《构建法治主导下的中国社会秩序结构：多元规范和多元秩序的共存共治》

《学术月刊》2020 年第 5 期发表。

355.《公域和私域界限的法理省思》

《中国社会科学报》2020 年 6 月 24 日第 4 版发表。

356.《民间法研究要有大视野》

《人民法院报》2020 年 8 月 7 日第 5 版发表。

357.《"类案同判"是维护法制统一的法治要求》

《人民法院》2020 年 10 月 20 日第 2 版发表。

358.《关于"满族法文化"的研究内容及其研究方法》

《现代法治研究》2020 年第 2 期发表。

359.《坚持"新法治十六字方针"对于体育法治建设的指导》（与闫成栋合署）

《中国体育报》2021 年 1 月 18 日第 1 版发表。

360.《学者谈"统一法律适用"：同案不同判影响司法权威》

《澎湃新闻》2022 年 3 月 7 日发表。

361.《构建分种类、多层级社会规范备案审查的具体机制》

《法学论坛》2022 年第 2 期发表。

362.《从三起村规民约引发的案例看法律对村规民约的规制及其司法处境》

《法治湛江》2022 年第 1 期发表。

363.《完善法律责任 增强规范效力》（与闫成栋合署）

《中国体育报》2022 年 7 月 11 日第 1 版发表。

364.《"法源"概念误用的解决之道：规范体系理论》

《扬州大学学报（人文社会科学版）》2022 年第 5 期发表。

365.《刘作翔：司法公开要解决法律化问题》

《澎湃新闻》2023 年 3 月 10 日"司改何为"专栏发表。

366.《规范体系及其社会规范的价值和意义》

《法学教育研究》2023 年第 2 期，总第 41 卷发表。

367.《应在法律中确认国家政策的规范属性和地位——以最高人民法院的一个"司法观点"为分析对象》

《民间法》2023 年上卷，总第 31 卷发表。研究出版社 2023 年版。

368.《法学学术研究创新要素及其他》

《甘肃政法大学学报》2023 年第 6 期发表。

三、论文集（92 项）

以下 92 项论文集中，收有作者的文章：

1.《企业法讲话》

陕西人民出版社 1988 年版。

2.《西部改革发展思考》

陕西人民出版社 1988 年版。

3.《马克思主义法理学》

山东大学出版社 1990 年版。

4.《基本国情与基本路线》

陕西人民出版社 1990 年版。

5.《行政体制改革与转变政府职能》

社会科学文献出版社 1994 年版。

6.《儒学与法律文化》

复旦大学出版社 1994 年版。

7.《论语的现代法文化价值》

上海交通大学出版社 1995 年版。

8.《架起法系间的桥梁》

苏州大学出版社 1995 年版。

9.《法制现代化研究》（第一卷）

南京师范大学出版社 1995 年版。

10.《儒家义利观与市场经济》

上海社科院出版社 1996 年版。

11.《走向二十一世纪的法理学》

云南大学出版社 1996 年版。

12.《依法治国、建设社会主义法治国家》

中国法制出版社 1996 年版。

13.《走向法治之路》

中国民主法制出版社 1996 年版。

14.《依法治国与精神文明建设》

中国法制出版社 1997 年版。

15.《儒家思想与现代道德和法治》
吉林人民出版社 1998 年版。

16.《政治中国》
今日中国出版社 1998 年版。

17.《法制现代化研究》（第四卷）
南京师范大学出版社 1998 年版。

18.《依法治国与廉政建设》
中国法制出版社 1999 年版。

19.《法制现代化研究》（第五卷）
南京师范大学出版社 1999 年版。

20.《依法治国与司法改革》
中国法制出版社 1999 年版。

21.《法理学论丛》（第一卷）
法律出版社 1999 年版。

22.《21 世纪的亚洲与法律发展》
南京师范大学出版社 2001 年版。

23.《司法改革论评》（第二辑）
中国法制出版社 2002 年版。

24.《法学教育：比较与省思》
中国档案出版社 2002 年版。

25.《比较法在中国》（第二卷）
法律出版社 2002 年版。

26.《清华法治论衡》（第三辑）

清华大学出版社 2002 年版。

27.《法制现代化研究》（第八卷）

南京师范大学出版社 2002 年版。

28.《法治社会之形成与发展》

山东人民出版社 2003 年版。

29.《司法改革报告》

法律出版社 2003 年版。

30.《社会转型与法治发展》

黑龙江人民出版社 2003 年版。

31.《财经法律评论》（第一卷）

法律出版社 2003 年版。

32.《如何根除酷刑》

社会科学文献出版社 2003 年版。

33.《中国法理学精粹（1978—1999 年卷）》

机械工业出版社 2004 年版。

34.《中国法理学精粹（2003 年卷）》

机械工业出版社 2004 年版。

35.《判例制度研究》

人民法院出版社 2004 年版。

36.《法律与全球化：实践背后的理论》

法律出版社 2004 年版。

37.《中国法治发展报告 No.1（2003）》

社会科学文献出版社 2004 年版。

38.《法治与 21 世纪》

社会科学文献出版社 2004 年版。

39.《中国法理学精粹（2004 年卷）》

高等教育出版社 2004 年版。

40.《时事热点对话》

学习出版社 2005 年版。

41.《改革司法——中国司法改革的回顾与前瞻》

社会科学文献出版社 2005 年版。

42.《人权法评论》（第一卷）

北京大学出版社 2005 年版。

43.《华侨大学法学论丛》（第一卷）

厦门大学出版社 2005 年版。

44.《中国法理学精粹（2005 年卷）》

高等教育出版社 2005 年版。

45.《中国法理学论坛》

中国人民大学出版社 2006 年版。

46.《法律大讲堂——中国当代法律名家讲座》

北京邮电大学出版社 2006 年版。

47.《法律与人文》

法律出版社 2007 年版。

48.《依法治国与和谐社会建设》

中国法制出版社 2007 年版。

49.《纪念中国社会科学院建院 30 周年学术论文集〈法学研究所卷〉》

方志出版社 2007 年版。

50.《全球化与多元法律文化》

社会科学文献出版社 2007 年版。

51.《依法治国十年回顾与展望》

中国法制出版社 2007 年版。

52.《法理学讲演录》（第二卷）

法律出版社 2007 年版。

53.《法治百家谈——百名法学家纵论中国法治进程》（第一辑）

中国长安出版社 2007 年版。

54.《审判前沿问题研究——最高人民法院重点调研课题报告集》（上、下册）

人民法院出版社 2007 年版。

55.《法学家茶座（精华本）》（第一卷）

山东人民出版社 2008 年版。

56.《法理学与部门法哲学理论研究》

上海人民出版社 2008 年版。

57.《习惯在民事审判中的运用》

人民法院出版社 2008 年版。

58.《民主法治之道》

中国社会科学出版社 2008 年版。

59.《法苑撷英》（纪念法学所建所 50 周年学术论文集）

中国社会科学出版社 2008 年版。

60.《依法治国与深化司法体制改革》

社会科学文献出版社 2008 年版。

61.《司法之道：以当事人为本》

人民法院出版社 2008 年版。

62.《中国法治 30 年：1978—2008》

社会科学文献出版社 2008 年版。

63.《全球化背景下的法治研究》

南京大学出版社 2008 年版。

64.《廊坊经验的启示——多元纠纷解决机制研究》

人民法院出版社 2009 年版。

65.《民生问题与司法公正》

上海财经大学出版社 2009 年版。

66.《中国法学高影响论文评介》（1978—2008）

上海交通大学出版社 2009 年版。

67.《全面落实依法治国基本方略》

中国社会科学出版社 2009 年版。

68.《司法改革与法院工作创新》

河北人民出版社 2009 年版。

69.《法治民主》

天津人民出版社 2010 年版。

70.《转型期法治报告》

法律出版社 2010 年版。

71.《人民法院能动司法制度建设初探》

人民法院出版社 2011 年版。

72.《曲折磨难追求——首届中国法学名家论坛学术论文集》

北京大学出版社 2011 年版。

73.《法治新视野：比较法的分析》

社会科学文献出版社 2011 年版。

74.《审判研究：案例指导制度专题》

法律出版社 2011 年版。

75.《北京市法学会优秀法学研究成果选编（2010）》

九州出版社 2012 年版。

76.《聆听法治——在最高学术殿堂》（第一卷）

中国人民公安大学出版社 2012 年版。

77.《论社会管理创新》

中国社会科学出版社 2012 年版。

78.《马克思主义法律思想中国化理论与实践研究》

中国法制出版社 2013 年版。

79.《依法治国与法治文化建设》

社会科学文献出版社 2013 年版。

80.《刑事法治视野下的社会稳定与反恐》

社会科学文献出版社 2013 年版。

81.《法治的理念、制度与现实》"聆听法治——在最高学术殿堂"（第二卷）

中国人民公安大学出版社 2013 年版。

82.《改革开放时代的中国理论法学——〈法制与社会发展〉二十年优秀论文精粹》

吉林人民出版社 2014 年版。

83.《法治中国建设的理论与实践》"聆听法治——在最高学术殿堂"（第三卷）

方志出版社 2015 年版。

84.《第三届中国法学优秀成果奖获奖论文集》

中国法制出版社 2015 年版。

85.《文化中国的法意叙事》

法律出版社 2015 年版。

86.《社会治理法治化》

中国海洋大学出版社 2016 年版。

87.《国家建构与法律文明：第四届华人法哲学年会文集》

法律出版社 2016 年版。

88.《法治中国与法律方法——第十届全国法律方法论坛论文集》

中国政法大学出版社 2016 年版。

89.《全面推进依法治国稳妥促进司法改革》

中国法制出版社 2016 年版。

90.《甲秀论坛—2015 年卷》

中央民族大学出版社 2016 年版。

91.《思想与修辞——法学范畴与法理研究学术研讨会全实录》

法律出版社 2018 年版。

92.《"百名法学家百场报告会"暨南粤法治报告会报告文集》

中国法制出版社 2019 年版。

后 记

本书《法治的道路——刘作翔法学文选（2012—2022）》，是继我出版《我之法学观——刘作翔文章选》（湘潭大学出版社 2008 年版）、《思想的碎片——刘作翔法学言论选》（中国法制出版社 2012 年版）、《思想的记录——刘作翔法学演讲选》（厦门大学出版社 2013 年版）、《思想的碰撞——刘作翔法学演讲与对话选》（方志出版社 2014 年版）、《权利与规范理论——刘作翔法学文章与读书笔记选》（中国政法大学出版社 2014 年版）、《法律、政治与学术——刘作翔法学文选（2014—2019）》（中国法制出版社 2019 年版）之后出版的第七部法学学术文选，共同组成"刘作翔法学文选七部曲"。这"七部曲"连同我出版的两部学术专著《法律文化理论》（商务印书馆 1999 年版）、《权利冲突：案例、理论与解决机制》（社会科学文献出版社 2014 年版），基本上反映了我近 40 年的学术概况、学术生涯和走过的学术道路。

本书收录了我从 2012 年至 2022 年在学术会议上发表的关于法治问题的演讲、发言、评论、致辞、总结以及在大学发表的学术演讲和演讲后的问答等以言论形式呈现的学术和思想观点。全书按照时间先后顺序排列，以展现我对于法治问题的思想和观点的发展过程。

本书收入了两个附录。第一个是《当代中国法学名家》一书中所刊登我的学术简介；第二个是我的学术作品目录。这两个附录大体上反映了我近 40 年的学术概况和学术生涯，记载了近 40 年我走过的学术道路。其中《当代中国法学名家》中所详列的在 200 多所大学和政法单位等 300 多场次的学术演讲访问活动和参加过的数百次的学术会议，既是我的学术经历和学术生涯的组成部分，也是想通过这种方式向邀请过我的单位和朋友表示诚挚的感谢；每每想起这些出行和经历，都使我感到丝丝暖意，其中的点点滴滴铭记在心。另一附录中所详列的作品目录，既是我的学术记录，也是我想对为这些作品的发表和出版付出过辛勤劳动的编辑老师和朋友以及所在的出版社、杂志和报社表示诚挚的敬意和衷心的感谢。我在以前出版的书中也表达过这种感谢，这种反复的表达是发自内心的、真诚的、永久的，不是多余的。

感谢本书目录中和正文中详列的诸多学术会议主办单位和学术讲座单位对我的邀请，使我能够有机会将自己的思想

487

和学术观点呈现出来！感谢书中署名的以及未能署名的诸多专家发表的论文、报告和观点对我的启发，以及老师和同学对我的演讲、发言所做的点评、提问、辩驳、碰撞，使我有机会能够对有关法治问题不断深化和思考！感谢为本书的录音整理付出辛勤劳动的学生，他们是：中国社会科学院魏书音博士、陈科先博士、李树静博士、陈宇博博士、何明智博士、贾朋举硕士、华东旭硕士，中国政法大学朱乾乾博士，《法制与社会发展》杂志乔楠编辑，南开大学法学院武亚芬同学，以及一些未知其名整理文稿的学生。我在每篇文章的首页脚注中对整理者予以注明与致谢，并对每篇文稿都做了反复的校对和订正。

最后，感谢中国法制出版社编审陈兴先生对本书的出版给予的大力支持和帮助！

刘作翔

2023 年 11 月 30 日于上海

图书在版编目 (CIP) 数据

法治的道路 / 刘作翔著 . —北京：中国法制出版
社，2023.11
（星空）
ISBN 978-7-5216-3978-0

Ⅰ . ①法…　Ⅱ . ①刘…　Ⅲ . ①法治－文集　Ⅳ .
① D902-53

中国国家版本馆 CIP 数据核字（2023）第 226410 号

责任编辑：陈　兴　　　　　　　　　　　封面设计：杨泽江

法治的道路
FAZHI DE DAOLU
著者 / 刘作翔
经销 / 新华书店
印刷 / 北京虎彩文化传播有限公司
开本 / 880 毫米 × 1230 毫米　32 开　　　印张 / 16　字数 / 293 千
版次 / 2023 年 11 月第 1 版　　　　　　　2023 年 11 月第 1 次印刷

中国法制出版社出版
书号 ISBN 978-7-5216-3978-0　　　　　　　　　　定价：99.00 元

北京市西城区西便门西里甲 16 号西便门办公区
邮政编码：100053　　　　　　　　　　　传真：010-63141600
网址：**http://www.zgfzs.com**　　　　　　编辑部电话：**010-63141789**
市场营销部电话：010-63141612　　　　印务部电话：**010-63141606**
（如有印装质量问题，请与本社印务部联系。）